조선 레지스탕스의 두 얼굴

민족주의가 감춘 우리 영웅들의 화려한 흑역사

조선 레지스탕스의 두 얼굴

초판 찍은 날 ㅣ 2021년 11월 10일
초판 펴낸 날 ㅣ 2021년 11월 15일
초판 2쇄 찍은 날 ㅣ 2021년 12월 5일

지은이 ㅣ 진명행
펴낸이 ㅣ 김현중

디자인 ㅣ 임영경 ©macygraph
책임편집 ㅣ 황인희
관리 ㅣ 위영희

펴낸곳 ㅣ ㈜양문
주소 ㅣ 01405 서울시 도봉구 노해로 341, 902호(창동 신원리베르텔)
전화 ㅣ 02.742.2563
팩스 ㅣ 02.742.2566
이메일 ㅣ ymbook@nate.com
출판등록 ㅣ 1996년 8월 7일(제1-1975호)

ISBN 978-89-94025-84-1 03900

조선 레지스탕스의 두 얼굴

민족주의가 감춘 우리 영웅들의 화려한 흑역사

진명행 지음

프롤로그

우리 헌법은 "유구한 역사와 빛나는 전통"으로 시작한다. 그만큼 역사를 중시하며, 자부심 또한 남다르다. 매사에 역사적인 의미를 부여하길 좋아하다 보니 365일 역사적이지 않은 날이 없다. 우리나라만큼 기념과 상징의 인플레가 심한 나라도 드물 것이다. 여기에 이의를 제기하거나 토를 다는 순간, 그는 생각 없는 사람 내지 반역사적인 인물로 낙인 찍히기 십상이다. "오늘이 무슨 날인 줄 아느냐"로 시작하는 섬뜩한 질문은 으레 사람을 위축시키고 남음이 있다. 안중근이 이토를 저격한 날, 안중근이 사형선고를 받은 날, 안중근이 뤼순 감옥에서 순국한 날을 각각 살펴 SNS에 포스팅하는 것이, 개념인 내지는 깨시민을 구분 짓는 잣대가 되었다.

정치인은 역사적 인물을 기리는 기념관에서 출마 선언을 하고, 혹시라도 선출직에 오르면, 너나 할 것 없이 역사적 인물의 묘소를 배향하는 것으로 그 시작을 알린다. 조선시대 어디쯤 태어났으면, 성과 이름조차 없었을 사람들이 홍동백서니 좌포우혜니 고문헌 그 어디에도 없는 해박한 지식을 뽐낸다. UN 사무총장을 지내신 분은 퇴주잔을 잘못 마신 죄로 두고두고 그 불경스러움을 속죄하여야 했다. 21세기 대한민국에서 "빛나는 전통"은 이런 촌극의 일상화를 의미한다.

"역사의 유구함"이란 우리가 단일 민족이라는 순혈주의에 대한 착각, 신화적 상상력에 불과한 허구를 억지로 역사의 영역까지 끌어들여 5,000년이라는 긴 연원을 조작해낸 무지함의 산물일 뿐이다. 자원도 돈도 없이 맨주먹으로 건국한 나라에서 내세울 것은 '정신'이라는 관념적 에너지였을 것이다. 그래서 이 나라에는 아직도 정신문화연구원이라는 국책기관이 존재한다. (지금은 기관명을 바꾸긴 했다.) 높은 사기와 정신력은 때로 스스로 남보다 '우월하다'라는 자기 최면 속에 발현되기도 한다. 이때부터 우리 역사는 거짓과 진실을 혼동하는 리플리 증후군 속에 빠지기 시작했다. 내선일체와 황국신민화 정책에 마지못해 따랐던 다수와 달리 다소 민망할 정도의 적극성을 보였던 인사들의 손에 의해 헌법에 "유구한 역사와 전통에 빛나는 대한국민"이 표상된 것은 역사의 아이러니다.

"3·1혁명 정신에 기반하여 시종 일제와 투쟁한 결과 마침내 독립을 쟁취하였기에, 이제 임시정부의 법통을 계승하여 새로운 국가를 재건하려 한다"는 화려한 말의 성찬 뒤에는 그들이 과거 일제시기에 보여준 마뜩잖은 행실을 은폐하려는 미필적 고의를 의심하지 않을 수 없다. 예나 지금이나 역사를 앞세우는 사람 치고 내심의 흑막이나 의도가 없는 사람이 드물다고 본다. 3·1운동과 4·19혁명, 임시정부에 대한 평가가 한결같을 수는 없는데, 이의 정신을 계승한다는 식의 명문이 최고 규범의 전문에 정초(定礎)로 자리 잡은 까닭에, 그 누구도 여기에 토를 달 수 없는 묵시(默示)의 합의를 강요당한 것은 아닐까 싶다. 그런데도 여기다 또 5·18이니 6·10이니 뭔가를 자꾸 추가하려는 사람들이 득세하고 있는 것을 보면, 확실히 헌법의 전문은 시작부터 잘못되었다.

"유구한 역사와 전통에 빛나는 민족"이란 말도 한 꺼풀 벗겨보면 의외로 초라하기 짝이 없다. 중국에 비해 변변한 정사(正史)류가 드물고, 문화재에 대한 지배층의 인식이 허약했던 탓에 남아있는 유산이 그다지 많은 것도 아니다. 단군의 핏줄로 이어져온 5,000년의 역사는 한마디로 허구에 가깝다. 『삼국유사』에 따르면, 단군이 이 땅에 나라를 세운 것은 B.C. 2333년경으로, 중국의 전설 속 성군(聖君)인 요임금이 즉위한 때와 일치한다. 요임금은 당시의 인물들이 상상할 수 있는 가장 오래되고, 완벽한 전설 속 존재였기 때문에 단군 조선을 그 시기로 비정(比定)했던 것으로 보인다. 사실, 『삼국유사』가 사서로서 가치가 있는지는 매우 회의적이다.

'조선'이란 나라가 중국 사서에 정식으로 등장하는 것은 B.C. 7세기 정도에 불과한데, 그나마 이 '조선'이 오늘날 우리가 말하는 고조선과 일치하는지도 불분명하다. 마늘이 중국에 전래된 것은 B.C. 126년경 한(漢) 무제(武帝) 시기의 일로, 우리는 아무리 빨라도 그 이후에나 마늘을 구경했을 터이다. 그런데 그보다 2,000년 전에 마늘과 쑥을 먹고 인간이 된 곰의 이야기는 시작부터 역사적 사실과 괴리되어 있다. 뒤늦게 문제점을 인식한 학자들이 밭마늘이 아니라 산마늘 또는 달래 뿌리라고 둘러대는 중이지만, 그 역시 근거가 희박하기는 마찬가지이다.

현재에 내세울 게 없는 못난 사람들일수록 과거의 영화로움을 좇고, 그게 지나쳐 허세를 부리려는 경향이 있다. 그런 의미에서 우리 헌법은 전문부터 스스로의 못남과 허약함을 감추려는 자격지심이 아닌가 하는 불편함을 지울 수 없다. 이 책을 쓰는 이유도 여기에 있다. 유구한 역사는 존재했는지, 빛나는 전통은 사실인지, 3·1운동이나 임시정부는 정말 자랑스러웠는지, 국사교과서에서 머리에 쥐나도록 외웠던 그 얘기들은 지금도 유효한지 한번 쯤 의심을 하고 이전과 다른 시각으로 들여다보자는 것이다.

우리는 역사를 배우는 이유에 대해서 거창한 명분을 찾는다. 축적된 과거의 사실과 경험을 통하여 무엇인가 교훈을 얻고, 때로는 반추하며 지혜를 구한다는 것이다. 듣기에는 그럴싸할지 몰라도, 원래 인간은 과오를 반복하는 존재일 뿐 과거의 사실을 통해 각성하고 개선해가는 이성적인 존재가 아니다. 만약 그게 가능했다면, 문명이 존재한 이래 우리 인류는 형이상학적으로 완전무결한 상태로 현세를 풍요롭게 했어야 마땅하다. 하지만 유감스럽게도 현실은 그렇지 않다.

일찍이 마르크스는, 역사의 발전이란 모두가 평등하고 인간답게 사는 궁극의 세상을 구현해 가는 과정이라고 정의했다. 하지만 인간의 이기심과 본능으로 말미암아 아무리 제도를 바꾸고, 사람을 의식화시켜도 그런 세상은 오지 않는다. 인간의 내재적 한계성이 존재하는 한 역사는 순환될 뿐, 진보하거나 발전하기 위한 수단으로 삼을 수는 없다. 그런 이유로 역사를 통해 무엇인가를 배운다는 것은 위선에 가깝다.

역사란 무엇이 사실인가를 구하는 학문이다. 거기에 미추(美醜), 호오(好惡) 따위의 의의를 억지로 집어넣으려고, 어떤 목적성을 가지고 들여다보는 이상 사실은 늘 왜곡되거나 오도되게 마련이다. "역사를 잊은 민족에게 미래는 없다"라는 이 그럴싸한 얘기도 사실 역사적 교훈을 계도할 목적으로 누군가에 의해 창작된 말인데, 신채호나 처칠이 남긴 명언으로 둔갑하여 시중에 끊임없이 회자된다. 이 출처 불명의 말을 너나 할 것 없이 인용해대는 무지함은 차치하고라도, 이런 일방적인 역사 해석의 강요는 곧잘 타인을 향한 증오나 폭력의 양상을 띠게 마련이다.

역사는 교훈적이어야 한다는 강박관념을 갖다 보면, 평가의 영역이 사실의 영역을 압도하게 된다. 사실적인 부분에서 조금 왜곡된 면이 있더라도, 본래의 의도를 전달하는 데 무리만 없다면 눈감아주는 식의 관행들이 만연하는 것도 바로 이러한 그릇된 인식에서 비롯된 것이다. 이런 경향이 심화될수록, 역사는 학문이 아닌 정치적 도그마에 부역하거나 다른 견해를 허용하지 않는 파시즘으로서 작용한다. 과거 우리 조상들이 붕당정치의 와중에 정적(政敵)을 사문난적으로 몰아 제거하던 구태를 똑같이 재현하고 있는 셈이다. 역사를 잊지 말자는 사람들일수록 자신이 저지르고 있는 역사적 과오에는 둔감하다.

역사는 증거와 함께 존재하고, 취사 선택하거나 가공되지 않은 있는 그대로의 모습을 지녀야 한다. 무엇이 사실인가를 제대로 규명하기 전에 평가가 앞서서는 안될 뿐만 아니라, 또한 국가나 권력이 나서서 여기에 개입해서도 안된다. 하지만 안타깝게도 우리는 그렇지 못했다. 정권이 바뀔 때마다 진영 논리로 역사 교과서는 누더기가 되었으며, 무엇을 더하고 무엇을 뺄 것인가를 두고 진영들은 늘 대립했다. 오로지 변하지 않는 것이 있다면, 일본을 향한 끝없는 적개심과 못난 선조들에 대한 기괴한 합리화다.

식민 지배와 분단, 그리고 전쟁이라는 극심한 경험을 거치면서, 너와 나를 나누는 배타적인 역사관을 자연스럽게 체득하게 된 것이다. 거기에 우리의 과오에 대한 책임이나 성찰이 들어설 자리는 없어 보인다. 오로지 우리는 이 모든 모순의 피해자로서 존재할 뿐이다. 심지어는 망국의 직접적 책임이 있는 무능한 군주를 성군으로, 매관매직을 일삼으며 국가의 가산을 탕진하고, 외세에 이권을 팔아 넘긴 왕비는 국모로 추앙하는 일도 이제는 예삿일이 되었다.

자국사 중심의 역사는 필연적으로 〈우리〉를 띄우고, 〈남〉을 깎는 서술이 될 수밖에 없다. 특히 일본에 대한 공공연한 피해 의식은 1920년대 이후 소멸해버린 무장 독립운동 투쟁에 대한 빈약한 전과를 부풀리고, 왜곡하는 걸 정당화하는 명분을 줬다. 아직도 많은 사람이 청산리 전투에서 일본군 3,000명을 사살하고, 봉오동 전투에서 대승을 거두었으며, 김구는 상하이 임시정부를 상징하는 독보적 존재로 기억한다. 그리고 그 기억은 불변이며 신성하기 때문에 정말 사실일까 아무도 감히 의심하지 않는다.

이 신성불가침을 바탕으로 영화, 언론, 방송, 책, 문화의 모든 영역에서 광범위한 왜곡이 자행되고 있을 때, 어느 한쪽에서는 일제시대의 생활상이나 위안부에 대한 다른 이견을 냈다는 이유로 강단에서 멱살 잡힌 채 끌려 내려와 그대로 파직당하는 천박한 국가 수준의 단면을 보여준다. 그러면서 일본의 역사 교과서에 대해서는 끊임없이 시비를 거는 몰염치는 자자손손 무슨 특권처럼 여긴다.

국가는 대중의 인식을 조작하고, 대중은 그것을 소비하며, 그렇게 무의식적으로 형성된 집단의 광기는 허상의 신들을 모신 신전처럼 우리 모두를 지배하는 원동력이 된다. 말 한마디 잘못하면 생매장당하는 나라에서, 무엇인가 외람된 주장을 글로 남기는 것은 무척 공포스러운 일이다. 일본 극우와 일맥상통하는 주장이라 하거나, 식민사학을 추종하는 논리라는 등 그런 숱한 비난들을 충분히 예상하면서도, 굳이 책을 펴는 것은 끊임없이 누군가는 주류와 다른 목소리를 냄으로써 이 사회를 제 정신으로 돌려놓는 반향이 되었으면 하는 바람 때문이다. 물론 쉬운 일은 아닐 것이다. "일제가 박은 쇠말뚝"의 낭설처럼 오랜 시간 사람들의 기억을 지배하고 있는 왜곡되고 편향된 정보들에 대해, 작은 물음표 하나 남기는 것이 무슨 죽을 죄라는 말인가? 불학 무식한 필자가 여기서 무슨 거대한 담론을 구할 능력은 턱없이 부족하다.

다만 이러한 문제인식에 동의한다면, 그동안 우리가 학교 교육을 통해 세대를 이어가며, 꾸준하게 길들여 온 국가 주도의 역사 해석을 앞으로는 거부할 때가 되었다고 생각한다. 미국은 전국역사교육연구소(NCHS)에서 역사표준서를 만들었을 때, 엄청난 논쟁을 거쳤다. 우리는 어떠한가? 국정교과서가 폐지되고 검인정 체제로 바뀐 지 오래되었음에도 교육부에서 하달하는 집필 가이드라인에 여전히 종속되어 있다.

특히 민족주의 이데올로기에 의해 심각하게 부식된 국사 교육의 비학문적 행태는 어떠한 이유로든 비판되어야 마땅하다. 민족주의는 민중사관과 결합하여 정치적 도구로 전락한 지 오래되었다. 어쩌면 그 태생부터 정치적이다. 민족주의에 경도되어 반일로 이어지는 피해자 중심의 국사논리는 결국 "총선은 한일전이다", "다시는 일본에 지지 않겠다" 따위의 정치적 수사로 악용되기 십상이다. "우리가 세계 최초, 최강이자 최고"라는 쓸데없는 과도한 자부심, "Do you know"로 시작하는 식상한 민폐의 유행도 따지고 보면, 집단의 대표성에 자기자신을 대입하고 안주하려는 대리만족의 기질 때문이며, 이는 어릴 때부터 잘못 학습 받은 국사교육의 폐해라고 볼 수 있다.

물론 나라를 잃고 머나먼 이국의 객지를 떠돌며 독립운동에 일생을 매진하신 그분들의 훌륭한 면면을 굳이 부정하고 싶은 마음은 없다. 수많은 저작을 통해 익히 잘 알려진 그분들의 공로는 충분히 새겨들을 가치가 있는 일이긴 하지만, 그간에 알려진 사실보다, 의도적으로 배제되고 생략된 사실들을 서술하는 데 더 중점을 두겠다. 독립운동가들에 대한 영웅적인 서사들에 지나치게 몰입되기보다는 그 이면에 감추어진 사건과 어두운 평가에도 관심을 가져야 한다고 보기 때문이다.

이미 발표된 학자들의 논문을 상당부분 참고로 하였음에도, 우선적으로는 일본 측 공문서나 재판 기록과 같은 1차 사료를 더 중시했다. 사료 간 편차가 있거나 기술이 상이한 것은, 그것대로 모두 기술하고, 검증해야 함이 옳겠지만, 이 책은 학술서적이 아닌 탓에 분량 및 여건상 제약이 있다. 그럼에도, 근거 문헌과 출처의 표기는 가급적 충실히 남겨두었다. 세간에는 일본 측 자료라 하여 무조건 가볍게 보거나 무시하는 풍토가 만연한데, 그런 태도로는 진실의 실체에 도달할 수 없다. 일제의 자료를 우리 입맛대로 취사선택해서 유리한 것만 인용하고, 불리한 것은 철저히 배제하는 관행들이 더 이상 묵과되어서는 안된다는 것이 필자의 생각이다.

우리 독립운동가들이 주로 만주와 중국 관내에서 활약한 탓에 관련 지명과 인명을 표기함에 있어, 기왕에 널리 알려진 친숙한 명칭을 변경하는 데에 부담감이 있었고, 그러다 보니, 표기의 통일성을 기하지 못한 애로가 있었다. 특히 본서에서 지명은 한국식 한문 명칭을 따른 곳이 많은데, 이는 인용 문헌이나 신문기사에서 그리 사용하고 있어서, 중국식 지명으로 바꿀 경우 독자들의 혼란을 초래할 우려가 있기 때문이다. 하지만 중국인 인명은 중국어 발음으로 기술하고 한자를 병기하는 방법을 따랐다. 이에 제현(諸賢)의 양해가 있으시기 바란다.

2021년 9월 26일
진명행

추천사

과거를 아름답게 꾸미고 싶은 것은 유아적 태도입니다. 우리는 그런 유혹에서 벗어나야 합니다. 제2차 세계대전 이후에는 거의 모든 민족이 자신을 1,2차 세계대전의 피해자라고 주장하기 시작합니다. 이것도 재미있는 흐름입니다.

나치의 깊숙한 협조자였던 오스트리아 같은 나라도 나치의 제1의 피해자라고 자신을 규정하고 있습니다. 폴란드도 그렇습니다. 심지어 일본도 일본 민족이 제2차 세계대전에 바쳐진 희생양이라고 규정합니다. 원폭 피해를 입은 유일한 민족이라는 것이지요. 우리나라에서도 피해자 의식은 강화됩니다. 위안부나 징용공 문제는 사실과 다르게 희생의 측면이 부풀려졌다는 비판을 받기도 합니다.

과거가 미약하였다고 해서 곧 부끄러운 것은 아닙니다. 미약하게 출발하였으나 그 결과가 창대하게 되는 것이 더 자랑스럽지 않겠습니까. 진명행 작가가 고발하는 것은 일제하 무장 항쟁이 크게 부풀려졌다는 것이지만 더 거슬러올라가면 한국인들의 족보야말로 크게 부풀려진 것이기도 합니다.

왜 우리는 그런 일들에 열을 올리게 되는 것일까요? 지금의 우리는 장차 우리 후손들에게 어떤 평가를 받게 될까요. 오히려 그것이 우리에게는 더 무서운 질문 아닐까요.

前) 펜앤드마이크 대표이사 정규재

목차

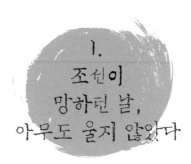

1. 조선이
망하던 날,
아무도 울지 않았다

1910년 8월 29일 순종은 칙유를 내렸습니다.

"허약함이 누적되고 피폐가 극도에 달하여 도저히 회복의 가망이 없으므로, 일본에 대임(大任)을 맡기고자 하니, 신민들은 공연히 소란을 피우지 말고 이에 따르기 바란다."

나라가 망했으니 도처에서 백성들이 거리로 몰려나와 울고불고 했을까요? 아닙니다. 일본의 호소이 하지메[細井肇]는 한일합방이 발표된 직후 오전 11시와 오후 2시 사이에 직접 종로 거리에 나가 사람들의 반응을 취재하고, 그 내용을 일본의 종합 잡지인 『태양』에 기고했습니다. 그는 당일 경성의 풍경을 묘사하는 글을 "이상스러우리 만치 시가지는 평온하다"라는 말로 시작하고 있습니다.[*]

---

[*] 細井肇崖, 發表前後の京城政界の裏面, ≪太陽≫ 제16권 13호, 1910년 10월 1일 (윤소영, 호소이 하지메[細井肇]의 '조선 인식과 제국의 꿈', 한국근현대사연구45, 2008 여름호에서 재인용)

1919년 3·1운동 당시 민족 대표 33인 중 한 사람이었던 최린은 한일합방이 있던 그날 종로 거리의 조선인들은 '아무 일도 없었던 것처럼' 흥청거리며 장사를 하고 먹고 마시는 일상을 잃지 않았었다고 합니다.* 물론 이런 일부의 관찰기들은 특정 지역에 국한된 단편적인 시선일 뿐, 전반의 상황을 설명하기에는 다소 미흡한 점이 있는 것은 사실입니다. 하지만 적어도 망국의 전후에 권력의 중심에 있으면서 잘 먹고 잘 살았던 지배층의 대응은 참으로 한심스러운 장면의 연속이었습니다. 중국의 량치차오[梁啓超]는 그의 논설『조선 멸망의 원인』에서 "합병조약이 발표되자 주변국 사람들은 조선을 위해 비통해 하는데, 조선인들은 술에 취해 놀며 만족했다. 고위 관리들은 더구나 날마다 출세를 위한 로비를 하고, 새 조정의 영예로운 벼슬을 얻고자 분주하게도 즐겼다"라고 합니다.** 또 다른 그의 글『일본병탄조선기』에서는 일본의 임시 추밀원회의에서 합병 발표를 1910년 8월 25일에 공포하기로 결정하였으나, 대한제국 정부는 황제 즉위 4주년 기념을 축하하는 자리에서 발표하기를 청했기 때문에, 일본인들이 허락했다고 합니다. 일본이 무력으로 침탈하여 강점당한 것으로 알려진 이 나라의 왕실은 합병일을 국경일에 버금가는 의미로 날짜까지 맞춰가며 파티를 열어 축하하고, 침략의 당사자들과 건배를 나누며 그 순간을 즐겼습니다. 경술국치니 강제 합병이니 하는 말로 나라를 잃은 슬픔을 공부했던 우리에겐 생경하기 짝이 없는 장면입니다.

  량치차오의 조선 망국 원인론은 대단히 뼈아픈 지적이 많습니다. 조선을 망하게 한 것은 중국인, 그 뒤를 이은 러시아인, 결국은 일본인인 것처럼 보이지만, 이들 국가가 조선을 망하게 할 수 있는 것은 아니며 조선은 스스로 망하였다는 것이 논지의 핵심입니다. 황제를 비롯 지배계층의 무능과 타락

* 강준만, 한국 근대사 산책 5 - 교육구국론에서 경술국치까지, 인물과사상사, p.211
** 최형욱, 량치차오, 조선의 망국을 기록하다, 글항아리, p. 100

은 물론이고, 특히 관심을 끄는 부분은 국민성에 대한 지적입니다. 그는 청일전쟁 직후의 국내외의 상황을 소개하면서 조선인은 자립하기보다 남에게 의지하는 천성을 가지고 있으므로, 조선인 중 소위 유신파는 경쟁적으로 일본군을 받아들였다고 서술하고 있습니다. 어쩌면 이날에 벌어진 파티도 망국 후 벌어질 일에 대한 각성보다는, 능력 있는 나라에 붙어 가려는 몹쓸 타성이 그대로 재현되었을 뿐입니다. 궁내의 비빈들 역시 일본어를 배우기에 급급하여 매일 시간이 부족했으며, 해가 가기 전에 도쿄의 높고 큰 사제(賜第 : 나라에서 하사하는 개인 사택, 사저)를 보겠다는 소망으로 들떠 있었습니다.

지배층의 생각이 이와 같은데 구한말에 이미 도탄에 빠진 백성들은 망국의 와중에 왕조가 바뀌는 것 이상의 의미를 두지 않았습니다. 삼정(三政)은 문란하였고 왕실은 밤새워 먹고 놀기에 바빴으니, 부패한 관리들의 매관매직은 극심한 수탈로 이어져 하층민들은 빈사(貧死) 직전의 상황에 이르렀죠. 그래서 아무도 힘써 일하려 하지 않았습니다. 뭐 좀 생겼다 싶으면, 소위 양반들이 족족 빼앗아가거나, 내놓을 때까지 두들겨 팼으니까요.

영국의 왕립지리학회 소속 지리학자였던 이사벨라 버드 비숍(Isabella Bird Bishop) 여사는 1894년 1월부터 1897년 3월까지 일본, 러시아, 중국을 오가면서 총 4차례에 걸쳐 조선을 여행하였는데, 그 당시 양반들의 횡포에 대해 이렇게 말합니다.

"많은 수의 평민이 무거운 조세를 부담하며 양반들에게 억압당하고 있다. 양반은 그들의 노동을 대가 없이 이용함은 물론 도조(賭租)라는 명목으로 무자비하게 수탈해가는 것은 의심할 나위도 없다. 상인이나 농부에게 돈이 생겼다는 소문이라도 나면 양반은 빚을 갚으라고 독촉한다. 그것은 사실상 조세나 다름이 없었다.

왜냐하면 그것을 거절하면 그 사람은 부당한 죄목으로 투옥되어, 그나 그의 친척이 그 대납(代納)을 할 때까지 곤장을 맞거나 열악한 음식을 먹어 가며, 그 돈이 나올 때까지 양반 집에 감금되어야 하기 때문이다. 양반들이 가장 좋아하는 방법은 돈을 꾸어 주었다고 억지를 쓰는 방법이다.

그러나 실제로는 원금이나 이자 같은 것은 당초에 존재하지도 않았다. 양반이 집이나 전답을 살 때 그 대가를 지불하지 않는 것은 매우 흔한 일이며, 어떤 관리들도 그 지불을 강요하지 않았다. 백귀미 마을에서 내가 사공에게 삯을 지불하고 있는 동안, 양반의 머슴들은 돈 한 푼 내지 않고 기와를 서울로 운반하기 위해 배를 징발하고 있었다."*

조선을 잠시 여행한 외국인의 눈에 비친 모습이 이럴진대, 그 당시 열강의 눈에 비친 조선의 풍경은 얼마나 한심했을지 자명합니다. 일본에 의해 병탄될 당시 열강 중 그 누구도 조선을 동정한 국가가 없었습니다. 오히려 만시지탄으로 여기는 나라는 많았다고 합니다. 구한말 각지에 폭동이 빈발하자, 이를 진압할 능력이 없었던 조선 왕실은 일본 군대를 끌어들여 토벌을 맡깁니다.

이 당시 조선의 군대는 이미 그 기능을 완전히 상실하여, 외국군의 도움 없이는 한 치의 땅도 지킬 수 없었습니다. 이런 조선의 당시 상황을 누구보다 잘 파악했던 나라는 바로 일본이었습니다. 일본은 여러 정보를 취합하여 조선의 폐단과 무질서에 대해 이렇게 정리합니다. 냉정하게 평가해 보자면 이들의 지적은 결코 틀린 말이 없습니다. 다소 길지만 그 일부를 인용해보기로 합니다.

---

* I.B. 비숍, 신복룡 역주, 조선과 그 이웃나라들, 집문당, 2000년, p. 106

"원래부터 구한국 정치의 문란은 그 극에 달하여 있었으나, 특히 사법·행정의 제도는 다같이 해이해지고[弛廢], 산적[草賊野盜]의 무리가 심히 많았다. 그중 화적(火賊)이라 불리는 자들은 총기를 휴대하고 수 명 내지 수십 명이 집단을 이루어 구한국 전토 각지를 횡행하여 약탈 포학을 마음 놓고 자행하였으나, 위정자는 끝내 그것을 소탕하지 못하였다.

또 그 군대라 칭하는 것도 이들 화적에 비하면 그 인원의 다소, 무기의 구비 여부 등은 천양지판이었으나, 그 자질에 있어서는 거의 그들 화적과 큰 차이가 없었다. 그들 군대는 지방 무뢰한들이 그저 의식(衣食)을 얻기 위하여 병영에 투신한 데 불과하므로, 실제 그 사병의 대부분은 병기를 악용하여 재물을 강청(强請 : 억지로 요구함)하거나, 또는 부녀자를 욕보이는 등 추악한 행위를 감행하여, 도리어 양민들의 고혈을 빠는 해충이었다.

또 경찰도 거의가 오직 권세가와 악덕 관리들[權門暴吏]의 수족(手足)이 되어, 가렴주구의 도구에 불과했다. 뿐만 아니라 문무 대소의 관리들도 역시 성심성의껏 나라를 생각하는 자 적고, 관직을 일종의 영업으로 보고 자기의 구복(口腹)을 채우는 데만 급급했고, 또 그 영달(榮達)을 꾀해 주구(誅求)의 세력을 넓히는 데 힘쓰는 자가 대부분이었다.

즉 뇌물이 공공연히 횡행하고 중상모략이 끊이지 않아 반대파는 그대로 매장해버리는 상황으로, 그 양민이 도탄에서 허덕이는 점에 이르러서는 음양교졸(陰陽巧拙 : 몰래하거나 대놓고 하든, 익숙하거나 서툴든 간에) 차이는 있을 망정 거의 전자와 다를 바가 없었다. 그리고 역대 왕(王) 또한 그 대개는 왕위(王位)를 사치하며 소일하는 [奢侈遊逸] 것을 즐기기 위한 수단으로 삼고, 관직을 팔아 내탕금(內帑金)을 증가시키는 데 힘썼으며, 왕족도 대개 이와 같아 그 안중에는 창생(蒼生)이란 거의 보이지 않았다.

그 밖에 창생의 적(敵)으로서 유생(儒生)과 양반(兩班)이 있다. 유생이란 원래

경학(經學)을 닦아 공맹의 가르침을 조술(祖述 : 선현의 주장을 본받아 기록하는 것)하는 것이 그 사명이었으나, 결국에는 학문으로써 서로 다투어 곡학아세(曲學阿世), 권력에 부수(附隨 : 붙어 따르다)하려 들고, 혹은 헛되이 강개(慷慨)하는 언론을 펴서 그것으로 정치에 참여하려 하여 제각기 이(利)만을 좇을 뿐 공익을 돌보는 자 적었다.

양반은 그 가문이 높아 자주 궁중에 접근할 수 있는 권력을 지니고 있었으므로, 혹은 관직 매매의 중개도 하고, 혹은 자기의 영달을 얻기 위해 음모와 모함을 일삼아, 심지어는 평지에 풍파를 일으켜 그 틈을 타서 출세해 보려는 자까지 나타났다. 그리고 이 양자는 사민 중의 상위에 있었으므로, 오만하기 짝이 없고 유타(遊惰 : 빈둥거림)를 일삼아 농(農), 공(工), 상(商)은 노예시하거나 학대하여 양민에게 고통을 준 점에서는 같았다.

그러므로 일반 창생은 끊임없이 동서남북에서 압박을 받아 오늘의 부자(富者)가 반드시 내일의 유복을 기할 수가 없었다. 그리고 흉악이 처벌되지 않고 충절이 칭찬받지를 못했다. 이렇게 해서 드디어는 독립 진취의 기상은 멸각(滅却 : 모두 없애버림)되고 상하 똑같이 소위 취생몽사의 기풍에 젖어, 그것이 여러 해의 폐정 습관이 되어 식산흥업(殖産興業)의 길이 여기서 두절되고, 문물(文物)이 날이 지남에 따라 퇴폐되어 더욱 더 쇠망의 근원을 깊게 했다.

즉 전일에 있어서 구한국의 상하는 겨우 하급 인민과 일부 청백한 인사를 제외하고는 그 심정과 결과에 있어서는 거의 적도(賊徒)에 유(類 : 닮다)하지 않는 자 없고, 전토(全土)를 그들에게 유린시키고 있다고 해도 과언이 아니어서, 전국 도처에 이미 분규 소란이 터지지 않은 곳이 없다. 그러나 그 소리가 비교적 크지 않았던 까닭은 오직 구린 자가 자신은 그 구린내를 모르는 데 기인했을 뿐이다."[*]

---

[*] 朝鮮駐箚軍司令部 編, 朝鮮暴徒討伐誌 p.1~2 (독립운동사자료집3: 의병항쟁사자료집, p. 659~660)

나라가 이렇게 엉망진창이었는데, 고종은 어떤 사람이었을까요? 황현은 『매천야록』에서 말하기를, "고종은 등불을 환히 밝히고, 새벽까지 놀다가 새벽 4~7시경이 되면 비로소 잠을 자다가 오후 3~4시에 일어났다"라고 전합니다.[*] 고종과 민비는 파티광이었는데, 허구한 날 새벽까지 파티를 열어 먹고 마시느라 소일했으며, 이에 필요한 자금을 마련코자 내탕금을 늘이는 데 혈안이 되었습니다. 매관매직도 모자라 나중에는 백동화 주조권까지 마구 팔아먹는 바람에 조선의 화폐 가치가 땅에 떨어져, 통화 질서가 극히 문란해지고 경제는 황폐화되었습니다.

자, 이런 나라가 망하자, 썩어빠진 종묘사직을 구해보겠다고 도처에 유생들이 들고 일어나 소위 의병이라는 게 생깁니다. 그동안 우리는 의병들의 봉기에 대해 어떻게 배워왔을까요? 물론 일본의 침략에 항거한 정의로운 노학(勞學) 연대이자, 조선 민중의 의로운 저항(?)이라 교과서에서 달달 외우셨을 겁니다. 유생들의 소망대로 나라가 망하지 않고 유지되었더라면, 대다수의 백성은 과연 행복했을까요? 약육강식의 시대에, 새로운 질서와 변화에 적응하지 못하는 구태의연한 나라가 멸망한 것은 너무도 당연한 것인데, 단지 그 상대가 일본이어서 분개하는 것일지도 모릅니다. 네, 그렇습니다. 조선은 망해도 싼 나라였습니다.

---

[*] "고종은 놀기를 좋아하여, 집정한 이후 날마다 밤이 되면 잔치를 베풀고 음란한 생활을 하였다. 광대와 무당과 소경들도 노래를 부르고 거드름을 피웠다. 대궐에는 등불을 대낮처럼 흰히 밝히고 새벽이 되도록 놀다가, 4~5시 내지 7시경이 되면 휘장을 치고 어좌에 누워 잠을 자고 오후 3시나 4시에 일어났다. 이런 일을 날마다 반복하므로 나이 어린 세자는 습관이 되어 아침 햇살이 창가에 비치면 兩殿의 옷을 붙들고 "마마, 잠자러 가요." 하고 졸라댔다. 이로부터 모든 官長도 게으름을 피우고 機務도 해이해지기 시작하였다." - 梅泉野錄(한국사료총서 제1집) 〉 梅泉野錄卷之一 〉 甲午以前 上 ⑥ 〉 20. 고종의 曲宴遊戲, 국사편찬위원회 한국사데이터베이스

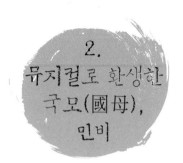

2.
뮤지컬로 환생한
국모(國母),
민비

언제부터인지 우리나라에서는 명성황후를 민비라 부르면 불경스럽게 생각하는 풍조가 지배적입니다. 민비는 일제가 명성황후를 격하하기 위해 의도적으로 깎아내린 비칭이라는 근거 없는 주장들이 지금도 여전합니다. 고종이 민비의 사후에 시호를 세 번이나 갈아치우면서 생긴 혼란상은 차치하더라도* 대한제국의 탄생으로 고종이 칭제건원 하는 바람에 민비가 명성황후로 추숭된 것은 분명히 사실입니다. 하지만 명성황후 외에도 대원군은 대원왕(大院王)으로, 정조는 선황제(宣皇帝)로, 순조는 숙황제(肅皇帝)로, 헌종은 성황제(成皇帝)로, 철종은 장황제(章皇帝)로 각각 추숭하였습니다. 다른 왕들은 묘호를 그대로 부르면서 명성황후만 유별난 대접을 받아야 할 이유가 없는 것입니다. 정히 종법의 예를 갖춰 부른다면 명성왕후가 정답이죠.

대원군을 대원왕이라고 하지 않듯이, 민비를 명성황후라 하지 않는 건 너

---

* 고종은 민비의 사후 시호를 순경(純敬)으로 정했다가, 역신(逆臣) 김홍집이 주도한 시호를 사용할 수 없다며 문성(文成)으로 변경하지만, 정종(正宗)의 시호와 겹친다 하여, 명성(明成)으로 다시 고쳤다.

무도 당연합니다. 뮤지컬 명성황후가 공전의 히트를 친 결과, 이 나라에서는 민비를 마치 '조선의 국모', 일제와 맞서 싸우다가 시해당한 비운의 성녀(聖女)로 대접하고 있는 것 같습니다. 하지만 민비가 시해당할 당시 "내가 조선의 국모다"라고 자객들을 향해 일갈했다는 건 뮤지컬이나 드라마의 대사일 뿐이고, 실제 사료에는 연이어 목숨만은 "살려달라"고 빌었다는 얘기가 전해져 오고 있습니다.[*]

대원군의 평가가 어쨌든 간에 고종의 무능과 심약함이 애비를 잘못 둔 탓이라면 비약일까요? 민비의 등장도 사실은 대원군의 작품이었죠. 이런 점을 감안하면 조선의 패망은 대원군의 등장에서 비롯되었다 할 수 있겠습니다. 많고 많은 왕비 후보감 중에 왜 하필이면 외롭게 자란 데다 성정이 메마른 여자를 자식의 배필로 삼았을까요?[**] 고종을 허수아비로 만든 뒤 국사를 마음대로 주무르겠다는 그 양반의 야욕이 없었다면 애초에 불가능한 일일 것입니다.

비록 혈통상 왕족의 피가 아주 희미하게 섞이긴 했지만, 어려서 남의 손에서 큰 데다 어디를 가나 찬밥 신세를 면치 못했던 민비의 열패감은 가히 병적이었습니다. 어려서 상처를 받고 자란 그녀의 자존심은 중전이라는 벼락같은 신분 상승만으로는 보상되지 않았습니다. 권력에 대한 끝없는 탐욕과 히스테릭한 집착증은 주변 사람들을 늘 피곤하게 만들었습니다.

고종은 한 살 위인 열여섯 살의 민비에 별로 관심이 없었다고 합니다. 볼

---

[*] 梅泉野錄(한국사료총서 제1집) 〉 梅泉野錄卷之二 〉 高宗三十二年乙未 ③ 〉 1. 을미사변의 전말, 국사편찬위원회 한국사데이터베이스

[**] "상감께서 즉위하자 흥선군은 대원군이 되었는데 곧바로 김병학을 배신하고 민치록의 고녀(孤女)에게 국혼을 정하였다. 이 분이 명성왕후이다." 여기에서 고녀(孤女)를 고아로 볼지, 외동딸로 볼지에 대해서는 의견이 갈리고 있으나, 해석상으로는 고아로 봄이 타당하다. 梅泉野錄(한국사료총서 제1집) 〉 梅泉野錄卷之一 〉 甲午以前 上 ① 〉 8. 명성왕후의 출현, 국사편찬위원회 한국사데이터베이스

품없는 외모에 키가 작고 왜소한데 고도 비만 체구였던[*] 고종은 10세를 갓 넘은 나이에 왕위에 올랐는데 이미 주변의 외모 출중한 궁녀들을 접할 기회가 많았습니다. 그러니 무뚝뚝한 데다 차가워 보이는 민비를 좋아할 리가 만무했던 것입니다.

민비가 낳은 첫 아들이 생후 닷새만에 사망하면서 대원군과의 관계는 걷잡을 수 없이 악화되기 시작했습니다. 이미 고종에게는 비록 서자이기는 하나 이 상궁의 소실인 완화군이 있었던 터, 권력의 화신인 민비의 입장에서는 득남하여 자신의 적자를 갖는 것이 무엇보다 시급했을 겁니다.

그런데 기다리고 기다렸던 자신의 아들은 낳고 보니 쇄항증(항문이 막힌 배설 불능증)의 장애아였습니다. 궁중에서는 양의(洋醫)를 찾아 항문을 인위적으로 절개한 후 배설의 방편을 찾고자 했습니다. 그러나 서양 의학에 몽매했던 대원군은 "감히 왕자의 몸에 칼을 대느냐"라며 '산삼'을 달여 먹이도록 했다지요.[**] 태어난 지 얼마 안된 영아에게 삼을 먹인다는 것은 지금 같으면 상상도 할 수 없는 무모한 짓입니다.

어쨌든 민비의 첫 아이는 그렇게 허무하게 죽었고, 그녀는 대원군이 완화군을 책봉하기 위해 고의로 자신의 아이에게 독한 약을 먹여 죽인 음모라고 생각했을 겁니다. 앙숙이 된 두 사람은 이로써 돌아올 수 없는 다리를 건너게 됩니다. 우연의 일치인지는 모르겠으나, 민비의 신경을 긁었던 완화군과 그의 생모 이(李) 상궁은 모두 제 명을 다하지 못한 채 죽습니다. 이 때문에 민비가 이들을 독살한 것이라는 소문이 세간에 흉흉히 떠돌았습니다.

며느리와 시아비의 끝 모를 대립과 갈등은 거의 전쟁 수준으로 치닫습니

---

[*] 덕수궁 촉탁의인 가미오카 가즈유키[神岡一幸]에 따르면, 고종은 키는 153센티미터, 몸무게는 70킬로그램 정도라고 한다. 〈경성일보〉 1919년 1월 24일자 기사
[**] 이도형, 1863~1910년 한국 비극의 대원군과 민비의 만남, 한국논단 2010년 2월호, p.153, 그러나 산삼으로 인한 급사인지는 소문일 뿐, 확실하지 않다는 견해도 있다. (류재택, 壬午軍亂의 原因에 대한 再考察, 역사와 실학, 2000년, p.767)

다. 1873년 12월 경복궁 내 자경전과 순희당, 자미당에 화재가 발생했는데 화재의 원인과 배후 인물은 밝혀지지 않았습니다. 그러나 민비 침전에서 화약이 폭발하여 발생했다는 얘기가 파다했습니다. 한겨울에 발생한 이 화재로 많은 건물이 소실되자 왕과 왕족은 창덕궁으로 옮겨 생활하게 되었습니다.

이 사건이 발생한 지 불과 1년도 안된 1874년 11월 다시 대사건이 발생합니다. 당시 재상이었으며 민비가 심어 놓은 외척 세력의 우두머리 민승호의 사저에서 폭발이 일어나 일가족이 폭사한 것이죠. 서신과 함께 배달된 봉합물을 개봉하는 순간 폭발물이 터져 민승호는 같이 있던 어머니, 아들과 함께 즉사했던 것입니다. 참으로 영화 같은 일이 그 당시에 벌어진 셈입니다.[*]

거기에 민비에 의해 좌의정으로 등용된 대원군의 친형 흥인군 이최응의 집에서도 방화 사건이 발생했습니다. 1881년에는 유림에 의한 반정부 모의 사건이 발생하여 연루자 30여 명이 참형에 처해집니다. 공교롭게도 쿠데타 성공 후 옹립하기로 한 왕이 이재선(대원군의 서자)이었습니다.[**]

심증은 가나 물증이 없었기에 이 모든 사건은 주어가 없다는 공통점을 지니게 되었습니다. 이 드라마틱한 막장극은 조선이 패망한 이후 일본 언론과 학자들에게도 조롱거리가 되었다 하니, 수치스럽기 짝이 없는 일입니다. 황현의 『매천야록』이나 윤치호의 일기를 보면 당시 집권층이 얼마나 무능했고 부패했는지 적나라하게 전해집니다.

윤치호는 오늘날 친일파로 지탄을 받는 인물이긴 하지만, 구한말 누구보다 나라의 장래를 걱정했던 엘리트였습니다. 일본이 러일전쟁 후 조선을 침탈하려는 야욕을 노골적으로 드러내고 있는 와중에 황제란 사람은 관직이나 팔아 넘기고, 장난감 미니어처 궁궐을 짓거나, 굿을 해서 산천의 신들에게 러시아가 이길 것을 빌고 있었으니 얼마나 한심해 보였겠습니까?

---

[*] 류재택, 앞의 논문, p.766
[**] 류재택, 앞의 논문, p.768

그의 일기에 따르면, 러일전쟁이 발발하여 제물포에서는 전투가 벌어지고 포탄이 날아다니는데 '존경하옵는 황제'께서는 점쟁이의 말을 듣고 궁궐의 기둥 밑에 솥단지를 묻고 계신다며 비판하고 있습니다. 국가의 생존이 미망에 떨어진 마당에 그는 앞이 캄캄했을 것입니다.

또한 윤치호는 민비에 대해 일침을 가하기를 "그 영리하고 이기적인 여인이 미신 섬기는 것의 반만큼이라도 백성을 열심히 섬겼더라면 그녀의 왕실은 오늘 안전했을 것"이라 평합니다.[*] 민비의 무속 신앙 집착은 거의 광적인 신념이라고 해도 지나친 말이 아니었습니다.

민비의 국고 탕진은 매우 심각한 사안이었습니다. 열강의 외교적인 지지를 받기 위해 각국 공관이나 실력자들에게 뿌린 예물과 돈은 엄청났다고 합니다. 뿐만 아니라 왕세자에게 지나치게 집착한 나머지 그의 질병이나 운세 등을 다스리기 위해 천문학적인 돈을 낭비했다는 것은 익히 알려져 있습니다.[**]

점사술을 총동원하여 궁중 안에서 행사를 크게 치르고, 사찰과 명산대천에 기원하는 데도 예산을 낭비했습니다. 무당을 궁으로 데려와 진령군에 봉하자, 그에 줄을 대서 출세의 발판으로 삼으려는 자들로 문전성시를 이루었습니다. 그 중 귀신을 본다고 알려진 이유인은 진령군의 추천으로 양주목사가 되고 훗날 정2품의 지위에까지 오르게 됩니다.[***] 국가의 막중한 인사를 이런 잡배들로 채운 사람이 오늘날 조선의 국모랍시고 황후 대접을 받아야 할 이유가 있을까요?

하지만 우리나라에서는 명성황후를 민비로 칭하면 매국노나 친일파로 인정할 기세이니 뭔가 잘못되어도 한참 잘못된 것입니다. 민비가 국가와 민

---

* 이지향, 윤치호의 협력일기: 어느 친일 지식인의 독백, 이숲, p.111~112
** 류재택, 앞의 논문, p. 774
*** 황현의 매천야록에 따르면, 민비의 사후 그의 혼백을 본다는 이유로 고종이 가까이 두고 중용한 성창호는 협판(協辦: 차관급)의 지위에 올랐다고 한 것으로 보아 고종의 혼탁함도 민비 못지않았음을 알 수 있다.

족, 그 후손들에게 미친 악영향을 생각한다면 명성황후가 아니라 민씨라 불리지 않는 것만 해도 다행이라 여거야 할 것입니다.

　민비에 대한 총평을 올리자면 신라의 진성여왕과 쌍벽을 이루는 최악의 여성 권력자였다는 것입니다. 그럼에도 나라를 말아먹은 이 두 명의 여자에 대한 평가가 같지 아니하니 참으로 아이러니하죠. 일제에 대한 반감이 지나친 나머지, 정작 죄많은 자가 추앙되는 기괴한 형국이 아닐까 생각됩니다.

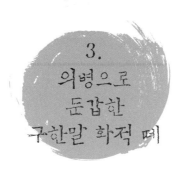

3.
의병으로 둔갑한
구한말 화적 떼

　우리 사학계는 구한말 의병의 거병 시기와 배경 사건을 기준으로, 을미의병, 을사의병, 정미의병으로 크게 나누고 있습니다. 하지만 이런 구분은 말장난이고, 아무 의미가 없습니다. 누가 의병인가, 진짜 의병인가 행적을 살피는 게 중요하지, 단순히 거병 시기에 따라 "총을 들고 일어난 하나의 폭동"이면 다 의병으로 보는 것은 문제가 있습니다.

　초기 의병의 규모와 위세는 보잘것없었죠. 오합지졸이라 토벌도 쉬웠고, 의병장 기우만(奇宇萬)의 사례처럼 관군이 출동한다는 얘기만 들려도 썰물처럼 흩어지던 사람들이었죠. 그때는 사실 큰 전투가 없었기 때문에 죽거나 다친 사람도 그렇게 많지 않았습니다. 그런데 구한국 군대 해산이 전격 진행되면서 반란을 일으키거나 실직한 군인들이 합세하여 주축이 된 정미의병 이후에는 조직화와 무장 수준이 크게 진전되고, 이에 호응하는 무리들도 늘어 전국 곳곳에 의병들이 할거하게 된 것이죠.

토벌대 및 의병 피해 상황표

*朝鮮駐箚軍司令部 編, 朝鮮暴徒討伐誌에서 발췌 편집

토벌연도	토벌대측 손해							
	사 망				부 상			
	수비대	헌병	경찰	소계	수비대	헌병	경찰	소계
1906년	0	0	3	3	1	0	1	2
1907년	28	1	0	29	59	3	1	63
1908년	49	11	15	75	136	21	13	170
1909년	10	12	3	25	13	16	1	30
1910년	0	4	0	4	1	5	0	6
1911년	0	0	0	0	0	6	0	6
총계	87	28	21	136	210	51	16	277

토벌연도	의병대측 손해											
	사 망				부 상				포 로			
	수비대	헌병	경찰	소계	수비대	헌병	경찰	소계	수비대	헌병	경찰	소계
1906년	82	0	0	82	0	0	0	0	145	0	0	145
1907년	3,580	11	36	3,627	1,462	30	0	1,492	117	1	21	139
1908년	9,435	1,858	269	11,562	1,654	45	20	1,719	886	282	249	1,417
1909년	760	1,594	20	2,374	136	288	11	435	159	147	23	329
1910년	22	101	2	125	8	41	5	54	3	40	5	48
1911년	0	7	2	9	0	6	0	6	50	11	0	61
총계	13,879	3,571	329	17,779	3,260	410	36	3,706	1,360	481	298	2,139

그런데 우리가 알고 있는 의병은, 즉, 그러니까 의로운 명분으로 거병된 조직이어야 하는데, 실은 민가를 약탈하거나, 사사로이 사람을 살해하고 납치했던 무리가 상당수 존재했다는 사실을 알아야 합니다. 우리나라에서는 이들의 재판 기록과 신문 기록을 다 가지고 있으면서도, 일본 토벌군과 대항했다는 이유 하나만으로 모두 항일로 구분하고, 이들을 독립운동가로 인정하는 오류를 반복하고 있습니다.

의병항쟁재판기록 1,111건의 판결문* 파일 중 강도, 강탈, 겁취, 겁탈 등으로 검색되는 파일은 1,494건이나 되는데, 전체 검색어의 63%에 달합니다. 이는 의병들이 군자금을 자발적 후원이 아닌 강제적 방법으로 주민들로부터 빼앗아 조달했다는 뜻입니다. 이 와중에 갖가지 요구에 불응하거나 관헌에게 신고한 사람들은 끔찍한 보복이 따랐는 바, 살해와 총살, 유기, 폭행으로 검색하면 401건으로 조회되니 적지 않습니다. 반면에 '교전'으로 검색해보면 113건에 불과한데요, '도주'로 검색하면 이 역시 113건이 출력됩니다. 무슨 의미인지는 상상에 맡기도록 하죠.

의병항쟁재판기록 판결문 키워드 분석**

검색어	강도	강탈	겁취	겁탈	위협	구타	살해	협박	
조회건수	651	250	228	182	152	131	127	107	파일건수
검색어	강취	탈취	총살	강요	방화	납치	난타	유기	1,111건
조회건수	95	88	81	76	65	60	53	9	

* 공훈전자사료관(https://e-gonghun.mpva.go.kr) 독립운동사료집, "의병항쟁재판기록" & "판결"로 검색한 건수를 의미한다.
** 판결문 파일마다 검색어끼리 중복이 있을 수 있으나 무시하고 추출했다.

황현은 『매천야록』에서 의병들의 허세와 민폐에 대해 이렇게 말합니다.

"강제로 단발할 때 전국이 흥분하여 의병이 일어났으나, 시간이 조금 지나자 의병들의 사기가 떨어져 경군(京軍)만 만나면 패배하였으므로 죽은 자가 무수히 나왔다. 그리고 충분(忠憤)을 가지고 의병이 된 사람은 몇 명에 불과하고, 명예를 좇는 사람들이 창의(倡義 : 의병을 일으킴)를 하거나 모험을 좋아하는 이들이 그들에게 따라붙는 경우가 많았다. 그렇지 않으면 불량배 몇 천 명 혹은 몇 백 명이 무리를 지어 작당하고는 의병이라 칭하였고, 심지어는 동비(東匪 : 동학군)의 잔당들 중에서 안면을 바꾸어 의병을 따르는 사람들이 절반은 되었다. 그러므로 그들은 잔인하고 포악하여 온갖 음행과 약탈을 저질렀고 마치 미친 도둑들과 다름없는 이들도 있었다." *

지방에서(특히 삼남 지방을 중심으로) 거병한 유생 및 양반 출신들은 어떨까요? 썩어 빠진 종묘사직을 건사하겠답시고, 존왕 사상, 봉건적 신분 질서의 회복을 주야장천 외치며 시대에 떨어진 낡은 유교적 가치를 고집했습니다. 그렇기에 그 의병의 규모가 한때 성대하고 파죽지세의 위력을 가졌으면서도, 고종의 관직 제수와 해산 명령 한 마디에 즉시 역신으로서 대죄를 고하는 상소를 올리고 순응한 의병장이 있는가 하면,** 토벌대 추격을 맞아 위급한 시기에 부친의 3년상을 지내야 한다며 부하에게 지휘권을 넘기고 대오를 이탈한 의병장도 있었습니다.*** 그들에게 도탄에 빠진 백성들의 생존과 민복보다는, 유교 경전의 가르침과 대의 명분이 더 중요했습니다.

---

* 梅泉野錄(한국사료총서 제1집) 〉 梅泉野錄卷之二 〉 建陽元年丙申 ① 〉 6. 기우만의 기병, 국사편찬위원회 한국사데이터베이스
** 공훈전자사료관(https://e-gonghun.mpva.go.kr) 독립운동사료집, 창의사(倡義士) 유인석 등을 초유(招諭)한 조서 참조
*** 憲機 제1345호, 의병장 이인영 신문 조서(調書), 1909년 06월 30일

그렇다면, 군인들은 어땠을까요? 구한국 군대가 해산되면서, 황제는 직업을 잃은 군인들에게 은사금을 내리고 생업에 전념하라는 교지를 내립니다. 이에 저항한 일부 장교가 이탈하여 반란을 일으킨 경우도 있습니다. 하지만 황제가 내린 은사금을 먹고 마시는 데 탕진해버리고 무위도식하다 의병에 합세한 자들도 적지 않았습니다. 이들은 무기를 다룰 줄 알고 군대의 경험이 있어 쉽게 토벌되지 않았습니다.

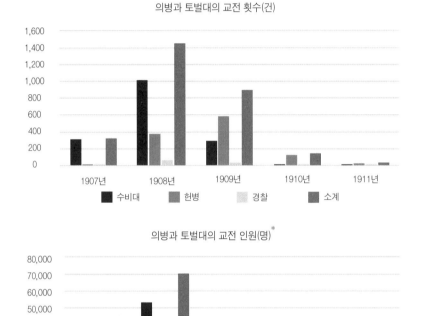

의병과 토벌대의 교전 횟수(건)

의병과 토벌대의 교전 인원(명)[*]

* 의병과 토벌대의 교전 횟수 및 교전 인원표는 朝鮮駐箚軍, 『朝鮮暴徒討伐誌』1913年의 내용을 참조하여 합계를 연도별로 편집한 것이다.

1908년 9월 30일 평안남도 관찰사 이진호(李軫鎬)가 내부대신 송병준(宋秉畯)에게 보낸 보고서에 따르면, 정미의병에 참여한 군인들의 행적에 대해 어느 정도 추정이 가능합니다. 초기에는 우국충정의 울분이 폭발하여 거사를 하였으나 점차 떼강도로 변질되어 갔다는 내용입니다.

  "작년 7월 정변의 결과 진위대가 해산되어 당시 경성(京城)에서 해산병이 반란을 일으키자, 이것이 동기가 되어 각지에서 폭도가 봉기한 것인데 폭도 중에는 우국지사가 시국을 분개하여 배외 사상의 열정이 일시에 폭발하여 궐기한 자 있었고, 혹은 실직자들이 의지할 곳이 없어 한때 폭도에 가담한 자 있었고, 혹은 부화뇌동한 자, 혹은 악한무뢰(惡漢無賴)의 무리가 정변을 기화로 의병을 표방하여 약탈을 목적으로 하여 가입한 자 등이 있다고 한다. 처음 폭도 봉기의 원인은 다소 국권을 회복하려는 정치적 의미를 가졌다 할지라도, 오늘의 적도는 전혀 이에 반하여 일종의 강도적인 불온한 무리의 결합으로서 조금도 정치적 의미를 지니고 있지 않으며, 양민을 살상하고 민재를 약탈하는 자도 있어 그 정상이 악질적이다." [*]

  1909년 11월 초 '남한대토벌' 기간 중 체포하였거나 또는 귀순한 전라도 지역 의병 약 1천 명이 의병에 가입하게 된 동기를 보면, 애국적인 동기에서 의병 활동을 한 자는 극소수에 불과하고, 대부분 생활고를 면하거나 사욕을 위해, 또는 납치 등 강제적 방법에 의해 가입하게 된 것임을 알 수 있습니다.

제1종 임의 가입(任意加入)에 속한 자(400명)

---

[*] 공훈전자사료관(https://e-gonghun.mpva.go.kr) 독립운동사료집3: 의병항쟁사자료집 > 폭도사편집자료 > 평안남도편

① 사욕(私慾)을 위하여 들어간 자(200명) ② 노동을 꺼려 하는 자(100명) ③ 잘못된 애국 사상을 가지게 된 자(50명) ④ 가정불화 기타의 자(50명)

제2종 생활난으로 가입한 자(300명)

제3종 강제되어 가입한 자(300명)[*]

　역사를 다루는 학자라면 필히 이러한 부분을 같이 기술하고, 의병을 참칭하여 토색질에 여념이 없던 자들까지 '의병장' 운운하며, 독립운동가의 범주 안에 들여놓는 우(愚)를 범하지 말았어야 했습니다. 기왕에 우국충정으로 거사했다 하더라도, 그 뜻이 변질되었다면 역시 함께 기술하는 것이 온당하지 않겠습니까?

영국 신문기자 매킨지((Frederick Arthur McKenzie, 1869년~1931년)의 저서
『The Tragedy of Korea』에 실린 1907년 구한말 의병들.
제복을 입은 사람이 지휘하고 있는 것으로 보아 군대 해산 이후의 의병들임을 알 수 있다.

---

* 김현주, 1907~1909년 의병의 활동과 군수 물자 조달 명분, 한국민족운동사연구, 1994년, p.10

(1) 의병장 김정삼의 경우

　예컨대 애국장에 추서된 독립운동가 김정삼의 공적 조서를 보면, "일제의 한국군 해산에 항거하여 의병을 일으켜 원주 진위대에 참여하여 일본군과 교전하며 투쟁하다 일본군의 습격을 받아 전사 순국한 사실이 확인됨"이라 쓰여 있습니다. [*] 그런데 강원도 관찰사 이규완이 작성한 보고서를 보면, 이런 말이 있습니다.

　"김(金)은 춘천군 북산외면 청평동의 도박꾼이다. 작년 8월 원주(原州) 진위대가 폭발하자 무뢰한 도배를 모아 이에 합동하고 스스로 폭도의 총독장(總督將)이 되었다. 이성신을 도영장(都領長)으로 하여 부하 6백을 거느리고 9월 7일 홍천에 내습하여 경택(境澤) 대위의 중대와 싸워 세 시간에 걸친 전투 끝에 패하여 인제 방면으로 도주, 이래 각지에 출몰하여 아군 토벌대에 쫓겨 다녔으나, 작년 11월 양구군 선안리에서 야습을 받아 마침내 죽었다"[**]

　네, 그렇습니다. 도박꾼이셨네요.
　어처구니없는 것은 이곳 양구군 선안리에서 여섯 명의 지도자급 의병이 사살되었는데, 이들을 애국장에 추서하면서도 이 사람들이 누군지 전혀 기록도 없고, 출생 연도도 모른다는 것입니다. 예컨대, 1907년 11월 21일 양구읍 선안리에서 토벌대에 의한 살해된 의병장 김경화, 김정삼, 김규설, 김봉명은 직위, 사망 시기, 장소가 일치하여 같은 인물일 가능성이 농후한데

---

[*] 국가보훈처, 독립운동자 김정삼의 공적 조서(애국장), 1991
[**] 공훈전자사료관(https://e-gonghun.mpva.go.kr) 독립운동사료집3: 의병항쟁사자료집 〉 폭도사편집자료 〉 강원도편 〉 춘천경찰서 관할 내 〉 2. 중첩되는 수괴자의 성명·경력 및 폭거 중의 행동 〉 (8) 김정삼(金正三)

도 애국장을 각각 추서하고,[*] 사망 일시가 1차 사료와 딴판인 사람도 부지기수에, 국가기관이 작성한 공적조서라고 믿기 힘들 지경의 부실한 내용으로 가득합니다.

(2) 의병장 최천유의 경우

김정삼과 같은 춘천군 북산외면 출신으로 비슷한 시기에 의병을 일으켰던 최천유도 애국장에 추서된 인물입니다. 관찰사 이규완이 작성한 최천유에 대한 기술을 봅니다.

"최(崔)는 춘천군(春川郡) 북산외면(北山外面)의 평민으로서 도박으로써 업을 삼았다. 작년 가을 박선명(朴善明) 등이 난을 일으키자 도박꾼 안종우, 송관영, 김양현 및 주막을 운영하는 김순선 등 무뢰한을 소집하여 그 거주지에서 봉기하였다. 이래 춘천, 양구, 인제 사이에 세력을 펴고 금전, 곡식, 물건을 강탈하며 양민을 강청하여 폭도 무리에 납치, 득의만만 하였으나, 본년 5월 양구군 진목정

---

[*] 11월 25일 춘천경무고문지부의 모리[森高時] 경부가 경무국장 앞으로 발신한 전보에 따르면, 양구군으로 향한 당지(當地) 군대와 경찰대는 적의 소굴인 양구와 선안리를 습격하여 적장 김덕호(金德鎬), 김규설(金圭卨) 및 부장 세 명 외에 20명을 죽이고 그들에 다대한 손해를 주어 궤주(潰走)시켰다고 나온다. 그런데, 그 다음 날 정식으로 상주한 보고서『楊口洪川 暴徒討伐 狀況 報告』에 따르면, 후지이[藤井] 토벌대는 양구군에서 20일 적장 김덕흥(金德興)을 사살하고, 선안리에서 21일 적의 총대장 김경화(金敬和)외 부장 세 명을 사살하였다고 하여, 의병장 이름이 모두 수정되었는 바, 결국 김덕호는 김덕흥과, 김규설은 김경화와 동일 인물임이 분명하다. 그럼에도 우리 국가보훈처는 이들을 모두 다른 인물로 보고, 각각 애국장을 추서하는 우(愚)를 범하였다. 공적 조서를 검색하여 보면 양구군과 선안리에서 사망한 의병장이 김경화, 김덕흥, 김덕호, 김규설, 김정삼, 조기환, 김봉명 등 일곱 명으로 이중 김경화, 김규설, 김정삼, 조기환, 김봉명이 11월 21일 선안리에서 사망한 의병장으로 조회되고 있는데, 일제의 토벌 보고서와 강원도 관찰사 이규완의 보고를 종합해 보면 이날 선안리에서 사망한 수괴급 김경화, 김규설, 김정삼, 김봉명은 동일한 인물로 추정된다.

(眞木亭)에서 군대의 손에 잡혀 마침내 살해되었다."[*]

　이상의 자료에서 보면, 김정삼과 최천유는 도박꾼 출신으로, 주막에 모여 도박과 주색을 일삼다가 마침 전국에서 소란이 일어나자, 뜻이 맞는 도박꾼과 동네 건달들과 함께 무장하고 사람을 납치하여 무리에 가담하도록 강요하거나 재물을 약탈함으로써 세력을 키운 자들임을 알 수 있습니다. 이런 사람들에게 우리나라는 애국장을 수여하고 독립운동가로 부르고 있다고 합니다.

(3) 의병장 한봉수의 경우
　독립운동사 제1권 의병항쟁사에 서술된 한봉수 의병 부대에 대한 기록을 보죠.

"한봉수(韓鳳洙)는 청주인(淸州人)으로 17세 때로부터 총질만 하여 살아온 명포수 의병장이다. (중략) 군대 해산 후 원주·제천·홍성·강릉 등지에서 의병 운동이 크게 일어나자 그는 그해 8월초 고향인 청주 가는다리[細橋場]에서 기병(起兵)하여 4년 동안 33전 1패의 전과를 거둔 게릴라전의 명장으로 (중략) ≪대한매일신보≫에도, "의병대장 한봉용[한봉수] 씨는… 보은군 속리산하 부근에 유둔(留屯)하여 인민을 하여무즙(何如撫戢)하였던지, 인개감열(人皆感悅)하여 전곡을 자원 수납한다더라"라고 한 것을 보면 지방 민중이 얼마나 한봉수 의병 부대를 지지하였던가를 알 수 있다."[**]

---

[*] 공훈전자사료관(https://e-gonghun.mpva.go.kr) 독립운동사료집3: 의병항쟁사자료집 〉 폭도사 편집자료 〉 강원도편 〉 춘천경찰서 관할 내 〉 2. 중첩되는 수괴자의 성명·경력 및 폭거 중의 행동 〉 (5) 최천유(崔千有), 그러나 일제의 조선폭도토벌지에 따르면 "1908년 7월 3일 춘천수비대는 학곡(鶴谷)에서 수괴 최천유를 포박하고, 그의 부하들을 사산(四散)시켜 정업(正業)에 종사케 하였다"라고 되어 있어, 내용이 다소 상이하다.
[**] 공훈전자사료관(https://e-gonghun.mpva.go.kr) 독립운동사 제1권: 의병항쟁사 〉 제4편 군대 강제 해산과 의병항쟁 〉 제4장 군대 강제 해산 후 각지 의병의 활약 〉 제5절 관동·호서·경북의병의 활약 〉 2. 한봉수 의병부대

독립운동사의 내용에 따르면 참 훌륭한 분이 아닐 수 없네요. 하여무즙, 인개김열이라는 것은 주민들을 어찌나 위부하셨는지 사람마다 감동하여 곡식을 자진 헌상했다는 뜻입니다. 국가보훈처는 이러한 기록에 따라 한봉수에게 애국장보다 한 단계 위인 독립장을 추서했습니다. 국가보훈처의 훈장 수여 기록을 보면, 2020년 11월 현재 애국장은 2,581명인데, 독립장은 172명밖에 안됩니다. 그만큼 한봉수의 공적을 높이 평가하고 있는 셈입니다.

같은 책 '군대 의병 합류의 양상' 절에는 한봉수가 다시 거론되는데요, "진위대 상등병이었던 한봉수는 부호 재산가와 관공서의 금품을 거두어 빈민에게 나누어 주었고"*라 하였으니, 정말 로빈후드 같은 분이 아닐 수 없군요. 우리 역사가들은 민간인의 재물을 약탈한 것을 두고 이런 식으로 합리화하는 것 같습니다.

그런데 이런 전설에 가까운 한봉수 의병장의 무용담은 사실일까요? 독립운동사에서는 한봉수가 17세부터 총질만 하여 명사수라고 하였으나, 청주경찰서에 귀순할 때 제출한 그의 자술서에 따르면, 어릴 때부터 장사를 하던 사람으로, 21세 때에는 친일 단체 일진회에 가입하여 활동하기도 했습니다. 일진회가 뭐하던 단체인지 아시죠? 네, 한일합방 청원 운동 같은 걸 하고 다녔죠. 그런 그에게 무슨 투철한 애국심이나 반외세 의식이 있었을까요?

1909년 경무국이 작성한 각 도의 폭도 상황 보고서의 충청북도 편에서는 한봉수에 대해 이렇게 거론하고 있습니다.

당 관내에서는 수괴라고 인정할 자가 열 명 정도 되고 그 부하는 100명 정도

---

* 공훈전자사료관(https://e-gonghun.mpva.go.kr) 독립운동사 제1권: 의병항쟁사 〉 제4편 군대 강제 해산과 의병 항쟁 〉 제2장 군대의 강제 해산 〉 제5절 군대의 의병 합류 〉 2. 군대 의병 합류의 영향

된다. 수괴 중 옛 진위대 해산병으로 한봉용(=한봉수)이라는 자는 처음 강개심(慷慨心)에서 의병을 일으킨 것 같으나, 현재는 이 지역에서 화적 떼와 다름없는 폭도다. 나머지는 무뢰한이다.

화적 떼와 같은 폭도라 했으니, 뭐 일제의 입장에서는 그렇게 볼 수도 있겠군요. 그러면, 우리 정부의 입장은 어땠을까요? 충청북도 관찰사 권봉수(權鳳洙)가 작성한 한봉수에 대한 보고는 조금 상세합니다. 우리는 과연 이것을 독립운동이나 의병 활동으로 볼지 생각해 봐야 하기 때문에 조금 길지만 인용하겠습니다.

한봉용(=한봉수)은 청주군 세교(細橋)의 출생으로서 일진회원(一進會員)이었다. 악한(惡漢)의 소문이 높아지자 소란한 시국에 무뢰지배들을 집합하여 의병이라 칭하고, 청주 산동면(山東面)을 근거 삼아 부하 4백의 수괴로 되어 많은 해독을 끼쳤다. 부하 7, 8명과 함께 교묘하게 잠복하여 체포를 모면하고 있다. 그의 행동은 화적과 같이 민재(民財)를 약탈한 것으로써, 수비대 및 경찰관과 수차례 교전하여 작년 9월 15일 미원(米院)에서 교전 중 수비대 한 명을 부상시켰다. 기타 중요한 행동은 다음과 같다.

① 1907년 11월 25일 세교시장의 일본인 금광업자를 습격, 그 집을 불태우고 재물을 약탈.
② 10월 28일. 문의군(文義郡) 습격. 군수를 살육하고 분파소 및 군아(郡衙)의 물품을 약탈.
③ 12월 2일. 세교장에서 우편을 습격하고 피해를 입혔다.
④ 12월 18일. 미원(米院)에서 경찰대와 교전하였다.

⑤ 1908년 1월 9일. 세교시장을 습격하고 전(前) 일진회원을 살육하였다.

⑥ 2월 25일. 세교에서 우편을 습격하였다.

⑦ 7월 28일. 작천강(鵲川江)에서 우편을 습격하였다.

⑧ 4월 3일. 세교(細橋)에서 우편을 습격하고 관금(官金) 2천여 원을 약탈하였다.

⑨ 5월 9일. 세교(細橋)에서 우편을 습격. 호위 기병 1명을 죽이고 관금 1만여 원을 약탈하였다.

⑩ 6월 초에 진천 부근에서 우편을 습격하고 호위 헌병 1명을 살육하였다.

　이상과 같은 한봉수의 행적을 보면, 그는 경찰 및 수비대와 직접 조우하는 일보다, 소부대 단위로 잠행을 하며 인디언들처럼 우편 차를 습격하는 게릴라전을 주로 사용했습니다. 재판 기록에 따르면, 한봉수와 그의 부하들은 우편 차를 호위하던 일본군을 죽인 뒤 모자나 회중시계 같은 소지품을 나눠 가졌습니다. 우편 차에는 공금도 상당히 있었으므로, 일제는 점차 우편 차 호송을 강화하고 병력을 증가시킵니다. 이에 한봉수는 민간의 재물을 약탈하거나 한적한 마을을 털기 시작합니다.* 민간의 재물은 눈에 보이면 뜯어가기도 하지만, 가져갈 만한 것이 없을 때는 사람을 납치하여 돈을 대가로 받고 풀어주는 일도 합니다.**

　한봉수가 약탈을 기도했던 사람 중에 방인재라는 사람이 있었습니다. 그는 군자금 1백 원을 내놓으라는 협박에 불응하고 이들을 경찰에 신고하는

---

* 동 관내를 잠복 배회하는 수괴 한봉용(=한봉수)의 도당(徒黨)은 9월 중에 있어서는 진천군과 청안군 청안면, 괴산군 남면을 출몰 잠행하여 항상 야간을 이용하여 양민의 재물을 약탈하고, 그 동작의 신귀출몰이 자못 교묘하여 거의 낌새를 알아챌 수 없으므로 용히 그 자의 형적을 확인할 수 없었다. 그 자들이 우편물을 탈취하려는 일념을 가지고 있으나 근래 호송이 엄중해진 까닭으로 그 바람을 단념하고, 통행인의 재화를 약탈한다고 전하여지므로 이에 대한 대책을 시술(施術)하는 중이다. 충청북도 경찰부장 坂東榮次郞,『暴徒狀況 月報』, 1909년 10월

** 1909년 6월 김상희(金相熙) 집에서 그의 아들 김교열(金敎說)을 납치하여 1천 원을 출급하면 석방할 것이라고 강요했다. - 大正8년 刑 제307호 한봉수 판결문 참조

바람에 한봉수의 부하 두 명이 체포되는 일이 벌어집니다. 이에 격분한 한봉수는 부하들과 함께 몰려가 방인재를 붙잡아 놓고 온갖 폭행을 가한 뒤, 초주검이 된 그를 총으로 쏴 잔인하게 살해합니다. 뿐만 아니라 조직원이었다가 귀순하거나 변절한 자들은 도로상에서 총살하거나 참수하는 행각을 서슴없이 저지르고 다녔죠. 마을 사람들이 그의 인덕에 감동해서 곡물을 자진 헌상하였다는 독립운동사의 서술은 황당한 창작이 아닐 수 없습니다.

1908년 9월 19일경 한봉수는 후술할 예정인 조운식과 부하 아홉 명과 함께 군자금을 강탈할 목적으로 무장하고, 충청북도 청산군 서면 석성리의 김한기(金漢基), 김홍기(金弘基) 집을 습격했습니다. 그런데 두 사람을 붙잡아 납치하는 과정에서 오히려 부락민들에게 포위당하는 일이 벌어집니다. 위급을 느낀 이들은 도주하는데요, 분노한 주민들의 추격을 받자 일제히 사격을 가하여 부락민 일부가 부상을 당하는 사태가 발생하기도 했습니다.[*]

한봉수는 시간이 지날수록 위세가 약화되어 그 부하가 10여 명에 불과하게 됩니다. 토벌대의 추적이 거세지자 결국은 모두 뿔뿔이 흩어지고, 본인은 경성의 황운하라는 사람의 집에서 은둔하였으나, 오래지 않아 경찰에 체포되어 청주로 압송됩니다. 이 과정에서 한봉수는 선처를 베풀어주면 한때 본인과 연합하여 활동했던 동료 의병장 문태서[**]의 소재지를 알려주겠다며 일제와 거래를 시도했습니다. 청주경찰서에서는 충북도경찰부와 헌병수비대에게 이 사실을 알리고 협의를 요청합니다만, 상급기관에서 이를 받아들

---

[*] 방인재 살해 사건과 김한기 형제 납치 미수 및 민간인 발포 사건은 한봉수 판결문 참조(大正8년 刑 제307호, 한봉수 등 3인의 판결문)
[**] 문태서는 동명의 의병장이 있으나, 여기서는 文대장이라 불린 조운식을 의미한다.

이지 않은 것으로 알려져 있습니다.* 어쨌든 구구절절한 자술서를 통해 회개의 뜻과 노모 부양의 사정을 읍소하면서 선처를 앙망한 한봉수는 재판에서 교수형을 언도받았습니다. 하지만 그가 수감된지 약 2개월만에 전국적인 대사면 조치의 은전을 입어 석방되었다는 사실은 어딘가 석연치 않은 부분이 있다는 심증을 거둘 수 없습니다.

독립운동사에서는 한봉수가 상하이로 탈출하기 위해 한 선교사의 집에 은둔하다 체포된 것으로 기술하고 있으나 이것은 사실이라 보기 어려우며, 예전에 장사 때문에 알고 지내던 서울 객주의 집에 피난차 의탁했던 것뿐입니다. 그 외에도 독립운동사에 기술된 한봉수와 관련된 얘기들은 대부분 근거가 희박합니다. 무슨 33전 1패니, 부락민들이 자진하여 군납을 했다느니, 이런 것은 1차 사료에서 확인되지 않는 허황된 창작에 가깝습니다. 이런 부실한 자료들에 기반하여 그에게 무려 독립장을 수여했다는 것은 나라의 공훈관리가 얼마나 주먹구구식으로 이루어졌는지 알게 해 주는 단면일 것입니다.

(4) 의병장 조운식의 경우

조운식은 앞의 한봉수와 연대 또는 단독으로 충청북도 보은군 일대를 돌아다니면서 약탈과 민폐를 일삼아 악명이 자자했던 사람입니다. 이 사람은 잔인하고 폭력적인 면모가 한봉수와는 비교가 되지 않았는데요, 자잘한 푼

---

* 지난 5月 28日字 官記 第959號로 조회한 한봉수는 경성 중부에 거주하는 지인 황익주(黃益周)를 통하여 경무국 주사(主事) 윤병희(尹秉禧)에게 귀순을 희망하면서, 그 이유는 그가 전과를 회개하고 자기의 죄가 큼을 말한 다음 폭도 수괴 문태서(文泰西)라는 자가 현재 충청북도를 횡행하고 있는 바 이를 관헌의 지휘에 의하여 동인(同人)을 수색하여 자신이 이를 체포하든가 관헌으로 하여금 체포할 수 있도록 도움을 줌으로써 자기의 죄악을 보상하려고 한다는 것이었음. 그러나 충청북도에서는 본인의 범죄 행위 증거가 이미 완비되어 공범자도 이미 체포되었으므로 경성에서 그를 체포 연행하였음. "暴徒逮捕의 件", 高秘收 제3886-1호, 1910년 6월 2일

돈을 갈취한 사건들은 넘어가고 눈에 띄는 사건을 하나 들어보겠습니다.

조운식은 부하 여섯 명과 함께 무장하고 보은군 탄부면 덕동의 면장이었던 이상락(李相洛)의 집에 쳐들어갑니다. 일단 거기에 있던 약간의 공금을 탈취한 뒤, 문서 장부는 모두 불태우면서 살고 싶으면 10만 냥을 내놓으라고 합니다. 그런데 돈이 없음을 알고 이상락을 결박하여 그의 형인 이상교의 집으로 끌고 가, 그 집의 대추나무에 묶어 두고 돈을 내놓으라고 협박합니다. 다급한 마음에 그의 친척과 이웃들이 전력으로 모아도 7원밖에 모이지 않으므로, 조운식은 분노하여 이상락의 가슴을 사격한 뒤 "13개 면의 면장을 모조리 죽여버리겠다"라는 말을 뱉고 다시 2회의 사격을 하여 이상락을 절명케 합니다.* 과연 이런 사람이 애국장에 추서되고 의병장이라 불릴 자격은 있을까요? 이성을 가지고 상식적으로 생각해 보시기 바랍니다.

(5) 의병장 신돌석의 경우

여러 책과 자료에서 평민 의병장, 태백산 호랑이, 축지법을 쓰며, 초한지의 항우와 동급인 역발산기개세(力拔山氣蓋世)의 명장으로 알려진 의병장 신돌석은 어떨까요? 신돌석이 1906년에 영릉의병진(寧陵義兵陣)을 창의하기 전, 어디서 무엇을 하던 사람이었는지 밝혀줄 공식적 사료는 없습니다. 신장군실기(申將軍實記)나 의병대장신공유사(義兵大將申公遺事)와 같이 편찬자와 저술 시기조차 불명확한 후대의 창작물에 그럴싸한 유년기와 청년기의 기록이 있기는 하지만, 임진왜란 당시 의병장으로 이름을 떨쳤던 김덕령의 스토리와 판박이입니다.

---

* 공훈전자사료관(https://e-gonghun.mpva.go.kr) 독립운동사자료집 별집1: 의병항쟁재판기록 - 농업 조운식(趙雲植) 38세 등 판결문

[그림] 충의사 소재 의병장 신돌석의 초상화

신돌석이 지었다고 알려진 한시(漢詩)*는 역시 실제 그가 지었는지 알 수 없습니다. 유생 출신 의병장들은 일기나 고유문을 남겨 족적을 알 수 있지만, 글자 하나 남기지 않은 신돌석이 무슨 한시를 남겼다는 것인가요? 있을 수 없는 일입니다. 사실 신돌석은 교육을 제대로 받지 못한 자로, 글을 아는 지조차도 명확하지 않습니다. 신돌석에 관해 가장 소상하게 기록을 남긴 것은 경상북도 관찰사 박중양이 남긴 신돌석의 정체에 관한 보고이며, 그 외

---

* 登樓遊子却忘行, 可歎檀墟落木橫, 男兒二七成何事, 暫倚秋風感慨生. 이 7언절구 시는 출전이 모호한 데다, 두보(詩杜)의 唐時인『登樓』와 그 내용과 韻이 유사하여 베낀 것으로 보이며, 檀墟라는 단어가 들어간 것으로 보아, 일제 시기 이후에 창작된 것으로 보인다.

『폭도의 편책』이라는 일본군의 토벌전 성과 기록물입니다.

독립운동사에 여러 차례 등장하는 신돌석의 기사는 그를 영웅화한 창작 문헌 자료에 기반한 내용으로 신뢰하기 어려운데, 국가보훈처에서는 이를 아무런 검증 없이 인용하여 그에게 무려 대통령장이라는 훈격을 수여합니다. 공적 조서를 읽어보면 불세출의 위인이 따로 없을 만큼 백전백승의 영장이시며, 지략과 용맹을 두루 갖춘 영웅적 인물입니다. 과연 사실일까요? 경상북도 관찰사 박중양의 보고서에는 다음과 같이 나옵니다.

"신돌석은 영양군 출생으로 보통 농가에서 생장하였으나, 성질이 주색을 좋아하고 도박에 빠져 장년(壯年)에 이르러 일가를 탕진하매, 마침내 화적 떼의 수괴가 되어 항시 수십의 부하를 두고 교묘히 체포를 벗어나 포악함을 일삼고 있다가, 때마침 시국의 혼란에 즈음하여 각지에 폭도가 봉기하였으므로 문득 폭도로 화하여 혹은 개별로 혹은 다른 집단과 영합하여 영양·영덕 지방을 근거로 하여 본도 북부는 거의 횡행하지 아니한 곳이 없다."[*]

이 보고서에 따르면 신돌석은 주색과 도박에 재산을 탕진하여 그 빈궁함에서 벗어나고자 화적 떼의 수괴가 되었다가, 시국이 혼란한 틈을 타 의병을 참칭한 것으로 추정됩니다. 신돌석의 의병 활동과 관련한 각종 문헌 자료를 보면, 그는 1차 거병 후 해산했다가 1906년에 2차 거병하여 영릉의진을 창의한 바 있습니다. 이에 대해 역사학자 조동걸은 1차 의병에 참전했는지 확인할 아무런 근거가 없다고 합니다. 경북 영덕, 청송, 안동 등 당시 활동했던 의병 부대에 신돌석의 이름이 발견되지 않으며, 그 뒤 신돌석이

[*] 공훈전자사료관(https://e-gonghun.mpva.go.kr) 독립운동사료집3: 의병항쟁사자료집 〉 폭도사 편집자료 〉 경상북도편 〉 2. 중요한 수괴자의 성명·경력 및 폭거 중의 행동 〉 (6) 신돌석(申乭石)

1906년 영릉의진을 창의하기 전까지도 무엇을 하고 다녔는지 전혀 기록이 없기 때문입니다.[*]

다만 조동걸은 이 사이에 활빈당이 청도와 영덕 등지에 득세했으며, 신돌석의 힘 자랑 얘기는 활빈당의 그것과 매우 유사한 점을 들어 신돌석과 활빈당의 연관성을 의심합니다. 활빈당은 당시 지역마다 민가를 습격하여 약탈을 일삼던 도적 떼였습니다. 1903년 시기에 영해, 영덕, 청송, 진보, 영양 지방에는 도적이 창궐하였으므로 의병장이던 벽산 김도현이 이헌영 관찰사로부터 도적을 잡는 오군도집강으로 임명받았다는 사실에 주목해야 합니다. 집강소가 설치되어 있었다는 것은 이 지방 주왕산, 명동산, 백암산, 일월산 일대에 도적 떼가 준동하고 있었다는 것을 의미합니다.[**]

그렇다면 앞의 관찰사 박중양이 상신한 보고를 신돌석 의병 부대를 도적 떼로 격하하기 위한 악의적 거짓 정보가 아니라, 당시의 실상을 반영한 신빙성을 갖춘 사료로 보아야 하는 것이죠. 토벌군의 시각으로 평가한 자료라서 믿을 수 없다는 분들은 당시 나주, 함평에서 활동하였던 의병장 해산 전수용의 통문을 함께 보시면 될 것 같습니다.

"현재 좀도둑들이 의병이라 자칭하고 낮에는 숨어 있다가 밤이면 나타나서 의거를 빙자하며 민간에 침해하여, 그 폐단이 말할 수 없는 지경에 이르렀다. 심지어는 부녀자를 강간하며 재산을 약탈하고 사람들을 구타하니 궁촌 백성의 원통한 현상이 이루 헤아릴 수 없이 날마다 본진(本陣)에 들려온다. 이 얼마나 통탄스러운 일이냐?"[***]

---

[*] 광무농민운동과 신돌석 의병, 우사 조동걸 저술전집 11, 역사공간, 2010, p.80
[**] 조동걸, 같은 책, p. 81~82
[***] "揭示該郡大小民人", 全海山陣中日記, 전수용, 戊申年編(1908)

그렇습니다. 사실 뭐 몰려다니다 보면 일부 일탈자도 있게 마련이고, 쭉정이들도 생기게 마련이죠. 다시 본론으로 돌아가서, 신돌석은 그렇다면 어떤 부류에 해당했을까요? 관찰사 박중양의 보고서가 제출된 뒤 2개월 만에 신돌석은 옛 부하에게 돌에 맞아 죽었기 때문에, 신돌석 의병진에서 집사(執事)로 활동했던 이창영의 재판 기록을 살펴보기로 합니다.

"이창영은 영양(英陽) 군민으로 신돌석과 함께 75명의 군사를 거느리고 영양 장파(長坡)의 임 초시(林初試) 집으로 가서 임 초시를 붙들어 볼기 열 대를 친 뒤에 군수금이라 칭하고 돈 84냥을 탈취하였으며, 28일에는 신돌석과 함께 의병 ○○명을 거느리고 영해 고시동(孤市洞)으로 가서 이름 모르는 남씨 집으로 가서 돈 90냥을 탈취하고, 영해 히리곡 강시중(姜時中) 집으로 가서 돈 54냥을 탈취하고, 29일에는 의병 소모관이 되어 다음날 신돌석 및 1백20명의 군사와 함께 영양 사탄(沙呑)·수비(首比) 두 마을의 권·금(琴) 두 집으로 가서 50냥을 탈취하고, 또 권경인(權景仁) 집에서 돈 90냥을 탈취하였으며, 4월 초2일에는 신돌석과 함께 1백50명의 군사를 거느리고 평해군 설산(雪山) 손 감역(孫監役) 집으로 가서 돈 1백84냥을 탈취하고, 초3일에는 신돌석과 함께 울진 화리시(花里市) 유참봉(柳參奉) 집으로 가서 돈 1백 냥을 탈취하고, 그 집 전방에서 투숙하다가 춘천(春川) 병정에게 쫓기고 초4일에는 신돌석과 함께 영양 후평(後坪) 조춘평(趙春坪) 집으로 가서 춘평을 결박하여 10리 밖의 주곡(注谷)까지 끌고 가서 돈 84냥을 탈취하고, 그 마을 조(趙) 도사(都事) 집에서 또 돈 50냥과 조총(鳥銃) 한 자루를 탈취하고, 초5일에는 신돌석과 함께 조총 75자루를 가지고 영양 부곡(釜谷) 권온혜(權溫惠) 집으로 가서 칼로 때리고, 돈 30냥을 탈취하고, 또 동군 항동(項洞) 김예천(金醴泉) 집에서 돈 50냥, 수평(水坪) 권고천(權高川) 집에서 돈 열 냥, 백미 열 두를 탈취하고, 청기(靑基) 오맹삼(吳孟三) 집에서 돈 1백 냥, 모리(茅里) 안(安)씨 약국에서 돈 50냥과 압곡(押谷) 유 감찰(柳監察) 집에서 돈 34 냥을 날취하고, 초6일에는 영양 읍내로 들어가 하룻밤을 지낸 뒤에 신돌석은 군사를 거느리고 청송으로 가고, 초8일에는 군사 13명과 조총 아홉 자루를 가지고 영양 사야(沙也) 조마곡(趙馬谷) 집으로 가서 돈 50냥을 탈취하고, 초10일에는 도촌(島村)으로 가서 이름 모르는 통칭 권 생원이란 집에서 돈 54냥을 탈취하고, 11일에는 주곡(注谷) 점가(店家)로 가서 돈 50냥 및 초혜(草鞋) 두 죽을 탈취하고, 12일에는 13명의 군사를 이끌고 동 군 오리현(五里峴) 박구동(朴九洞) 집에 가서 돈 40냥을 탈취하고, 13일 신돌석이 청송으로부터 돌아오는 길에 영양읍 통기(通奇)로 들어간 고로 곧 합진이 되어 전후의 병력이 90명이나 되고, 15일에는 신돌석과 합진하여 90명의 병력으로 울산읍으로 들어가 동군 순교감(巡校監) 병정이 총을 발사하는 고로 인가 2~3호를 불지르고 그 뒤에 흩어졌으며… (후략)"*

재판 기록을 보면, 신돌석은 오늘날의 9급 공무원에 해당하는 종9품의 감역이나 참봉 같은 말단 관리의 집으로 보이는 곳도 습격하였지만, 일반 생원이나, 초시, 점집을 비롯 무고한 민가도 상당수 털고 다녔습니다. 뿐만 아니라 사람을 납치해서 끌고 다니며 돈을 빼앗고, 군대에 쫓기다가 민가에 불을 지르고 다녔다는 사실도 알 수 있습니다.

무장한 부하들과 마을을 돌아다니며 약탈하고, 이를 추격하는 관군 토벌대와 교전한 것을 후대가 항일 의병 운동으로 격상하고 훈장까지 수여해가며 칭송할 가치가 있는지 모르겠습니다. 혹자는 게릴라 전을 수행하기 위해 인근 부락으로부터 어느 정도의 강압과 민폐는 불가피한 일이라 역설할 지도 모르겠습니다. 그러나 일본군 본진을 털어본 적도 없고, 외교 시설이나

---

* 공훈전자사료관(https://e-gonghun.mpva.go.kr) 독립운동사자료집 별집1: 의병항쟁재판기록 〉경상남북도편 〉이창영(李昌英)등 판결문

국가 기관을 습격한 적도 없는 사람의 과거를 미화하고 왜곡하는 것도 모자라 사당까지 지어가면서 신성화하고 있는 것을 보면 확실히 이 나라는 제정신이 아닌 것만은 분명합니다.

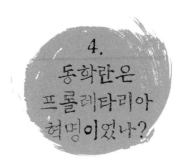

4.
동학란은
프롤레타리아
혁명이었나?

운동권, 특히 NL계 학생들에게 전봉준은 어떤 의미일까요? 전봉준 하면 외세를 몰아내고 평등 사회를 구현하고자 갑오농민전쟁, 그러니까 이 땅에서 최초로 의거한 계급 투쟁의 선봉장쯤으로 기억될 것입니다. 그래서 지금도 소위 민중 가요나 민중 시라는 것을 들어봐도 녹두장군 전봉준을 영웅화한 내용들이 제법 많습니다. 운동권 출신들은 대학 때부터 학습해 온 의식화 교재의 커리큘럼에 따라 우리 역사 최초의 근대적 민중 투쟁은 동학혁명에서 시작되었다고 생각합니다. 역사를 왜곡된 시각으로 자의적 해석을 하게 되면 6·25도 미제로부터 조국을 해방시키기 위한 전쟁이 되는 것이고 김일성, 김정일을 백두혈통이니 하는 말로 우상화하는 것도 얼마든지 합리화 할 수 있습니다.

해방 전에는 동학란, 또는 동비(東匪)의 난이라 했습니다. 이게 다 이유가 있어서 동학교도들이나 농민군들을 동비라고 당시에는 지칭했던 것입니다. 그 배경을 지금 설명할 수는 없기 때문에 본 장에서는 생략하기로 하죠. 여하튼 그러다가 박정희가 집권한 이후 국사 교육을 강화하면서 동학혁명으로 승격하게 됩니다. (일설에는 쿠데타를 합리화하기 위한 의도가 깔려져 있었다고 봅니다.)

전두환 때에는 '혁명'이라는 단어가 불온하다 하여 국정 교과서에서 혁명이라는 말을 빼고 '동학운동'이라 했습니다. 김대중 정권이 들어선 이후로는 수배자 신세였던 운동권 출신들이 정치, 교육, 행정 분야에 대거 진출하면서 동학운동이 '동학농민혁명운동'으로 거창하게 개칭되어 다시 혁명으로 환원되었을 뿐만 아니라, 여기에다 '농민'이란 단어를 더 붙여 아예 대놓고 본격적인 계급 혁명의 기원으로 둔갑시켜 그 당위성을 주장하기에 이릅니다.

'운동'이란 단어를 지워버리지 못한 것은 나름대로 정파적 알력과 고민이 있었던 것으로 보입니다. 이것은 어디까지나 국정 교과서의 공식적인 입장일 뿐이고 운동권 내부적으로는 예나 지금이나 '갑오농민전쟁'입니다. 거추장스러운 '동학'이라는 타이틀은 떼어버렸습니다. 이것은 적어도 그들에게는 계급 전쟁이지 종교 전쟁이 아니기 때문이죠.

그러나 어느 쪽으로 보든 전봉준과 동학운동을 미화 찬양하고 과대 포장한 면이 없지 않습니다. 최근의 연구 성과물들은 전봉준 공초(供草)를 바탕으로 찬양 일색인 기존 동학 운동의 평가에 대해 이의를 제기하고 있는 바, 선입견을 버린다면 경청할 만한 내용이 많습니다. 앞으로도 활발한 토론과 연구가 계속되기를 기대하며 지금 몇 가지 소개해 보고자 합니다.

첫째로, 동학란 내지 동학혁명은 계급 투쟁이 아닙니다.

기존의 군주제 왕조를 전복하고 그 대신 참신한 민주 정부를 수립하려 한 근대적 국민 혁명으로 본다거나 또는 양반 중심의 봉건적 사회 질서를 뒤엎고 남녀노소 빈부귀천 없는 평등 세상을 구현하려던 혁명이었다고 보는 것은 특정 종교 종단과 좌파 세력이 자신들의 입맛에 맞게 미화 찬양한 허구의 결론입니다.

1894년 4월 30일 농민군의 4대 명의를 보면 제2항에 '충(忠)과 효(孝)를 온전히 다함으로써 제세(濟世)하고 안민(安民)할 것', 제4항에 '왜이(倭夷)를 축멸함으로써 성도(聖道)를 맑고 깨끗이 할 것[澄淸聖道]'이라 되어 있습니다. 이런 문구에서 알 수 있듯 유교적 기강을 바로잡고 무너져가는 봉건적 신분 질서를 회복하여, 종국적으로는 공자의 가르침(聖道, 聖訓)에 충실하려는 유교적 충효사상(忠孝思想)을 엿볼 수 있습니다.* 좌파들의 주장처럼 축멸양왜(逐滅洋倭)하려던 주된 목적이 무슨 레닌 혁명처럼 세상을 뒤집어 버리겠다는 그런 뜻이 있었던 것이 아님은 자명합니다.

이는 1894년 4월 27일 무장동학포고문(茂長東學布告文)에도 비교적 자세히 기술되어 있는데, 농민군의 지도부는 공자의 정명(正名) 사상과 맹자의 민본주의로써 자신들의 의거를 정당화하면서 성상(聖上, 국왕 즉 고종)을 둘러싼 간신배들을 척결하고 무너져가는 사회 신분 질서[上下之分]를 회복시키려는 의지를 명시적으로 표출하고 있습니다.**

둘째로, 토지 균등 분배, 계급 철폐 등이 담긴 '폐정개혁 12조'는 날조요 거짓말입니다. 그런 것은 원래 있지도 않았습니다. 폐정개혁 12조는 1940년 오지영의 소설『동학사』에 등장하는 것으로 전봉준의 공초 기록, 각종 포고문, 격문에서는 그러한 내용을 발견할 수 없습니다.*** 오지영이 쓴 『동학사』는 일종의 자전적인 소설일 뿐 실제로는 날짜, 사건의 기술에서 팩트와 차이가 너무도 많기 때문에 사료적 가치가 있는지는 매우 회의적입니다. 그저 당시의 상황을 유추할 수 있는 정황 자료에 불과하죠. 그 실례로, 구전 민요인『새야새야 파랑새야』에서 녹두꽃이 전봉준을 의미한다는 낭설은 오

---

* 류영익, 동학지상논쟁: 동학농민운동은 보수지향의 의거였다, 한국논단, 1994년, p.62
** 류영익, 같은 책, p.63
*** 류영익, 같은 책, p.64

지영의 소설『동학사』에서 비롯된 것입니다. 이 민요는 전봉준이 태어나기 도 전에 유행했던 노래로 전봉준과는 아무 관련이 없습니다. 그럼에도 오지 영은 이 노래가 전봉준의 탄생을 예견하고 민간에 구전된 노래라고 망상에 가까운 소리를 써냈는데, 오늘날까지도 마치 이것이 정설인 양 학교에서 가 르치고 있는 실정입니다.[*] 우리 교과서에서는 전주화약의 결과 집강소 폐정 개혁안이 완성되었다고 서술되고 있습니다. 그런데 이것은 농민군이 전주 성에서 철수하기 전부터 지속적으로 제기되었던 27개조 폐정개혁안을 말하 는 것이지, 오지영의 폐정개혁 12개 조와는 완전히 다른 내용입니다.

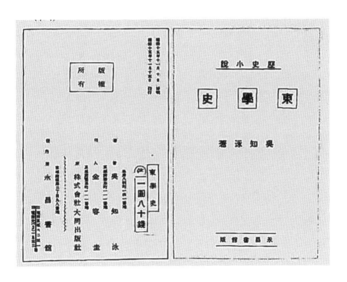

오지영의 "역사소설" 동학사(上)와 폐정개혁 12조가 기술된 초고 (下)

또한 신분 제도의 혁파는 초고본에서 세 개 조항이었다가 출간본에서 두 개로 줄어들고 대신에 청춘 과부의 개가(改嫁)와 같은 조항이 추가되는 등 오지영이 자의적으로 조항을 첨삭했다는 정황이 유추됩니다.[*]

여기서 오지영이 누군가 살펴볼 필요가 있습니다. 오지영은 전라도 익산 지역의 집강소 사무를 맡았던 자로서 동학혁명이 좌절된 이후에 천도교 내부의 분파적 갈등을 겪다가 모세처럼 익산 지역 주민 200여 명을 인솔하고 만주 길림성으로 이주한 사람입니다.

---

[*] 김양식, 吳知泳『東學史』의 집강소 오류와 기억의 진실, 한국사연구회, 2015년, p.16~18

거기서 본격적으로 고려혁명당에 가입하는 등 공산주의자로서 길을 걷게 되는데 이러한 영향으로 토지 균등 분작(分作)이라든가 계급 철폐 같은 사회주의 노선이 그의 작품에 등장하는 것은 어쩌면 당연한 일일지도 모르겠습니다.

이러한 사회주의적 색채가 농후한 폐정개혁 12조는 오지영의 소설 외 다른 1차 사료에서 확인되지 않고 있으며, 현재로서는 없다고 보아야 합니다. 그럼에도 국정 교과서에 한결같이 폐정개혁 12조가 등장하는 것은 참으로 부끄러운 일이며, 왜곡의 극치라고 볼 수밖에 없습니다.

셋째로, 동학란은 흥선대원군의 사주로 발생했으며 그의 정치적 귀환이 최종 목적입니다. 전봉준이 여러 해 동안 흥선대원군의 거처인 운현궁에 드나들면서 대원군과 깊은 관계를 맺은 사실은 이미 널리 알려져 있습니다.[*] 대원군이 동학란과 관련하여 전봉준을 사주하고 지원했다는 증거도 적지 않습니다.[**] 다음의 증거들에 의하면 전봉준의 최종 목표가 대원군의 환궁과 집권, 그리고 옛 왕조의 질서를 다시 회복하는 것에 있다는 것을 알 수 있습니다.

1894년 5월 22일(음력 4월 18일) 전봉준이 나주 관아의 삼공형(三公兄, 즉, 호장, 이방, 수형리)에게 발송한 공문을 보면 다음과 같은 내용이 있습니다.

"전하께 아뢰어 국태공(國太公, 즉 대원군)을 모셔다가 나랏일을 보도록 함으

---

[*] 이문수, 『大院君의 宗敎政策에 대한 一考察 : 특히 東學을 中心으로』, 대구대학교사회과학연구소, 2000년, p.396
[**] 이에 대한 자세한 내용은 이문수, 앞의 논문, p.400 ~ 402 참조, 여기서는 구체적 기술을 생략한다.

로써, 아첨하고 비루한 자들을 모조리 파면시켜 내쫓으려는 것이니, 우리의 본의는 여기에 그칠 뿐이다."

음력 4월 16일 영광에서 창의소 명의로 완영유진소(完營留陳所)에 보낸 통문에서도, "국태공(國太公) 감국케하여 위로는 공사를 보전하고 아래로는 백성을 편안케 한다"라는 내용이 있으며, 음력 4월 19일 양호초토사(兩湖招討使) 홍계훈에게 보낸 정문(呈文)에는 다음과 같이 쓰여 있습니다.

"억조(億兆)가 마음을 같이 하고 온 나라가 의논을 모아 위로 국태공을 모시고 부자 사이의 윤리와 군신 사이의 의리를 온전히 하여 아래로 여민(黎民)을 편안히 하고 위로 종묘사직을 보전하는 것이 우리의 지극한 소원입니다. 장차 죽음으로써 맹세하고 변치 않을 것이오니 엎드려 비옵건대 굽어 살피옵소서"

음력 4월 23일 전라감사 김학진에게 14개 조에 달하는 원정(願情)에는 "國太公 于預國政 卽民心有庶幾之望事"라 하여 그들의 소원이 국태공의 국정 참여에 있음을 밝히고 있습니다. 음력 5월 4일 전봉준이 전주화약 직전 관군 사령관 홍계훈에게 보낸 소지문(訴志文)에서는 "태공을 받들어 나라를 감독케 함은 그 이치가 심히 마땅하거늘 왜 이를 불궤라고 합니까?" 라 하고 있습니다.*

대원군이 음력 6월 집권하자 체포된 동학도를 구제할 방도를 지시하고 6월 말부터 한 달만에 대거 석방했습니다. 그러나 반대로 대원군이 실각하자 동학도에 대한 대규모 숙청 작업이 이루어졌다는 것은 많은 점을 시사하니

---

* 류영익, 甲午農民蜂起의 保守的 性格, 한국정치외교사학회, 1995년, p.375~377

다. 대원군은 동학도를 토벌, 체포한 지방 수령관에게는 변방 발령시키거나 동학도를 참형한 수령은 파면에 처하는 등 노골적으로 동학도에 편들기를 했습니다.[*]

  뿐만 아니라 집강소 설치부터 2차 봉기 시까지 대원군은 수시로 밀사를 보내 전봉준, 김개남 등 동학 지도부와 재봉기를 모의하고 사주했다는 증거들이 있습니다. 대원군은 전봉준의 처족 8촌이자 전주대도소 도집장 송희옥을 선공주사로 임명하고 대원군의 측근인 박동진과 정인덕은 이 송희옥과 접선하여, 전봉준에게 밀지(密旨)를 보내 대원군의 뜻에 따라 재봉기할 것을 주문하였던 것입니다. 김개남에게는 대원군의 손자 이준용을 통하여 전승지(承旨) 이건영과 접촉하고 이건영은 동학당 지도자 김개남을 만났습니다. 이에 전봉준과 김개남이 적극 호응하였음은 물론입니다. 체포된 이후 전봉준은 이를 부정했으나 김개남은 대원군의 지시에 의한 것임을 자백했습니다.[**]

  넷째로, 동학란은 일본 국수주의 단체인 천우협(天佑俠)의 자금과 무기를 지원받았습니다. 통리교섭통상아문의 음력 6월 16일자 일기에 의하면 "일본인 요시쿠라 등 14명이 통행증 없이 안약과 총을 가지고 전북 순창에 와서 도적의 우두머리를 만나 온갖 것을 종용했다"라고 되어 있습니다. 또 다른 증거『고종시대사』에는 "요시쿠라, 스즈키, 다케다 등 스스로가 천우협이라고 하는 14명의 일본인이 이달 초에 노조(路照 : 통행증)를 휴대하지 않고 비밀리에 부산을 출발하여 전라북도 순창에 도착하여 동학 교도들과 내통하다"라고 하여 좀더 구체적으로 기술하고 있습니다.[***]

  동학 측 자료에서도 전봉준과 천우협의 접촉을 확인해주고 있습니다. 『천

---

* 이문수, 앞의 논문, p.400
** 이문수, 앞의 논문, p.401~404
*** 韓相一, 동학과 일본 우익: 天佑俠과의 제휴에 관한 고찰, 한국정치외교사학회 1995년, p.277

도교 창건사』에는 "일본인 다케다[武田範之] 등 15명이 금시계 한 개와 마노(瑪瑙 : 보석의 일종) 하나를 보내어 믿음을 보이고 면회를 청한 즉 전봉준이 거리낌 없이 이들을 면담하고 시국을 서로 논하였다"라고 기록되어 있습니다.[*]

류영익도 동학당이 일본과 접촉하여 무기를 구입한 증거로 1894년 2월 21일 러시아 공사 베베르(Karl Ivanovich Weber)가 도쿄의 러시아 공사 미하일 히트로보(Mikhail A. Khitrovo)에게 발신한 밀보(密報)를 소개하고 있습니다.

"나는 한 개인적 정보원을 통해 아래와 같은 밀보(密報)를 받았다. 즉, 임금의 아버지(대원군)가 주모자로 나서서 중대한 폭동을 조성하고 있으며, 이 폭동은 오는 여름 혹은 아무리 늦어도 가을 이전에 폭발할 것이다. 공모자의 대리인들이 일본과 중국에서 무기를 구입하고 있으며, 4천 정의 소총이 구매되었는 바, 그 중 한 가지는 일본에서 나왔고, 일부 일본인이 이 (음모)에 가담하여 일을 같이 꾸미고 있는데, 이 음모에 대해서 일본 정부는 전혀 모르고 있다는 등이다."[**]

이와 같이 동학란은 초기에 지방 토호의 학정을 견디다 못한 농민들이 무력 봉기한 사건임은 분명합니다. 다만, 그 위세가 전국으로 들불같이 번지기에 이르자, 권력에 병적으로 집착했던 대원군이 이들과 결탁하여 일종의 정변으로 변질되었다고 볼 수 있겠습니다. 그러한 까닭에 동학란의 성격은 결코 혁명적이지도 않고 근대성을 갖추지도 않은 반란이었을 뿐인데, 오늘날 정치적인 이유로 이에 대한 평가가 너무 과장되고 미화된 것입니다. 나라가 멸망의 문턱에 이르렀을 때, 동학란이 발생하여 지방 행정은 무력화되고, 외국 군대가 이 땅에 진주하게 되는 빌미가 되고 말았습니다. 동학란이

---

[*] 李敦化, 천도교창건사, 천도교중앙종리원, 1933, p.61 (韓相一, 앞의 논문, p.277에서 재인용)
[**] 류영익, 앞의 논문, p.372에서 재인용

전국적으로 확대되면서 수많은 약탈과 살인, 납치가 자행되었기 때문에 궁박했던 백성들의 삶은 더욱 고달파졌는데, 이를 도외시하고 동학란의 의의를 침소봉대하는 학자들은 무슨 생각을 하는 건지 모르겠습니다.

5.
헤이그 밀사를
사칭한
사람들

헤이그 만국평화회의 당시 일제의 침략상을 알리려 하다 뜻을 이루지 못하자 분격하여 자결한 이준 열사에 대해서 알아보겠습니다. 아직도 많은 사람이 이준 열사가 회의장에서 배를 가르고 내장을 꺼내 던지면서 할복하였다고 알고 있습니다. 하지만 그런 초인적인 일이 일어났을 리 만무합니다. 그 당시 이준의 사망 소식을 국내에 전하던『대한매일신보』나『황성신문』같은 국내 신문들이 의도적으로 날조하여 보도한 것이, 오랜 시간 동안 그대로 세간에 받아들여져 잘못 전해진 데에 연유한 것입니다.

장지연(張志淵)의 ≪위암문고(韋庵文稿)≫에도 "이준은 일이 다 틀린 것을 알고 답답하여 탄식하며, 근심과 분함이 병이 되어 식음을 전폐하기 어러 날 만에 피를 토하고 죽으니 바로 7월 14일이었다"라고 적혀 있습니다. *

하지만 이준 열사는 네덜란드 현지 언론의 보도처럼 뺨에 난 종기를 제거

---

* 장지연, 韋庵文稿 卷6 內集, 李儁傳, 1956, p.280, 그러나 이 자료는 장지연이 전문을 삭제한 것을 다시 재수록한 것으로, 장지연은 내용에 오류가 있음을 인지하고 있던 것으로 추정된다.

하는 수술 도중 감염되어 패혈증으로 사망한 것[*]인데, 요즘같이 항생제가 발달하지 않은 시대였기 때문에 별다른 처치도 해보지도 못하고 병세가 악화되어 사망한 것이죠. 일제의 보고서에도 이준은 헤이그에서 단독병(丹毒病)으로 사망하여, 호텔 사환과 동행했던 1인이 장례를 지냈다고 되어 있습니다.[**]

et la Con-
de précipi-
miner une
urtout des
l'enseigne
Conventions

nnonce un
américaine
érales dans

ur la base
Unis pour

nsiste sur-
les cas de
ire. Autre-

Un deuil coréen.

A notre grand regret nous devons an-
noncer la mort subite d'un des délégués
Coréens à La Haye. Le Prince Yi était
rendu à St. Pétersbourg, pour se ren-
contrer avec son père, tandis qu'un de
ses compagnons était enterré hier.
Il a souffert d'un abcès à la joue, qui
a nécessité une opération, dont il est
mort. Son ami solitaire a suivi ses dé-
pouilles mortelles. Les seuls mots d'Anglais
qu'il savait furent „so sad, so sad".
Même s'il avait eu à sa disposition tout
un vocabulaire, il n'aurait pu choisir des
mots, qui expriment mieux les sentiments
de nous tous.

만국평화회보, 1907년 7월 17일자, 이준의 사망 소식

---

* Courrier de la Conference de la Paix, "Un deuil coreen", No. 28. Mercredi 17 Juillet 1907, 3면
** 來電 149호 『한국 황제 밀사 이준 병사의 건』, 1907년 7월 17일, 이 문서에는 이준의 사망 사유와 장례 현황을 보고하면서 말미에 "자살이라는 소문을 퍼뜨리는 자가 있으나, 앞에 기록한 사실은 차츰 세상에 알려질 것으로 믿음"이라는 의견이 있다. 국사편찬위원회 한국사데이터베이스, 統監府文書 5권 〉一. 海牙密使事件及韓日協約締結 〉(29) [한국 황제 밀사 李儁 病死 件]

이 할복 자결설은 1956년 사실이 아닌 것으로 알려져서 요즘 교과서에는 그냥 분사(憤死)라고만 기술되죠.* '분사(憤死)'는 분해서 화병으로 죽었다는 뜻인데, 외과 수술을 받다 죽은 것도 분사에 속하는지 모르겠습니다. 하지만 이상설의 회고처럼 이준이 식음을 전폐하고 죽은 듯 누워 있던 중에 어느 날 갑자기 벌떡 일어나 가슴을 쥐어뜯으며 "일본이 나라를 강탈하려 합니다"라고 외치며 죽었다는 그 영화같은 일은 과연 사실일까요? 어쨌든 우리는 '분사'라고 믿고 싶은 모양입니다. 정권에 조사받고 불려 다니며 시달렸던 대한항공 조양호 회장에겐 지병으로 사망했다고 무덤덤하게 보도하던 언론들은 애국 지사들에게는 절대 그렇게 말을 안하죠. 열사 칭호를 이어가야 하니까요.

이준이 그렇게 분격하여 병세가 악화될 만큼 반일 정신이 강했던 사람은 아닙니다. 헤이그 밀사 사건 불과 3년 전인 1904년에 동지의연소(적십자회)를 조직하면서 황성신문에 기고한 글을 보면, 일본은 우리를 위해 러시아와 싸우고 있는데 이대로 보고만 있을 수 있느냐며, 일본 부상병을 위해 휼병금을 모금하다가 공연히 외세에 추종하고 민심을 소란케 한다는 이유로 체포되어 징역까지 살았던 사람입니다.**

같은 해 석방되자마자 12월에 다시 친일 단체 공진회 사건으로 체포되어

---

* 1956년 국사편찬위원회에서 이준 열사의 사인(死因) 조사를 했을 때 김수산(김광희)은 만주에서 대한매일신보 주필이었던 양기탁을 만나 이준의 죽음에 대해 진상을 물었다. 양기탁은 신채호가 자신 및 베델과 협의하여 이준의 분사(憤死)를 민족적 긍지로 삼아 만방에 선양할 목적으로 할복 자살로 만들어 신문에 쓰게끔 했다고 증언하였다. 국사편찬위원회는 1956년 조사위원회의 자료 수집 활동과 1962년 이준열사사인심의위원회의 논의 끝에 자살이 아니라 분사가 진상에 가깝다고 결론을 내리고, 그때의 입장이 지금까지 유지되어 오고 있다. 이명화, 헤이그 특사가 국외 독립운동에 미친 영향, 독립기념관 한국독립운동사연구소, 한국독립운동사연구 제29집, 2007. p41 각주, p43 각주
** 崔起榮, 한말 李儁의 정치·계몽활동과 민족운동, 독립기념관 한국독립운동사연구소 한국독립운동사연구 제29집, 2007년, p.10
.

황해도의 철도(鐵島)로 유배된 뒤 특사로 방면되었다가,* 1907년 3월에는 상관을 모함하고 고소했다는 죄목으로 태형 100대에 처해지기도 합니다. 그 후 1개월만인 4월에 갑자기 헤이그 파견 특사로 임명되어, 고종의 친서를 휴대하고 출국했다고요? 뭔가 이상하죠?

고종은 외국 수반에게 밀서를 전달하거나 특명을 수행시킬 때는 믿을 만한 측근을 중용했습니다. 이용익, 박제순, 윤택영, 헐버트 같은 사람들이 그런 경우이죠. 이준은 늘 감정이 앞서 사고를 자주 쳤고, 당시 이상설은 국외에 있었습니다. 이위종은 나중에 합류한 사람이니 고종의 안중에 없었죠. 그런데 갑자기 이 세 사람이 어벤져스처럼 한 팀이 되어 특사로 파견되었다는 것에 대해 우리는 아무런 의심도 없이 사실로 받아들입니다. 그 근거는 이들이 소지한 전권대사 위임장, 그리고 러시아 황제에게 전달한 고종의 친서입니다.

고종이 중명전으로 이준을 불러 은밀히 헤이그 특사 위임장을 직접 전달한 것인지를 입증할 만한 증거는 그 어디에도 없습니다. 오직 몇몇 인물의 믿기 어려운 후대의 회고록에 따르면, 박 상궁이 전달했다는 설, 헐버트가 전달했다는 설, 전덕기의 친척인 김 상궁이 전달했다는 설, 이회영의 부인 이은숙이 전달했다는 설, 설설설… 뿐이고, 뭐 하나 확실한 게 없는 상상 속 판타지만 난무합니다. 어쨌든 이준이 황제에게 위임장을 직접 받은 뒤, 곧바로 출국하여 이상설과 이범진을 차례로 만나 헤이그 습격 사건을 모의했다는 것이 학계의 오랜 정설입니다.

전권위임장의 내용은 현재 실존하는데요, 문제는 이 위임장은 위조되었을 가능성이 매우 크기 때문에, 우리는 헤이그 특사라는 존재 자체가 허구

---

* 이준은 1904년 12월 공진회에 참여 후 회장으로 피선되어 활동하였다. 공진회는 친일 단체로 그해 8월에 조직된 일진회에 대항하려는 보부상 세력을 주축으로 한다. 일진회의 친일과 수위는 다르지만, 어쨌든 일본에 우호적이다

일 가능성에 대해 의심해보아야 합니다. 이것은 사건을 연대기적으로 살펴보아노 그렇고, 러시아와 한국의 외교 관계나 일본의 정보를 종합해 보았을 때, 이 세 사람을 특사로 파견했다는 기존의 정설이 얼마나 모순적인지 어렵지 않게 알 수 있습니다.

이준, 이상설, 이위종 세 사람이 헤이그 특사로 임명된 것을 공식적으로 입증하는 자료는 두 가지입니다. 하나는 이 팀이 헤이그에 나타났을 때 가지고 온 위임장으로 여기에 이 사람들의 직위, 이름, 특사로 임명하는 사실 등이 적혀 있고, 고종 황제의 어새가 찍혀 있습니다. 그리고 다른 자료는, 이들이 헤이그로 떠나기 직전 이범진 등이 러시아 황제 니콜라이 II세에게 제출한 고종의 친서입니다. 친서에는 이 세 사람을 헤이그의 파견 위원으로 선임했으니, 격에 맞지 않는[格外] 파원(派員)임을 용서하고, 러시아 황제께서 힘 좀 써달라는 취지의 내용으로 역시 어새가 찍혀 있습니다.

이 두 가지 근거 자료가 왜 문제인지 살피기 전에, 제2차 헤이그 만국평화회담이 전개되는 과정을 연대기 순으로 먼저 살펴보고, 고종이 특사를 파견하기까지 어떤 문제들이 있었는지 확인을 해야 합니다.

제2차 헤이그 만국평화회담은 미국 루스벨트 대통령이 1904년에 발의를 하고 러시아에게 개최 권한을 양보합니다. 러일전쟁 후 산적한 국제 문제를 해결하려 했던 러시아의 요청이 있었기 때문이죠. 그런데 러시아는 러일전쟁 직후 한국에 대한 영향력을 급속히 상실하였기 때문에, 일본의 한국 진출을 저지하고 한국에서의 이권을 지키려는 목적으로 한국을 이 회담에 초청하고 싶어합니다.

회담의 초청국이 된다는 것은 국제 외교의 주체로 독립 국가의 체면을 세울 수 있다는 점에서 한국의 정치적 입장과 일치했기 때문에, 고종은 이 회담의 회원국으로 참여하기를 강력히 희망합니다. 그래서 러시아는 1905년

9월 26일 주 러시아 한국공사였던 이범진에게 초청의 의사를 각서로 통보하였던 것입니다. 여기까지는 좋았어요. 하지만 한국은 두 달 뒤인 그해 11월 17일 일본과 을사조약이 체결되면서 외교권을 잃고 맙니다.

이 때문에 러시아는 한국에 영사를 파견하는 문제를 가지고 일본과 갈등을 일으킵니다. 일본은 한국에는 외교권이 없으니까 영사를 일본한테 보내고, 신임장도 일본한테 받고, 외교적인 문제는 일본이랑 협의해야 한다는 입장이었지만, 러시아는 그러고 싶지 않았습니다. 철도라든지, 광산 등 한국에 깔아 둔 이권 사업이 많았는데 일본에 다 내줘야 할 판이었기 때문이죠.

하지만 러시아는 이 문제로 계속 일본과 대립할 수 없었습니다. 러시아 혁명과 재정 곤란 등 러시아의 대내외 상황이 어려웠기 때문에 일본과 협력하는 것이 유리하다고 생각하였지요. 그렇기 때문에 외교 정책을 전면 수정하고, 더 이상 한국의 뒤를 봐줄 수가 없게 된 것이죠. 결국 헤이그 회담에 한국이 참석하는 문제도 일본과 협의해야 했습니다.

참석국 명단에 넣어둔 상태였지만 일본의 승인을 얻는 절차를 한 번 더 거쳐야 했죠. 하지만 일본이 허락할 리가 없겠지요? 국제 사회에 불필요한 오해를 야기한다며 한국의 참석을 불허했을 뿐만 아니라 러시아에 이를 확약해달라고 강력히 요구합니다. 러시아는 알겠다고 말은 했지만 뭔가 뜨뜻미지근하게 대처했습니다. 일본은 계속해서 몰아붙여 결국 평화회담이 임박한 시기에 한국을 제외시키겠다는 확답을 받게 되죠.

어쨌든 러시아는 일본의 심기를 거스르지 않기 위해, 한국의 참가 요청을 계속해서 거절합니다. 고종은 여러 경로로 특사 파견 구상을 했지만 러시아가 움직이지 않자, 프랑스에도 도움을 요청합니다. 하지만 프랑스 영사는 한국의 요청을 그대로 복사-붙이기 해서 이토에게 전달해버립니다. 일본은 이미 한국이 헤이그 회담에 참석하고자 공작을 벌이고 있다는 정보를 입수하고 있었지만 일부러 한국이 사고 치기를 바라면서 그대로 놔둡니다. 이를 빌미로 해서 군사권과 소세권, 사법권까지 전부 뜯어올 생각을 했기 때문이었죠.

그럼에도 불구하고 고종은 헤이그 회담 참석에 집착합니다. 이것이 이준이 고종의 위임장을 휴대하고 한국을 떠났다는 1907년 4월의 상황입니다. 정리하자면 고종은, 이미 러시아의 협조가 어렵다는 것과 일본이 불허 방침을 세우고 있다는 것, 프랑스는 물 건너갔고, 아무도 우릴 돕고 있지 않다는 것을 알고 있었습니다. 그렇기 때문에 이준을 몰래 보낸 것 아니냐고요?

아닙니다. 고종은 이미 회담에 정식 참가하는 것은 불가능하다는 것을 알고 있었습니다. 그래서 미국인 헐버트를 보낸 것이죠. 고종의 전략적 목표는 헤이그 특사가 개인 자격 내지는 방청 자격이라도 얻을 수 있도록 러시아의 협조를 구하는 것이었습니다.[*] 이준은 애초에 고종의 안중에 없었던 것이죠. 그것은 이준이 한국을 떠난 1907년 4월 22일 직후, 고종의 측근이자 황태자(=순종)의 장인인 윤택영을 러시아 영사인 플란손에게 보내, 회담에 참가 요청을 거듭했다는 점에서 알 수가 있습니다. 윤택영은 플란손을 만난 자리에서, "본인이 헤이그의 특사로 갈 예정인데 협조해 줄 수 있는가" 하고 의사를 타진한 것입니다.[**]

이상하지 않나요? 이준을 며칠 전에 특사로 보냈다면서요? 그런데 웬 특사를 또 보내지요? 이준이 특사로 갔는지는 확인해 줄 자료가 없습니다. 하지만 윤택영이 특사로 내정된 것은 러시아 영사 플란손이 본국에 보고한 자료에 남아 있기 때문에 이건 1차 사료로 확실한 근거입니다. 이는 이준을 특사로 보내지 않았다는 강력한 반증이 되는 것이죠. 어쨌든 플란손은 본국의 훈령대로, 특사 파견은 무의미하며 러시아는 협조해 줄 수 없다는 점을 분

* 최덕규, 고종 황제의 독립운동과 러시아 상하이 정보국(1904~1909), 한국민족운동사학회, 한국민족운동사연구 Vol.0 No.81, 2014. p. 48 ~ p. 51
** 최덕규, 1907년 헤이그평화회의와 러시아의 대한 정책, 고려사학회 한국사학보 제30호, 2008. p. 379

명히 밝힙니다.

이때 고종은 이미 헐버트를 헤이그로 보낸 뒤입니다. 하지만 헐버트의 임무는 헤이그 회담 참석이나 거기서 무슨 큰 역할을 하는 것이 아니라, 한국의 독립 문제를 의제로 다루는지 정황을 살피는 것입니다. 실제로 헐버트는 헤이그에 2~3일밖에 머물지 않았습니다. 그러면, 여기서 우리는 특사 파견에 관하여 대강의 윤곽을 그릴 수가 있겠죠.

헤이그 특사 사건 주요 연표

일시	내용	비고
1904년 10월 21일	미국 루스벨트 대통령 제2차 만국평화회담 발의	개최 의장국 러시아에 양보
1905년 09월 05일	러일 포츠머스 조약 체결	
1905년 10월 09일	러시아, 한국에 회의 초청 외교각서 전달	이범진 러시아 공사에게 전달
1905년 10월 10일	러시아 의장국 승인	
1905년 11월 17일	을사보호조약 체결	한국, 외교권 상실
1906년 06월 07일	러시아, 일본에 한국 참가시켜도 되는지 질의	
1906년 06월 13일	일본, 한국의 참가 불가 방침 러시아에 회신	
1906년 10월 09일	주일러시아공사 바흐메데프, 일본 외상 하야시[林董]에 한국 참가 문제 더 이상 재론하지 않기로 통지	
1907년 01월 13일	고종, 블라디보스토크에 망명중인 이용익을 특사로 지명	헤이그로 떠나기 전 3월에 병사
1907년 04월 22일	이준 블라디보스토크로 출국	
1907년 04월 22일	고종, 미국인 헐버트를 특사로 임명	
1907년 05월 08일	헐버트, 고종의 친서를 들고 출국	
1907년 05월 09일	고종의 측근 윤택영과 통역관 권신목, 주한 러시아공사 플란손 면담. 한국 측의 참가협조 요청에 대해 불가 통보	
1907년 06월 11일	러시아 외무대신 이즈볼스키, 헤이그 평화회담 의장 넬리도프에게 한국의 특사들이 헤이그에 도착하여 협조를 구할 경우 이에 응하지 말것을 요청	

그럼 다시 원점으로 돌아가서 고종이 이준에게 줬다는 그 위임장과 친서는 어찌 된 것인지 영문을 추적해 볼 차례입니다.

결론부터 얘기하자면 위임장과 친서는 모두 위조된 가짜 서류입니다. 아니, 무슨 불경스러운 주장을 하느냐 분개하실 분이 많을 것으로 압니다만, 사실 이 문제는 최근에 여러 사람이 제기한 것입니다. 먼저 헤이그 특사단의 위임장을 보면 수결도 어새도 진본과 달리 매우 조악하게 위조된 점을 쉽게 알 수가 있습니다.

특사 위임장에 찍혀진 어새는 붓으로 그린 것처럼 굵기가 일정하지 않고, 종이에 인영이 번져 있습니다. 모양도 물론 다릅니다(마크로 표시해 뒀습니다).

논란이 일자, 위임장의 어새와 수결에 문제가 있음을 다들 인정하는 분위기입니다.[*] 다만, 인정은 하는데 백지 위임장이었다는 둥, 급하게 명을 받고 출국하느라 어새를 받지 못했다는 둥 여전히 망상 회로를 돌리는 학자가 많은 것 같습니다. 과연 학문적 접근을 하고 그런 단정을 내린 것인지 의심스럽군요. 황제가 내린 위임장을 신하된 자가 성상의 뜻을 헤아려 멋대로 보충할 수 있다는 게 얼마나 불경스러운 일입니까?(증거를 남기지 않기 위해 구두로 어명을 받은 것을 이상설이 외우고 있다가 한 자도 틀림없이 복기했다고 주장할 수도 있겠습니다. 네, 가능성이야 늘 무한합니다.)

두 번째로 확인해야 할 것은 러시아국립문서보관청에 소장되어 있는 고종의 친서입니다. 여기에는 이준, 이상설, 이위종을 헤이그 위원으로 파견한

---

[*] 「서지학자인 이양재 이준열사순국백주년기념사업추진위원회 총무이사는 "신임장에 찍힌 황제의 도장인 어새(御璽)는 진품이 아닌 것이 분명하다"라고 밝혔다. 그는 "황제의 다른 친서와 비교해볼 때 전각의 글자체가 크게 다르고, 도장을 찍은 게 아니라 붓으로 그려 번진 것이 드러난다"라고 말했다. 전각 전문가인 정병례 고암전각예술원장도 사진을 본 뒤 " '제(帝)'자 윗부분의 획 길이나 간격이 고르지 않고, '새(璽)'자 역시 가운데 뚫린 부분이 없는 것으로 볼 때 다른 문서의 어새와는 완전히 다르다"라고 말했다. 그는 "대단히 어설픈 실력으로 만든 모작(模作)"이라고 단정했다.」 [헤이그 밀사 100주년] (1) "제대로 된 '신임장'도 없이 떠난 길; 급조한 '황제의 밀서' 내밀지도 못하고…", 조선일보, 2007.06.23, 19면

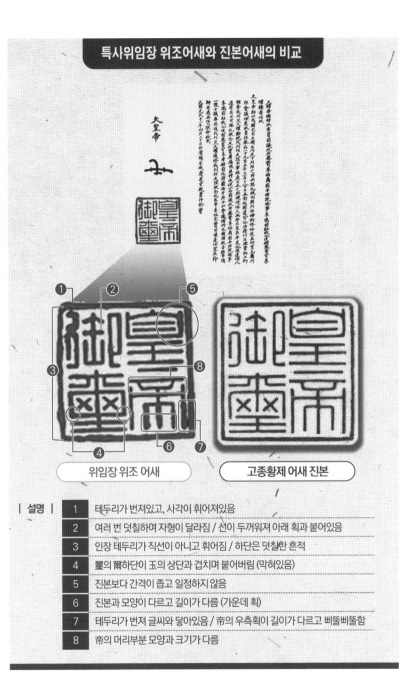

특사위임장 위조어새와 진본어새의 비교

| 위임장 위조 어새 | 고종황제 어새 진본 |

| 설명 |

1	테두리가 번져있고, 사각이 휘어져있음
2	여러 번 덧칠하여 자형이 달라짐 / 선이 두꺼워져 아래 획과 붙어있음
3	인장 테두리가 직선이 아니고 휘어짐 / 하단은 덧칠한 흔적
4	璽의 爾하단이 玉의 상단과 겹치며 붙어버림 (막혀있음)
5	진본보다 간격이 좁고 일정하지 않음
6	진본과 모양이 다르고 길이가 다름 (가운데 획)
7	테두리가 번져 글씨와 닿아있음 / 帝의 우측획이 길이가 다르고 삐뚤삐뚤함
8	帝의 머리부분 모양과 크기가 다름

다는 내용이 있기 때문에, 이 친서가 진본이라면 더 이상 논란이 없는 셈이죠. 그런데 내용을 읽어보면 이상한 문장이 보입니다. 이준을 소개하는 항목에서 '평리원 판사'라고 언급하고 있다는 점입니다. 매일 보는 사람이 아니니 잠시 착각하고 있을 수도 있겠죠? 그런데, 이 친서의 작성일이 1907년 4월 20일입니다. 이준이 헤이그에 들고 간 전권대사 위임장도 같은 날인 4월 20일 작성된 것으로 나와 있습니다. 여기에는 이준이 '평리원 검사'라고 맞게 적혀 있습니다.

같은 날 작성된 문건에서 이준의 직책을 판사, 검사로 다르게 적었다는 것은, 결국 동일 시점에 작성된 문건이 아니라는 것이죠. 1907년 4월 20일은 이준이 아직 출국하지 않은 시기로, 이때 이준에 대한 정확한 정보가 없는 상태에서 친서가 위조된 것입니다. 그 뒤에 이상설, 이준이 블라디보스토크에서 회합 후 러시아의 수도로 갑니다. 여기서 이범진의 아들 이위종이 합류하여 헤이그로 출발하기 전에 대략 10여 일 동안에 특사 위임장이 작성된 것으로 보아야 합니다. 이때는 이준이 함께 있었으므로 직책명의 오기(誤記)를 바로잡을 수가 있었겠죠.

무엇보다 심각한 것은 러시아 황제에게 전달한 이 친서, 즉 "이준, 이상설, 이위종을 위원으로 하여 헤이그 평화회담에 파견한다"라는 뜻을 밝힌 서간에 찍힌 이 어새도 가짜라는 것입니다. 즉, 러시아 국립문서보관소에 소장된 이 친서는 위조된 서간입니다. 친서에 찍힌 어새를 보면, 진본과 달리 획의 굵기가 불규칙하고, '제(帝)'자의 하단에는 낙주(落朱)가 번져 있습니다. 인장으로 찍었다면 도저히 발생할 수 없는 흔적이죠. 게다가 군데군데 여러 번 덧칠한 흔적이 보이며, 획의 간격이 진본과 달리 일정하지 않습니다. 새(璽)의 爾과 玉이 만나는 지점이 겹쳐지고 획이 붙어 있어 사각형 모양을 하고 있습니다. 이는 전법(篆法)의 기본에 어긋난 인각(印刻)으로 동네 도장 가게에서도 저지르지 않는 실수입니다.

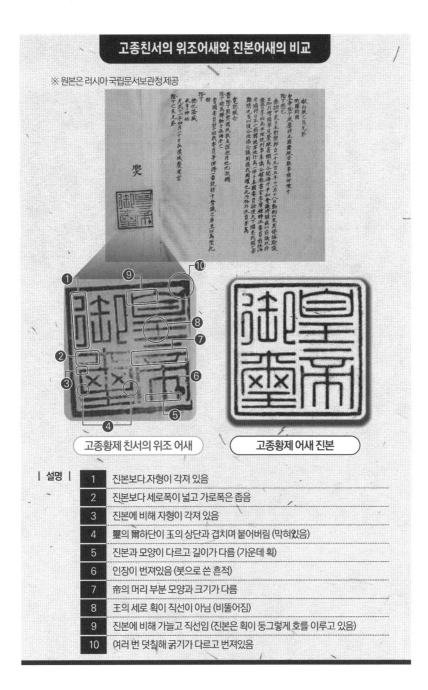

고종친서의 위조어새와 진본어새의 비교

※ 원본은 러시아 국립문서보관청제공

고종황제 친서의 위조 어새

고종황제 어새 진본

설명		
	1	진본보다 자형이 각져 있음
	2	진본보다 세로폭이 넓고 가로폭은 좁음
	3	진본에 비해 자형이 각져 있음
	4	璽의 爾하단이 玉의 상단과 겹치며 붙어버림 (막혀있음)
	5	진본과 모양이 다르고 길이가 다름 (가운데 획)
	6	인장이 번져있음 (붓으로 쓴 흔적)
	7	帝의 머리 부분 모양과 크기가 다름
	8	王의 세로 획이 직선이 아님 (비뚤어짐)
	9	진본에 비해 가늘고 직선임 (진본은 획이 둥그렇게 호를 이루고 있음)
	10	여러 번 덧칠해 굵기가 다르고 번져있음

일제의 보고서에 따르면, 이준, 이상설이 애초부터 고종의 수명(受命)을 받아 러시아와 헤이그로 파견된 것이 아니라, 본인들이 블라디보스토크에서 모의하여 한국의 장래 및 연해주 교민들의 지위와 자치를 보호하려는 목적으로 러시아 황제에게 탄원을 올리고, 다시 헤이그로 건너가 열강의 전권위원들을 상대로 한국의 독립을 호소해 보자고 합의했음을 알 수 있습니다.

前 평리원 검사 이준과 의관(議官) 나유석은 간도관리사 이범윤 등이 이곳에서 번번이 재류 한국인 간에 배일 사상을 고취시키는 사실에 관하여 지난달 29일자 機諸 제4호와 이달 18일자 機諸 제5호로 보고한 바입니다.(필자註 1907년 4월과 5월을 의미) 이번에 이 자들의 협의 결과, 前 학부협판(學部協辦) 이상설이라는 자가 북간도에 있으면서 학교를 사설(私設)하고 자제들을 교육시키는 일에 임하고 있던 중에 이곳에 불러들여 다시 모의를 짜낸 결과, 한국의 장래에 관하여 직접 러시아 정부에 탄원하기 위해 위원을 간선하여 파견한다는 의논을 결정한 후, 전기 이준, 이상설과 이곳의 부호 차석보(車錫甫)의 아들 某(필자註: 차고려(차니콜라이)를 뜻함) 외 3명은 결국 지난 21일 이곳을 출발하여 러시아 수도로 향한 바 있습니다. 그 탄원의 요지라는 것을 듣건대, "근래 한국에 대한 일본의 심한 압박과 특히 러시아령 연해주 방면에서의 한국인 모두가 일본 무역사무관의 권한 내에 속하도록 하기 위한 형세에 있다. 그러므로 한국인의 보호와 단속 개시에 관하여 이후 일본 무역사무관이 러시아 정부에 어떠한 조회가 있을 경우에도 반드시 거절해 주시기 바란다"라고 말한 적이 있다고 합니다.
또 파견위원은 만국평화회의 개최를 기회삼아 헤이그[海牙]에 가서 한국의 독립을 위하여 열국의 전권 위원 사이에서 운동한 바 있다고 합니다. 이러한 종류의 운동은 당초부터 아이들의 장난과 같으며 그와 같은 우매한 행동으로는 달성할 수 없다고는 하지만, 또 이로 인하여 이 지방에서 배일파의 소식의 일단을 게시(揭示)하기에 충분할 것이라고 생각되므로 참고를 위하여 보고합니다.[*]

러시아의 수석 대표이자 평화회의의 의장이었던 넬리도프는 헤이그 특사 단 일행이 황제가 보낸 특사인지 의심했고, 일본 역시 이들 특사단이 소지 한 신임장의 진위에 대해 의심 합니다.[*] 일본의 외무대신인 하야시 다다스 [林董]가 이토에게 발신한 전보에 따르면 이들 특사가 '사칭'된 한국 사절이 라는 뜻을 전하고 있는 것으로 보아, 이준 일행이 황제가 파견한 특사가 아 니라는 것을 어느 정도 눈치채고 있다고 봐야겠죠.[***]

일본은 애초에 이준, 이상설 일행이 러시아 수도 페테르부르크로 갔다가 러시아 황제에 탄원을 올리고 헤이그로 갈 것이라는 정보를 이미 입수한 상 태였기 때문에, 이들이 헤이그에서 물의를 일으키도록 고의로 내버려둔 것 이라는 학계의 지적이 있습니다.[****] 그 이유는 그들이 가짜 특사인 것을 알 면서도 고종에게 이 사건의 책임을 뒤집어 씌우고, 그 결과 한국에 대한 지 배권을 공고히 하려는 큰 그림이 있었기 때문이죠.

헤이그 밀사 사건이 터지고 나서 일본의 압박이 거세지자, 고종은 황태자 인 순종에게 황제를 양위하고 물러납니다. 순종은 즉위하자 특사 사칭으로 인해 조정의 외교를 어지럽힌 죄로 관련자들을 엄히 처결하라는 조령을 내 렸습니다.[*****] 또한 문무백관과 국민에게 설시하기를 시국을 오해하면 사 소한 차이로 충(忠)과 역(逆)이 갈리게 되어 국가에 큰 해악을 끼치므로, 경 거망동하지 말고 각자의 본분을 지켜 국가의 중흥에 이바지하라고 경고합

---

* 機密第六號, "前 韓國學部協辨 李相卨 및 李儁, 李範允 등에 관한 件", 1907년 05월 24일, 통감부문 서 제3권
** Willem Henrik de Beaufort의 일기와 메모 1874-1918, 꾼 드 페스터, 1907년 헤이그 특사의 성공 과 좌절, 한국사학보(30), 고려사학회, 2008, p. 321에서 재인용·1907년 7월 11일, 來電第139 號 "헤 이그에 파견된 詐稱 한국 使節의 행동에 관한 件"
*** "헤이그에 파견된 詐稱 한국 使節의 행동에 관한 件", 來電第139號, 1907년 7월 11일
**** 이에 대해서는 한성민의 연구를 참고할 만하며, 그 외에 김지영, 한철호, 무라세 신야[村瀬信也] 의 연구가 있다
***** 순종실록 1권, 순종 즉위년 7월 20일 양력 세 번째 기사

니다.* 학계는 이를 일본의 추궁을 회피하려는 속임수로 해석하고 있습니다. 하지만 만약 순종이 내린 조령 그대로, 그들이 헤이그 밀사를 사칭하고 방자히 행동하여 나라의 외교를 망친 행위가 사실에 입각한 것이라면, 우리는 이들의 행위를 마냥 애국이라 해석해야 할까요?

헤이그 만국평화회담은 강대국들끼리 이권 사업에 대한 교통정리를 하고 군축 등 세력 균형을 통한 평화적 질서를 모색하는 자리로, 한국의 독립 문제를 의제로 다루거나 일본의 제국주의를 성토하는 회의가 아니었죠. 우리 애국 지사들께서는 애초에 회담의 취지나 목적에 대해 무지했던 탓에, 여기서 뭔가를 터트려 국제 사회의 관심과 지지를 받고자 했지만, 그 계획은 무모하기 짝이 없는 생각이었습니다.

국가와 민족을 생각하는 마음은 알겠습니다만, 결국 이러한 본인들의 행위로 말미암아 일본에 빌미를 주게 된 것이고, 고종 황제의 퇴위를 비롯한 일합병조약 체결의 수순을 밟으며, 결국 망국의 길로 접어들게 되었음을 그들은 몰랐을 겁니다.

* 순종실록 1권, 순종 즉위년 7월 21일 양력 첫 번째 기사

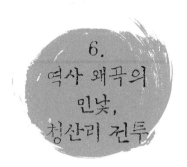

6.
역사 왜곡의
민낯,
청산리 전투

드골의 자유 프랑스군은 초기 2천여 명으로 시작해 1942년 6월에 약 7만 명으로 싸웠습니다. 프랑스 국내에는 4~50만 명의 레지스탕스가 활동했고, 이중 10만 명이 목숨을 잃었으며, 전후 30만 명이 그 경력을 인정받았다고 하죠. 적어도 프랑스인들은 조국을 되찾기 위해 치열하게 싸웠던 역사가 있었습니다.

그에 반해 우리는 어떨까요? 국내에서는 일제 말기까지 육군지원병 특별 모집에 지원하려는 조선 청년들로 인산인해를 이루었습니다. 학자들은 그것도 일제의 강요에 의한 것이라고 합니다. 하지만 지원병에 응시한다고 아무나 뽑히는 것도 아니고, 엄청난 경쟁률과 채용 조건을 통과해야 했습니다.[*] 태평양전쟁 시기인 1941~1943년까지 3개년 평균 경쟁률이 54:1 수준

---

[*] 조선인 지원병의 지원 자격을 보면, ① 사상 견고, 품행 방정하며 성질은 선량할 것. 황국 신민으로서 자각이 철저한 자여야 할 것. 민족주의, 공산주의 운동 등 관련 전과자는 채용을 피할 것 ② 신체 강건한 자로서 전염병이나 유전성 질환의 유무에 유의할 것 ③ 17세 이상 징병 적령 미만의 남자로, 수업 연한 6년인 초등학교 이상의 학교를 졸업한 자 중 가능한 한 청년훈련소 또는 청년학교, 기타 규율적 단체의 훈련을 경험한 자일 것 ④ 국어(일본어)의 습숙 ⑤ 보통 이상의 생계를 영위하고, 또한 성품이 바른 가정의 자일 것 등... 朝鮮人志願兵制度實施要綱, 조선총독부, 쇼와 12년(1937년) 12월

이었죠. 요즘 우리나라에서 가장 치열하다고 하는 9급 공무원 채용 시험 경쟁률은 2018년 기준 41:1정도 된다고 하니, 당시의 경쟁률이 얼마나 치열했는지 짐작하고도 남음이 있습니다. 탈락한 사람은 혈서를 쓰거나 자살을 기도하기도 했습니다.

육군특별지원병 모집 및 지원 현황[*]

모집 연도	모집 정원(명)	지원자 수(명)	입소자 수(명)	경쟁률
1941	3,000	144,743	3,028	48:1
1942	4,500	254,273	4,077	57:1
1943	5,330	303,274	6,300	57:1

순사 채용 시험도 경쟁률이 높기는 마찬가지였습니다. 2018년도 우리나라 소방직 채용 시험 경쟁률이 11:1정도인데요, 1931년부터 1940년까지 순사 채용 시험 경쟁률이 평균 14:1 정도 됩니다.

조선인 순사 채용 성적 현황[**]

모집 연도	지원자 수(명)	채용(명)	경쟁률
1931	13,062	945	14:1
1932	16,193	911	18:1
1933	16,626	1,132	15:1
1934	11,331	677	17:1
1935	10,859	589	18:1
1936	10,322	761	14:1
1937	9,749	878	11:1
1940	5,587	897	6:1

[*] 「제79회 帝國議會說明資料 朝鮮總督府 帝國議會說明資料」제5권, 不二出版社, 1994, 『太平洋戰下の朝鮮及び台灣』朝鮮史料研究會, 巖南堂書店(1961年)의 자료를 참조하여 수치 교정, 일본군 모집 정원 수는 『朝鮮軍概要史』의 입대자 수를 참조하여 편집

[**] 朝鮮警察之槪要. 1-14, 『조선총독부』조선총독부경무국, 각 연도 편집, 1938년~1939년지 통계 없음

지방의 도의원을 뽑는 선거에는 입후보자 경쟁률이 쇼와[昭和] 8년(1933년)부터 쇼와 16년까지 평균 3:1정도 됩니다. 당선 경쟁률이 치열해지자 향응, 금품 살포, 물품 대여 등 부정 선거 적발 건수도 적지 않았다고 합니다. (1933년 기준 86건)

지방 도의원 선거 현황[*]

모집 연도	조선인 입후보자(명)	조선인 민선 당선자(명)	경쟁률
1933	923	241	3.8:1
1937	752	246	3.0:1
1941	727	245	3.0:1

이와 같이 우리 조상님들은 프랑스와 달리 일제 치하에서 적응하고 살아남기 바쁘셨는데요, 비시 정부는 4년 정도에 불과하고, 우리는 36년의 피지배 기간을 거쳤기 때문에 불가항력적인 면이 없지 않아 있습니다. 자연스러운 일이고 결코 부끄럽지도 않은 일이죠. 그런데 우리 역사학계에서는 이런 사실을 부정합니다.

만주에서는 무장 독립운동이 활발하게 전개되었고, 국내에서도 지하에서 끊임없는 보급 투쟁과 소작 쟁의, 노동 운동, 독립운동 단체들이 끊임없이 싸움을 전개했다고 가르치죠. 절대 부끄러운 일들은 얘기하지 않습니다. 그나마 드러난 것은 모두 일제의 강요에 의한 것이라고 합니다. 왜 이런 식으로 가르치죠? 창피해서?

1945년 4월 우리의 광복군 총수는 339명에 불과했습니다.[**] 그나마 종전 직전에 탈영한 사람들, 중국 정부의 지원을 받기 위해 허수로 집어넣은 사

* 京城日報社,『朝鮮年鑑』1-7(昭和8~16年)의 해당 연도 중 朝鮮地方議會議員選擧實施狀況(地方)에서 편집
** "光復軍 現勢", 대한민국임시정부자료집6권 임시의정원Ⅴ, 軍務部 工作報告書, 1945年

람들까지 다 포함해서 그 정도였습니다. 임정은 만주와 중국, 외국의 한인들로부터 애국금을 거둬야 했으므로, 실제 전과와는 상관없이 우리는 늘 대승을 거두고 있다고 부풀렸으며, 군사 규모와 무기 모든 면에서 일본을 압도하고 있다고 선전해야 해야 했습니다. 뭐 그럴 수 있다고 쳐요. 그런데 지금은 아니잖아요? 지금은 사실을 제대로 발굴하고 기록해야 할 때인 것이죠.

가까운 예를 들자면, 청산리 전투나 봉오동 전투와 같은 소규모 게릴라 전까지 팩트와 전과를 왜곡해가며 "크게 대승했다"라는 식으로 자화자찬하는 정신승리의 역사를 이어가고 있습니다. 특히 청산리 대첩의 왜곡이 심합니다. 이 전투는 독립군 간의 의도적인 연합 작전도 아니고, 매복하여 섬멸 타격한 작전도 아니며, 일본군에게 대단한 피해를 준 적도 없는 허구의 소설입니다.

청산리 전투의 가장 큰 승리라고 알려진 어랑촌 전투의 사례를 보더라도, 우리 측 기록에는 적 연대장을 포함 300여 명을 사상시킨 대승으로 알려져 있으나, 사실은 일본군 하사관 1명과 병졸 2명이 전사했을 뿐입니다. 이것은 일본군 사망자 3명을 매장하기 위해 소자벌산촌(小字伐山村)의 토지 구입비를 청구한 일본의 공문서에 고스란히 나타나 있습니다.[*]

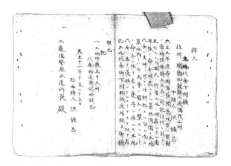

어랑촌(漁浪村) 거주 조선인 홍종여(洪鐘呂)의 묘지대금 청구서

---

[*] 『戰死騎兵ノ墓地代金下付願ニ關スル件』 공문서에 다이쇼[大正] 9년(1920년) 10월 어랑촌에서 불령선인단 군정서 사령관 김좌진 부대의 주력의 역습을 받아 전사한 기병 27연대 軍曹 小町谷智, 二等卒 鬼頭義高, 보병 74연대 二等卒 長瀨福太郎을 매장하기 위해 어랑촌 소자벌산촌(小字伐山村) 거주자 홍종여(洪鐘呂)의 토지 56평 매입 비용을 청구하고 있다.

물론 장교 사망자는 없었습니다. 우리가 알고 있는 사실과는 전혀 동떨어진 보고입니다. 신용하 교수가 청산리 어랑촌(漁郞村) 전투 시 사망했다고 주장한 기병27연대장 카노우 노보테루[加納信暉] 중좌는 다이쇼[大正] 11년(1922년) 8월 15일 이지마 마사조우[飯島昌藏] 중좌와 임무를 교대할 때까지 생존해 있었으므로* 신용하 교수의 명백한 오류입니다.

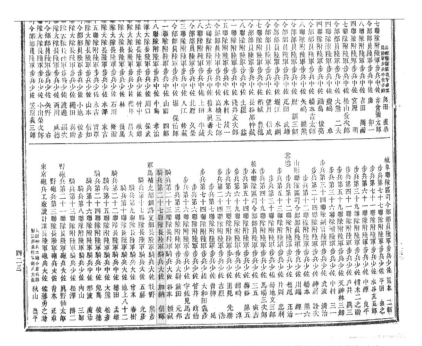

관보(官報) 1922년 8월 16일 423쪽 카노우 노보테루(加納信暉) 중좌의 인사발령 기사

---

*『官報』第3013호, 카노우 노보테루[加納信暉] 중좌는 大正11年(1922년) 8月16日자에 p. 8 면직 대기 발령 명단에 보인다. 다이쇼9년 청산리 어랑촌 전투 이후인 다이쇼10년, 11년까지 육군성 19사단 기병27연대 소속 연대장으로 계속 보이고 있다. 職員錄, 大正10年~11年, 印刷局

신용하 교수는 이런 반론 자료들에 대해 패전의 사실을 숨기기 위해 사상자 수를 은폐하거나 날조했을 가능성을 제기하고 있지만 그러는 자신은 정작 승전에 대한 근거를 상하이신문보[上海新聞報]나 임정의 독립신문(獨立新聞)에 의거하고 있습니다. 피차 믿기 어려운 것은 마찬가지겠죠? 일본 측 대외비 군사 보고서가 1차 사료에 준한다고 했을 때 지방 신문의 전언 형식 기사가 이를 압도할 수 있는 증거라고 볼 수 있을까요?

청산리 대첩 당시 패전하여 후퇴 중인 일본군으로 잘못 알려진 사진.
중·일전쟁 시기인 1939년 후난성 전선 하의 일본군 이동 장면으로
청산리 전투와는 아무 상관이 없다. (支那事變畵報 (大阪每日新聞社) 68輯, 1939)

위키백과에는 청산리 전역에 걸친 전투의 결과, 백운평(200명), 완루구 (400명), 천수동 습격 (120명), 갑산촌(1200~1300명), 어랑촌(300명), 만록 구(수백명), 고동하 전투 및 기타 전투(전사 수 불명하나 어쨌든 이김) 등등, 합계 일본군 전사자 1,200명 이상, 부상자 3,300명에 이르는 대전과를 거둔 것으로 서술되고 있습니다. 이 전과들은 상하이 임정의 독립신문에서 960 명으로 보도한 것을 그 뒤 이범석이 저술한『우등불』에 의해 1,200명으로, 그 후에는 3,000명으로 엄청나게 과장되어 만들어진 것입니다.[*]

일본의 보고서를 보면, 이 장소에서 전사한 일본군은 모두 11명이고, 부상 자는 24명에 불과합니다.[**] 반면에 독립군들은 히가시 지대[東支隊]만 해도 사살 222명, 포로 327명으로 적지 않은 수가 희생되었습니다.[***] 어떻게 이 런 큰 괴리가 생겨났을까요? 수천 명을 무찌른 대승이라고요? 국방부에서 는 지금도 청산리 대첩 승전 기념일을 홍보합니다. 정말 부끄러운 일이 아 닐 수 없습니다.

[*] 박창욱, 인물 연구 김좌진 장군의 신화를 깬다, 역사비평사, 역사비평 1994년 봄호(통권 26호), p. 185~187
[**]『간도출병사』,『極秘 日本 軍務局 發 間島方面出兵に關する件』외 다수 보고서의 사상자 데이터들이 일치하고 있다.
[***]『토벌 효과 일람표』, 간도출병사, 조선군사령부, p. 145

7.
동포에게 마왕으로
불린 독립운동의 별,
김좌진

　　김좌진은 김구와 더불어 우리 민족 독립운동사의 알파와 오메가이자,
항일의 업적에 빛나는 새벽별이며 백전백승의 명장으로 알려져 있지만, 실
상 그리 대단한 공적이 있던 사람은 아닙니다. 연변 사학자 박창욱의 경우
특히 김좌진의 평가에 대해 인색합니다. 그의 주장에 따르면, "김좌진보다
홍범도 부대가 일본군과 더 많이 싸웠고, 적에게 준 타격도 더 컸다. 그럼에
도 한국에서 김좌진을 더 높게 평가한 것은 북로군정서 출신인 국무총리 이
범석의 역사 왜곡이 문제였다"라고 주장하기도 합니다.[*]

　청산리 전투 이후 김좌진은 영 되는 일이 없더니, 운 좋게 자유시 참변을
모면하고 흩어진 무장대를 모아 1922년에 대한독립군단 총사령관에 취임
합니다. 이때의 병력은 꼴랑 600여 명이 전부였는데, 무엇보다 이들을 먹여
살리고, 무기를 구입할 돈이 없었습니다.

　1923년 3월 하얼빈총영사의 보고에 의하면, 이들은 거지꼴로 동녕 영안

* 박창욱, 앞의 논문, p. 184~186

밀산(密山) 지방에 숨어들어 조선인 농가에 흩어져 밥을 얻어먹고 있었다고 합니다. 양민들의 민폐가 막심하므로 속히 이들을 구제하여 정업(正業)의 길로 인도하게 조치를 취해 달라는 게 보고의 요지였죠.*

김좌진 구제의 방안을 보고한 일제의 공문서

1년 후 1924년 3월 간도총영사의 보고에는 더욱 상황이 열악해져 이들 대부분이 이탈하였기 때문에 불과 50명 정도가 잔존하고 있는데, 모두 더러운 지나복 또는 선인(鮮人) 복장의 농민으로 가장하고 삼삼오오 분숙(分宿), 무위도식 중에 있었습니다. 이들은 기존 20정의 권총과 3,000엔을 주고 추가 구입한 모젤식 자동 권총 24정을 보유 중이며, 평상시에는 민가에 은닉해 두었다가, 모금하러 갈 때만 휴대하였다고 합니다(좋게 말하면 모금이

---

* 하얼빈총영사 山内四郎 발신 전보 暗4054호-제88호(1923년 3월 28일), 獨立國首領金佐鎭等救濟方ノ件, アジア歴史資料センター(Ref.B03041641200), 外務省外交史料館

안되니까요).[*]

이 시기에 일제는 양민들의 피해가 너무 크므로 지역 유지들을 앞세워 김좌진의 귀순을 설득하는데, 김좌진은 남자로 의사를 결정하고 대업에 몸 담은 이상 끝을 보겠다며 거절하는 것으로 위의 보고서에 실려 있습니다. 그러나 신념이 지나치면 피해를 보는 사람들이 생기는 법, 그는 대한독립군단 총사령관의 군령을 남발하여, 징집에 응하지 않거나, 요구한 군자금 상납에 응하지 않으면 친일파 혹은 공산주의로 몰아 처단을 일삼았습니다. 화전민이나 영세 소작인이라고 봐주는 법이 없었고, 돈이 없으면 사람을 납치하거나 죽여서 본보기를 보이는 일 따위를 서슴지 않았습니다.[**]

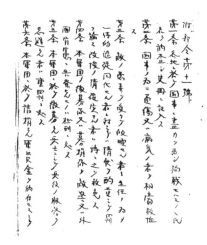

의연금 징수를 강요하고 있는 김좌진 명의의 부령 제11호

* 간도총영사 鈴木要太郎 발신 전보 제83호(1924년 3월 15일), 金佐鎭一派 ノ 現況ニ關スル件
** 1923년 음력 4월 20일 김좌진 명의로 발령한 부령 제11호 제5조를 보면 "본 군단에 있어서 징모한 병사로서 병역의 복무를 기피하는 자는 중벌에 처한다.", 제6조 "본 군단에서 청연(請捐)한 군자금의 납부를 거절한 자는 중벌에 처한다."하여 강압적인 방법으로 징모와 모연을 실시했음을 알 수 있다. 또한 부령 제12호에 따르면, "일금 5천 원정을 본년 음력 4월 말일까지 본 사령부 경리부에 직접 난입해야 한다. 만약 기일을 어길 경우에는 부령 제11호 제6호에 의거하여 처벌한다."라고 하고 있어, 거액의 자금을 '군령'이라는 명분 아래 일방적으로 강탈하고 있음을 알 수 있다.

1925년 3월 10일 신민부가 결성될 당시의 결의문을 보면, 재정에 충용할 의무금은 토지에 대하여 논[水田]은 소경(小垧) 2원, 대경(大垧) 3원으로 하고, 밭은 소경 1원, 대경 2원 5각(角)으로 하며, 상가에 대해서는 소유 재산의 1/20을 징수한다고 되어 있습니다.

그런데 같은 해 10월에 총회를 열어 매 가구당 호세[戶租]로서 대양 6원씩 납부하도록 개정하였으며, 만약 기한 내 납부하지 못하면 '의단분자', '반동분자'로 취급되어 처단당하기도 하였습니다. 그래도 허다한 빈곤 가구는 세를 납부할 수 없었습니다.* 만주일일신문에서는 이 같은 상황을 좀더 구체적으로 전달하고 있습니다.

"동부선(東部線) 석두하자의 오지에 자리잡은 신민부는 관할 구내의 선인(鮮人) 약 8만 명에 대해서 징세를 시작했다. 즉, 동부 철도선 부근의 거주민으로 보쿠라(ボクラ), 목림, 해림, 위사하, 일면파에 이르고 있다. 상비병 경비, 학교 경영, 금융 조합, 기타 마적 습격 보호 등의 명목으로 위 지역 약 8만의 농업인으로부터 경작지 제1垧에 대해 연액 6엔을 납금하게 하고,** 또한 상인에 대해서는 의무금이라 칭하여 200엔 내지 1,000엔 가까이의 돈을 강제로 빼앗았다.

이 징세는 지금도 행해지고 있는데, 중국 관헌의 압박으로 지주에게 매해 고액의 차지료(借地料)를 착취당할 뿐만 아니라, 이들은 신민부에게도 납세하지 않으면 안되었으므로, 선량한 조선인들이야말로 실로 불쌍한 사람들이 아닐 수 없다. 특히 작년과 같은 흉작이 있었던 해에 1垧 6엔이라는 엄청난 세금을 납입하는 것은 극히 곤란한[至難]한 일이며, 작년에는 징세가 극히 부진했기 때문에 신민부는 이곳에 여러 차례 흉폭한 일당을 파견하여 강도, 협박을 일삼고 금품을 강탈하였던 것이다.

---

* 박창욱, 앞의 논문, p. 188
** 1垧이란, 淸代에 동북부 지방에서 관습적으로 쓰던 토지의 면적이다. 비표준 단위이므로, 정확한 면적은 알 수 없다. 다만, 일본 중추원의 조사에 따르면, 2,200평(7,276㎡)에 상당하는 넓이로 파악된다.

이런 일에 겹쳐 지난 8월, 해림(海林)의 전(前) 민회장인 비천산(裵千山)을 살해하고, 10월에는 이 곳 선인(鮮人) 민회(民會)를 덮쳐 회장 및 직원에게 사직을 강요였으며, 11월 이 곳 특산상(特産商) 이익을 습격해 1,000엔 가까이 강탈한 바 있다. 그 밖에 전가전(傳家甸)은 물론 부두구(埠頭區)의 선인(鮮人)의 집에서 군자금이라 칭해 대단히 많은 금액을 가져갔다. 이로 인해 중국 당국은 몇 차례 고심 끝에, 체포에 주력한 결과 김혁(金爀), 황영환(黃永煥) 외 30명 가까이 범인을 잡아들였다.”[*]

신민부의 가혹한 수탈을 보도한 1928년 7월 22일자 만주일일신문 기사

이런 방식이 북만주 조선인들의 민심을 크게 이반케 하였음은 당연지사일 뿐만 아니라, 일제보다 더한 악명을 떨쳤던 것입니다. 만주의 선인은 김좌

---

[*] 滿洲日日新聞1928.7.19-1928.7.23 (昭和3)

진을 '마왕'이라 할 정도로 한편으로는 두려워하고 한편으로는 혐오하였습니다. 김좌진의 횡포에서 견디다 못한 빈주현 마을의 사람들은 그들의 조직에서 탈퇴하고자 대회를 개최하기에 이르렀는데, 이를 간파한 김좌진 일파 무장대원 25명이 대회장에 난입하여 주민 여섯 명을 격살해버린 세칭 '빈주 사건'을 일으킵니다. 이 사건으로 인하여 김좌진의 신민부는 민정파와 군정파로 완전 양분되고 만주 지역에서 공공의 적이 되어버리고 말죠.

빈주 사건 피해자 가족들의 복수심에 편승한 공산주의 단체들이 보복을 천명하면서, 이를 기회로 당시 공산주의 조직의 한 분파였던 화요파가 박상실을 보내, 김좌진을 암살해버리게 된 것입니다. 김좌진 암살 사건을 단순히 혈기 왕성한 공산주의자의 소행이라거나 일제의 사주를 받은 친일파의 음모로 도식화시키는 것은, 당시의 정세를 모르고 하는 소리에 불과합니다.

김좌진은 주변에 적을 너무 많이 만들었습니다. 김좌진 조직 내부적으로는 기호파, 함경도파, 영남파, 평안도파로 나뉘어 자기들끼리 죽고 죽이는 일이 다반사로 있었고, 1923년부터는 적기단과 구역 다툼을 벌이다 충돌하기도 했습니다. 1928년에는 정의부와 또 결사적으로 싸우다가 액목(額穆) 지방 총관이 살해되기도 합니다.[*]

김좌진의 암살 사건은 어찌 보면 당시 고달팠던 만주 지역 조선인들의 시대상을 고스란히 보여주는 비극적 사례라고 할 수 있겠죠. 전후 내막을 직시하지 않고, 일제와 싸웠다는 이유 하나만으로 독립운동가 대접에 맹목적으로 신화화하는 것은 역사적 배경을 제대로 알 수 있는 기회를 차단하는 또 다른 왜곡에 지나지 않습니다.

---

[*] 박창욱, 앞의 논문, p. 189

8.
봉오동
전투의
허구

　봉오동 전투는 청산리 전투와 더불어 독립운동사에 길이 남을 양대 대첩이라고 합니다. 적어도 우리는 그렇게 배워왔고 앞으로도 학교에서는 그렇게 가르칠 것입니다. 네이버 민족문화백과사전에 따르면, 독립군은 삼둔자에서 일본군 60명을, 후안산과 고려령 전투에서 120명을, 봉오동 상촌 전투에서 157명을 사살하고, 200여 명의 부상자를 냈다고 합니다. 어린이 백과사전, 위키백과사전에도 이와 비슷한 서술을 보이고 있습니다. 네이버 두산백과사전에는 양심은 있는지 숫자는 명기하지 않고 일본군을 크게 무찌르고 승리하였다고만 쓰여 있습니다.

　이런 기술들은 일본의 사료를 교차 검증하지 않고, 우리 측 사료인 독립신문과 임정 군무부의 자료를 맹신하여 그대로 옮겨 써서 생긴 오류입니다. 당시 토벌대로 출동했던 월강추격대의 지휘관 야스카와 지로[安川二郎]의 『봉오동전투상보』에 따르면, 2등졸 호리이 시게쿠니[堀井茂邦]가 흉부 관통상으로 사망하고, 1등졸 가지우라 간지로[梶浦甚次郎]와 응원 경찰관 한 명이 부상당한 것 외에 일본군의 손실은 없다고 합니다.

일본 측 자료라 못 믿겠다느니, 일본 측에서 축소보고 했다느니 행복 회로를 돌리시는 분들이 계실지도 모릅니다. 하지만 위의 전투 상보를 보면 일본군 추격대는 남양수비대 27명, 증파된 월강추격대 243명 해서 대략 270명 정도 규모인데, 60+120+157명을 사살하고 200명에게 부상을 입혔다면, 독립군은 유령부대와 싸우기라도 했다는 말입니까?

1920년 6월 20일자 오사카 아사히신문[大阪朝日新聞]에 실린 조선군사령부의 특전에 따르면 "정보에 의하면 그들은 교전 당시 사망한 독립군 일당의 사체를 쌓아 놓고 이를 사진으로 찍어 상하이 가정부(假政府)로 보냈다고 한다"라고 합니다. 간도총영사의 전보에 따르면, 이 내용은 교전 중 유탄에 사망한 촌민 10여 구의 사체를 쌓아 놓고 촬영 후 상하이 임정으로 보내면서 일본군이 학살한 시체라고 선전한 것으로 파악하고 있습니다.[*]

최초로 봉오동 전투의 승리를 전한 1920년 6월 22일자 상하이 독립신문에 적병 사상자 12명, 아군은 미상이나 시체 24구 발생이라는 보도가 나간 뒤, 임정 군무부의 통신을 받고 갑자기 120명 섬멸로 바뀌더니, 이틀 뒤에는 적의 사망자 60명, 부상 50명으로, 또 다른 간도국민회의 호외에서는 150명 섬멸로 둔갑합니다.

하지만 일본 측 봉오동전투상보와, 경부 와쿠이[和久井]가 조사한『복명서』, 조선군사령관이 육군성 앞으로 보낸 전보[朝特35] 등 여러 자료에 일관적으로 사망자는 병졸 한 명으로 되어 있습니다. 반면에 4시간의 격전 끝에 독립군들은 24구의 시체와 다수의 부상자가 발생하였다고 기록되어 있습니다.

---

* 『鳳梧洞전투에 대한 선전』, 내전169호 간도총영사 대리 堺與三吉, 1920년 6월 16일

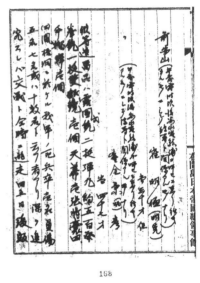

봉오동전투상보(왼쪽).
와쿠이 복명서 일본군 피해 상황 보고(오른쪽).
두 사료 모두 일본군 사망 1명으로 조사되었다.

   또한 문제가 되는 것은 봉오동 전투 당시 홍범도의 역할이 지나치게 과장
되었다는 것입니다. 봉오동 일대는 사실 간도에서 군무도독부를 조직한 최
진동의 구역으로, 그 지리나 형세, 주민 분포까지 최진동의 손아귀에 있던
곳입니다. 자료마다 서로 다르기는 하지만, 봉오동 전투의 연합 작전에서
사령관은 최진동이고, 홍범도는 편장이었습니다. 그런데 최근에 개봉한 『봉
오동 전투』라는 영화를 보면, 홍범도가 작전 지도를 펼치고 마치 모든 것을
지휘하는 모습으로, 그리고 사격 명령까지 내리는 것으로 나오는데, 그거
다 최진동이 한 것입니다.*

---

* 상하이 독립신문 1920년 12월 22일자에는 "최진동 사령관의 사격 명령에 의하야…"라고 되어 있
다. 1920년 1월 12일자 임시정부 산하 군무부 발표에도 사령관은 최진동이라 하고 있다.

그런데 최진동은 왜 주목받지 못하고 홍범도가 이 모든 것을 다한 것처럼 역사에 기록된 것일까요? 최진동은 중일전쟁 이후 변절하여 친일 부역한 사람이기 때문에 의도적으로 그의 역할은 축소하고, 대신에 신출귀몰의 명장으로 조작된 홍범도를 앞세웠을 것이라는 합리적 의심이 듭니다(실제 1945년 12월『한국광복군약사』에서 최진동은 봉오동 전투 지휘관 명단에서 사라집니다.).

9.
국민회가
창작한 영웅
홍범도

봉오동 전투의 영웅 홍범도는 1867년 평양에서 천민으로 태어나 어려서 부모를 여의고 삼촌 밑에서 성장했다고 합니다. 남의 집 머슴살이와 군대의 막졸, 제지공장 등 밑바닥 인생을 전전하는데요, 제대로 교육받지 못하고 거친 바닥을 뒹굴며 살아왔기 때문에 성정은 매우 급하고 포악했으며 이름이나 겨우 쓰는 무식한 사람이었습니다.

국운이 다해가는 조선, 동학란으로 나라가 혼란스러운 지경에 있을 때 그는 자신의 품삯을 떼어먹은 지주 3형제를 모두 도끼로 죽이고 신계로 도주하면서 파란만장한 일대기를 시작합니다. 그런데 이인섭에 의하면 홍범도는 신계사로 들어가기 전 객주집에 머물면서 과부와 통정을 했다고 합니다. 하지만 그녀의 부친이 개가(改嫁)를 강요하자 물에 빠져 자살하였는데, 이에 격분한 홍범도는 동네 사람들 보는 앞에서 그녀 부친을 발로 밟아 죽이고, 그의 아들이 덤벼들자 다시 도끼를 던져 잔인하게 살해해 버립니다. 그는 이 끔찍한 살인 현장에서 즉시 도망쳐 신계사에 숨어들어 머리를 밀고 중이 되었습니다.[*] 하지만 신계사에 오래 있지는 못했습니다. 거기서 비구니와 눈이 맞았기 때문입니다. 그는 비구니와 함께 새 살림을 차리기 위해 원산으로 갔으나 승려의 신분으로 여승과 동거하는 것이 알려지자 처벌이 두려운 나머지 임신한 여승을 버리고 또다시 도망쳤습니다.[**]

어쨌든 홍범도는 그 이후 산간을 떠돌며 살다가 포수들과 알게 되어 총을 가까이하게 되는데요. 이미 살인을 여러 차례 하고 도피하는 과정에서 그때마다 여러 번 이름을 바꾸었기 때문에, 홍범도란 이름이 사실은 본명이 아닐 수도 있습니다.

이때 당시 조선은 통감부가 들어섰습니다. 조선 도처에 무장한 의병들이 득세했다가 진압되어가던 무렵, 이를 통제하는 취지에서 총포와 화약을 단속하는 바람에 포수들은 생업이 위태로워졌습니다. 이때 많은 수의 포수가 무장을 하고 저항하기 시작합니다. 홍범도는 동료 포수들과 세를 규합해 소위 의병이라는 것을 조직하고, 1908년 3월부터 갑산과 삼수 등지에서 부호들을 습격하거나 일진회 회원들을 살해하기 시작합니다. 교육을 받지 못한 홍범도는 단순 무식과 용맹함을 앞세워 잠시 그 위세가 당당했지만, 현대전을 수행하기 위한 군사 전략이나 병법을 알지 못했기 때문에 곧 일본군과 관군에게 번번이 소탕되고 맙니다.

거병한 지 두 달 만인 1908년 5월부터는 계속 쫓겨 다니기 시작했습니다. 총알도 다 떨어진 상태에서 그 부하들은 빈 총을 들고 다니며 민가에 들어가 약탈과 무단 숙식을 합니다. 하지만 일본군이 부락 단위로 촘촘히 수색을 가해오자, 갑산을 도주해 삼수[三水郡] 지역 산중으로 도망갑니다. 당시 생포된 홍범도의 부하 변해룡에 따르면 아침 점호할 때마다 2~30명씩 사라

---

[*] 이인섭, "조선 인민의 전설적 영웅 홍범도 장군을 추억하면서", p. 46~48, 독립운동기념관 한국독립운동정보시스템
[**] 이인섭, 앞의 책, p. 59~60

졌다고 합니다.[*]

그러다가 12월에는 조선에서 벗어나 블라디보스토크로 망명했는데, 이때 함께 한 자는 20명도 되지 않았습니다. 한때 650명에 가까웠던 그의 부하들은 대부분 투항하여 귀순했거나, 일부 잔당은 부락에 숨어들어 양민으로 위장한 채 살았다고 합니다.

홍범도 일파였던 원석택이 홍범도를 원망하여 말하기를 "처음부터 의병을 창기(倡起)한 것은 당신이 아닌가. 아무런 방침이나 계책도 없이 다만 가련한 인민을 모아 아무 이익도 없이 동료들이 많은 사상자를 낼 뿐으로 지금도 우리는 점차 약해지고 일본군은 점점 강해지지 않는가? 이제야 말로 우리는 살 곳도 없고 죽어도 묻힐 곳이 없다. 차라리 빨리 해산하여 각자의 생계를 꾀하는 수밖에 도리가 없다"라고 합니다.[**]

임재춘의 신문 조서를 보면, 일자무식이었던 홍범도는 자기 이름도 쓸 줄 몰랐기 때문에 측근인 류기운(劉基云)이 모든 일을 처리했다고 합니다. 홍범도가 부하에게 사령장을 줘도 류기운이 인정하지 않으면 소용이 없었습니다.[***] 그러다 보니 부하들도 홍범도를 우습게 알았는지, 탄약과 무기를 사오라고 파견하면 군자금을 도박과 유흥에 족족 탕진해버리고 함흥차사가됩니다.

1908년 5월 김충렬, 8월 임재춘, 정일환 등 무기 구입차 파견한 부하들이

* 변해룡의 공술서 참조. "1908년 9월 2일 밤 함흥 古川社新成里에서 일병의 공격을 받았으나 별로 손해가 없었고 三日 아침 순사대원이 산상으로 오르는 것을 보고 홍원 방면으로 퇴각할 제 인원을 점검했더니 27명이 도주했었다." - 국사편찬위원회 한국사데이터베이스 〉 한국독립운동사 자료 12 의병편Ⅴ 〉 咸鏡南道派遣第三巡査隊報告 〉 供述書槪要 〉 변해룡(邊海龍) 25歲
** 앞의 변해룡 공술서 참조
*** 안용국(安用國)의 신문조서를 보면, 홍범도가 자신을 중대장으로 임명했으나 다음날 류기운이 사령장을 되찾아가고, 십인장(十人長)으로 임명했다는 진술이 있다.

잇따라 돈만 떼먹고 잠적해버린 것이죠.[*] 그 결과 홍범도는 탄약이 떨어져 쫓기다가 그 해 12월 블라디보스토크로 겨우 도망치게 된 것이죠. 홍범도는 연해주 일대를 떠돌며 자금과 군사를 모집하고 재기를 위해 노력합니다.

하지만 타이밍이 좋지 않았습니다. 연해주의 유력자였던 최재형의 지원을 받은 안중근이 1908년 7월에 이미 의병을 일으켜 함경도 인근으로 진공했다가 소득도 없이 패퇴하고 난 뒤라 이 지역에서는 더 이상 그런 무모한 무력 투쟁에 돈을 대주지 않았습니다.[**] 현지의 호응이 없자 홍범도는 러시아 여러 곳을 떠돌다 최재형의 지원으로 권업회의 간부로 일하게 됩니다. 직책은 질서감독자로, 나이트클럽 기도와 같은 일이었죠. 권업회는 유력자 몇몇에 의해 조직과 자금이 굴러가는 곳이었고, 홍범도가 딱히 한 일은 없었습니다. 일제의 보고서에 따르면 이 시기의 홍범도는 주색에 빠져 몇 건의 사고를 칩니다.

일제의 보고서를 보면, 1909년 12월 홍범도는 러시아 추풍(秋風=니콜리스크)에 있었는데요, "유부녀와 간통한 사실이 남편에게 발각되어 구타를 당하였고, 그 장소에서 도주하여 현재 행방이 모호한 상태"라는 기록도 보입니다.[***]

---

[*] 동회손(董會孫) 신문조서를 보면 청나라로 탄약을 매입하기 위해 보낸 임재춘과 정일환 등이 그 돈을 소비하고 탄약은 가지고 돌아오지 않는 고로 이를 포박하라는 홍범도의 명령을 받고 갔다. 이들은 왕가동(王哥洞)에서 만났는데 모두 도박을 하고 아편을 피우고 탄약 매입 비용은 모두 다 소비하고 없앴을 뿐만 아니라, 다시 홍범도의 무리에 합류하기를 거부했다고 진술하고 있다.

[**] "갑산(甲山) 폭도 홍범도는 근래 수청(水靑=파르티잔스크) 방면에서 모금 운동 중이지만 동 지방 인민 등은 조금도 응하는 자 없고, 불일내 일단 연추(煙秋=연해주 남부 노보키예프스코에, 오늘날 크라스키노)로 돌아간다는 설이 있었다고 한다." 憲機第1027호, 1909년 05월 19일

[***] 在露領排日朝鮮人ニ關スル件, 憲機第211호; 1911년 1월 26일, 日本外交史料館資料.

一、李ハ學校設立ノ準備トシテ自己ノ私金ヲ投シテ木材ヲ買入レ居ルモ現今寒氣劇烈ニシテ工事不可ナレハ解氷期ヲ起工スルモノト而シテ學校設立ノ位置ハ消領ニ近接セル所ナリト云フ露領ノ朝鮮人林ニ家僑ハ下別居リ成ルト云フ開知セシ

六、嚴仁燮ハ煙秋崔都憲ノ宅ニアリ崔ハ露國官憲ノ請負工事ノ為メ不在ナルヨリ嚴ハ專ラ崔ノ露國大學ヘ十二月上旬獨他人ノ助手ヲ為シ居リ他ニ何等行動ナシト云フ

三、洪範道ハ露領秋豊ニ在リシカ客年十二月上旬獨他人ノ妻ト姦通シ居リ其ノ場ヲ逃走シ目下行衛不明ナリト云フ

四、安昌浩ハ排日ノ演説ヲナシ目的ナル露團ト來リ官憲ノ許可ナキ人民ニ對シ露

홍범도의 간통 사건을 보고한 일본의 공문서

어쨌든 홍범도는 1910년 이후로 약간의 의병을 데리고 함경도 인근에서 일본군과 몇 차례 교전하지만, 부하를 모두 잃고 본인만 겨우 살아남아 다시 연해주로 돌아옵니다.

일제의 보고서와 홍범도 일지를 보면, 이후 한동안 홍범도는 무모한 시도는 하지 않고 아편 재배와 어업으로 생계를 이어갔다고 합니다. 그러다가 1919년 조선에서 만세 운동이 일어났다는 소식이 퍼지면서 모처럼 한인 사회에서는 독립에 대한 열망들이 되살아나고 단결하는 분위기가 만들어집니다. 간도와 연해주 등지에서 무장 독립운동 단체들도 다시 전열을 갖추게 되고, 금방이라도 조선으로 진공하여 일본과 일전을 벌일 듯한 태세를 보이므로 동포 사회로부터 군자금을 제법 두둑이 확보하게 됩니다.

홍범도 등이 독립운동자금을 유흥비로 탕진한 뒤 민가를 습격하여 약탈했다는
오사카 아사히 신문 기사(1920년 5월 1일)

그런데 늘 계획대로만 되는 것은 아니었습니다. 1920년 5월 1일자 경무국
의 발표에 따르면,

"두만강 대안 방면에 있는 수괴 최명록(=최진동), 홍범도 등은 결빙기에 국경
침입 계획을 실현할 것이라고 공언하고 조선의 내외에서 자금을 모았으나 군자
금의 대부분을 술 마시는 데 써버리고, 이에 민심이 이반될 것을 두려워한 나머
지 변명 삼아서라도 침입을 기도할 필요가 있어, 1월 말부터 블라디보스토크 과
격파로부터 약간의 무기를 지원받았다.

3월 17일 전후에 내습의 기도가 있었으나, 경비가 삼엄하여 미처 거사를 이루
지 못하다가, 겨우 야간을 틈타 온성군 대안 방면으로 진출하여 연안의 촌락에

다다랐다. 이 소식을 들은 무장 불령선인단 200여 명이 풍리동 소재 임시 주재소 부근을 침입하였는데, 주재소에서 발포하여 1시간여 교전 끝에 격퇴하였다. (중략) 3월 17일 오전 한 시 무장한 불령선인단 30여 명이 재침했는데, 민가를 습격하여 현금 600엔을 강탈한 후 도주하였다. 18일 오전 한 시경에는 200여 명이 또다시 재침하여 현금 30엔을 강탈하고, 이 와중에 위급을 신고하려던 조선 여인 한 명을 살해하였다. (하략)"[*]

 기사의 내용이 정말 한심스럽긴 하지만, 이 시기부터 홍범도는 1920년 초부터 활발하게 두만강 접경 지대를 들락거리게 된 것입니다. 그 대표적인 곳이 온성인데요. 중국과 두만강을 경계로 마주보고 있는 곳이죠. 온성보다 조금 아래쪽에 삼둔자(三屯子)라는 곳이 있어요. 거기는 두만강이 쭉 흐르다가 갑자기 실개천처럼 폭이 좁아지고 누구라도 마음만 먹으면 건널 수 있는 곳입니다. 국내 진출의 거점으로 삼기에는 아주 좋은 곳이었어요.
 그런데 신민단 박승길 부대 16~17명이 삼둔자에 있다가 도강하는 것을 일본군이 본 거에요. 그래서 일본군은 사격을 했죠. 박승길 부대는 도강하다가 황급히 후퇴해서 다시 삼둔자로 돌아갑니다. 이때 일본군이 쫓아 들어가죠. 근데 거기는 중국 땅이라, 여기까지는 못 들어오겠지 하면서 도망간 거에요. 하지만 그것은 오산이었습니다. 삼둔자 상촌에 있던 김명오라는 노인 집에서 누워 쉬고 있었는데, 일본군이 들이닥쳐 집중 사격합니다. 혼비백산한 박승길 부대는 응사하면서 서남쪽으로 도주합니다.[**]
 오늘날 우리 학계에서는 삼둔자 전투가 무슨 대단한 승전인 것처럼 말하

---

[*] "不逞鮮人團武力侵入の企: 隨所に脅迫掠奪を行い少女を殺し民家を襲う: 我警察隊の應戰", 大阪朝日新聞, 1920년 5월 1일자 기사
[**] 機密第185호, 越境追擊地方面ノ踏査復命書進達ノ件, 在間島代理領事 堺與三吉, 大正9년(1920년) 7월 21일

지만, 승전은커녕 추격대에 쫓겨 그냥 도망간 것에 불과합니다. 도주하다 응사한 것을 두고 승전이라고 말하고 있는 셈입니다. 한편 이들을 뒤쫓던 남양수비대의 니이미[新美二郎] 중위는 역습에 대비해, 삼둔자 서북쪽 고지를 점령하고 야영을 하면서 증원군을 기다렸습니다. 일본 19사단은 이들을 추격하기 위해 1개 대대 규모의 TF팀을 긴급 편성하는데요. 이것이 야스카 [安川三郎] 소좌가 이끄는 월강추격대이고, 이때부터 우리가 알고 있는 봉오동 전투가 시작됩니다.

앞에서 봉오동 전투의 상황과 전과에 대해서 말씀드렸기 때문에 넘어가지만 언급했다시피 봉오동 전투는 최진동이 지휘한 것입니다. 당시 한 팀으로 싸웠던 최진동과 홍범도는 본래 사이가 좋지 않았습니다. 여자들은 셋 이상 모이면 싸우지만, 독립운동가들은 둘만 모여도 싸우지 않겠습니까?

뼈대 있는 가문 출신인 최진동은 천출에 무식한 홍범도를 대놓고 무시했는데요, '함경도 산속에서 짐승이나 쫓던 놈이 어딜 감히?'라는 사고가 뿌리 박혀 있었습니다. 하지만 국민회에서는 간판 스타 홍범도를 조직적으로 밀어주는 분위기였고, 간도 지역에서 백전백승의 용장으로 명망이 높아지자 최진동은 홍범도가 몹시 아니꼽고 눈꼴사나웠습니다.

최진동은 홍범도가 봉오동 전투에서 일본군에 쫓길 때 응전이 성실치 않았고 급격한 퇴각으로 독립군 전체의 전의를 상실시켰다며 공개적으로 망신을 줬습니다. 당시 최진동은 통합된 독군부 산하에 네 개의 부대를 거느리고 있었는데, 홍범도를 간판 스타로 키우고 싶어했던 국민회 구춘선의 물밑 작업으로 최진동의 부대 세 개가 홍범도 밑으로 들어갑니다. 최진동은 이에 격분하여 국민회를 습격하고 무기와 돈을 강탈해 갑니다. 당시 명월구에 있던 홍범도는 이 소식을 듣고 즉각 부하들을 소집하여 반격했는데, 조직세가 압도적이었던 탓에 어렵지 않게 최진동파를 제압한 후 강탈당한 돈

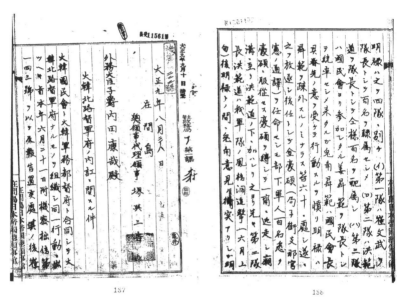

홍범도와 최진동 부대의 암투를 보고한 일본 간도영사관의 공문서

과 무기를 모두 회수해 옵니다.[*]

　간도에서 이렇게 정신 못 차리고 우리끼리 내분에 처해 있을 때, 일제는 중국 동북부의 군벌인 장쭤린[張作霖]과 3차 봉천회의를 갖고, 간도 근방의 불령선인들을 합동 단속할 수 있도록 근거를 마련합니다. 그 결과 중국 땅에서 합법적으로 독립군 토벌이 가능해진 것이죠.

[*] 機密第222호, 大韓北路督軍府ノ內訌ニ關スル件, 在間島 總領事代理領事 堺與三吉, 大正9년(1920년) 8월 28일. 이 자료에는 홍범도와 최진동 사이에 공개 비판과 물리력을 동반한 심각한 알력이 있음을 알게 해준다.

간도는 중국 땅이라 안전할 거라고 믿고 우리끼리 이전투구를 벌이던 우리 독립군 파벌들은 그제야 투탁거리고 싸울 처지가 아니란 것을 깨달았습니다. 그래서 상하이에서 파견된 안정근의 주재로 연대를 모색하는 회의를 열어보지만 쉽지가 않았습니다. 각 단체의 이해 관계와 자존심, 해묵은 갈등이 표면화되면서 성과도 없이 회의는 그냥 흐지부지됩니다.

하지만 어쨌든 일본군이 점점 모가지를 죄어오자 일단 살아야겠기에, 홍범도의 독립군, 국민회의 안무 부대, 신민단, 한민회, 의민단 등은 청산리 어랑촌 부근으로 근거지를 이동하고, 10월쯤에는 김좌진의 북로군정서 부대도 그 옆의 삼도구 송월평에 자리를 잡게 된 것이죠. 네, 그렇습니다. 우리 독립군 부대들은 일제의 토벌을 피해 청산리 어랑촌 부근으로 들어왔다가, 일본 토벌대가 바로 옆의 이도구를 거쳐 팔가자까지 쳐들어오자, 뿔뿔이 흩어져 다시 퇴각하던 와중에 주력과 맞닥뜨려 청산리 전투가 시작된 것입니다. 무슨 대단한 작전 구상이 있어서 거기에 모인 건 아니에요. 김좌진과 홍범도는 애초에 물과 기름같은 관계로 이 둘 간의 연합이 있었다는 주류 사학계의 통설은 가당찮으며, 서로 쫓기다가 우연히 어랑촌 서쪽 고지 다른 장소에서 각각 교전했을 뿐입니다.[*]

홍범도는 이 완루구 전투에서 다리에 관통상을 입고 힘겹게 도망 다니다,[**] 다른 독립군과 더불어 결국 러시아로 퇴각합니다. 그동안 수차례 털리고도 한 번도 붙잡히지 않은 것을 보면 신출귀몰하긴 하네요. 러시아로 쫓겨간 홍범도는 자유시(러시아어 이름 : 스보보드니)에 모인 무장 단체 간의 내홍이 극심해질 때 이르쿠츠크의 고려혁명군정의회 편에 가담했다가 후에

---

[*] 박창욱, 앞의 논문, p. 182~184에는 김좌진 군정서의 부대 이동과 각 독립군 부대들의 위치를 들어 청산리 전투가 계획된 작전도, 연합 작전도 아니었음을 밝히고 있는데, 매우 경청할 만하다.

[**] "秘"大正九年十一月中ニ於ケル間島地方情況ノ概要((間島派遣員ニ於テ調査シ得タル所ニ據ル), (二)洪範圖部隊ノ行動

고려군사혁명법원의 재판위원으로 선임되는데요, 거기서 자유시 참변 당시 반란을 일으킨 독립군과 한인 부대를 처단하는 일을 합니다. 이에 대해서는 제11장에서 후술합니다.

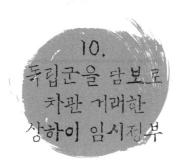

10.
독립군을 담보로
차관 거래한
상하이 임시정부

　상하이 임시정부가 출발 당시부터 노선의 차이로 삐끄덕대면서 제 구실을 못하고 있을 때, 이동휘가 국무총리 겸 정부 실세로 등장하게 됩니다. 그는 애초에 말만 많고 실행력이 떨어지는 임정의 지도급 인사들을 믿지 않았습니다. 이동휘는 이미 독자적으로 시베리아에 한인사회당을 구축하여 당수가 되었고, 연해주 교민 사회에 폭넓은 지지 기반이 있었습니다.

　이동휘는 매우 야심이 큰 사람이었죠. 일단 그는 민족주의적 색채가 심한 임정 지도자들과 달리, 사상적으로는 레닌 정부의 끈끈한 신뢰를 받으면서 공산주의 혁명 사상에 깊이 물들어 있었습니다. 공산주의야말로 제국주의자들의 침탈로부터 무력으로 민족을 해방시킬 수 있는 강력한 지지 기반이라 생각했죠. 그는 극동공화국의 지지 속에 한인사회당을 만들고, 러시아에 귀화한 볼셰비키 한인들을 모아 레닌 정부의 환심을 삽니다.

　이동휘는 이때부터 간도 지방에 있는 무장 부대들을 통합하여 레닌의 손아귀에 갖다 바칠 생각을 하게 됩니다. 그래서 임시정부의 초대 국무총리가 되자마자 안정근, 왕덕삼, 조상섭을 파견하여 간도 지역에 사분오열 흩어져 있던 독립군의 통합을 종용하기에 이르렀죠. 하지만 독립군 부대마다 이해득실과 자존심 경쟁으로 잘되지를 않았습니다. 회의를 거듭할수록 단체 간 알력과 반목이 심해져서 도저히 성사될 것 같지 않았죠. 하지만 이동휘는 현장과 달리 매우 낙관합니다. 이들이 통합 후 곧 자신의 휘하에 들어올 것을 믿어 의심치 않았죠.

그 시기의 상하이 임정은 재정난으로 몹시 곤란한 상황이었는데, 어디서 돈만 대주면 영혼까지 내던지는 일을 서슴지 않았습니다. 서구 열강은 이미 망해버린 나라에 큰 관심을 보이지 않았고 후원도 미미했기에 파리강화회의 이후 극히 실망한 상하이 임정은 러시아 쪽에 추파를 보내기 시작합니다.

레닌도 혁명 직후 대내외적인 정세 불안을 해결해야 하는 사정은 있었기 때문에 상하이 임정과 이해 관계가 딱 맞아 떨어진 거죠. 콜차크의 백군이 무너지고, 1920년 4월 소비에트러시아의 괴뢰 정부인 극동공화국이 시베리아 지역에 들어서긴 했지만, 여전히 백군 잔당들의 저항이 산발적으로 지속되고 있었습니다. 특히 세묘노프에 이어 일본의 지원을 받고 있던 메르쿨로프의 백군들이 매우 위협적이었습니다.

따라서 소비에트러시아에서는 이들을 견제하기 위해서 극동 지역의 피압박 민족들을 빨치산 투쟁에 적극 이용할 필요가 있었던 것이죠.[*] 이에 코민테른은 동아시아에서 조선, 중국, 몽골 및 일본의 혁명 운동을 지원하면서 동시에 내전에 참가할 국제군을 시베리아에서 편성할 것을 계획합니다. 상하이 임시정부 총리였던 이동휘는 정부의 명의로 신임장을 찍어 한형권을 전권대사로 임명한 뒤 모스크바로 파견했습니다. 물론 임정 내 국무회의 의

---

[*] 윤상원, 러시아 지역 한인의 항일 무장 투쟁 연구: 1918-1922, 고려대학교 박사학위 논문, 2010년, p. 148~149

결이나 협의를 거치지도 않고 독단으로 저지른 것입니다.*

1920년 7월 5일 한형권은 레닌 정부와 교섭에 들어가, 4개 항의 요구 사항을 전달하고 200만 루블의 차관을 얻어내는 데 성공하죠. 문제는 레닌 정부에서 어떤 반대 급부를 요구했는지 확인할 길이 없다는 것입니다. 어려운 형편에 그 막대한 자금을 공짜로 주었을 리는 없겠지요? 일제의 관헌 자료와 신문 보도에 따르면 이 당시 한로공수동맹 (韓露攻守同盟)이라는 게 체결되었다고 합니다.** 첩보 중 관계자의 이름이나 사실 관계에 있어 일부 차이 나는 부분들이 있긴 하지만, 전반적인 내용이 실제로 이행되었거나 계획된 적이 있기 때문에 그 신빙성을 무시할 순 없습니다.

소비에트러시아가 임시정부에 요구한 내용 중 눈길을 끄는 조항들이 있습니다. ① 상하이 임시정부는 공산주의를 선전하고 찬동하여야 한다. ② 독립군들은 러시아 지휘관의 지휘를 받아야 하며, 필요 시 소비에트러시아에서 사용할 수 있어야 한다. ③ 이 목적을 달성하기 위해 중로연합선전부(中露聯合宣傳部)를 건설해야 한다는 조항들입니다. 다른 항목들은 일단 제쳐놓고 이 세 가지만 논리적으로 연결해보죠.

실제 안정근, 왕덕삼은 중로연합선전부(中露聯合宣傳部)를 통해 시베리아 내의 한인사회당과 접촉하고, 북간도에서 패주하던 각 독립군 부대와 연락하여 러시아로 이동시키는 데 핵심적 역할을 했습니다. 이렇게 독립군 단체를 하나로 모은 뒤, 러시아군의 지휘를 받는 용병으로서 내전 진압과 혁명 과업에 활용되도록 협약한 것이죠. 물론 명분상으로는 대일 투쟁이 있었을

---

* 당초 1920년 1월 21일 국무회의에서는 안공근, 여운형, 한형권을 모스크바 외교원으로 선정한 바 있으나, 이동휘는 이러한 결정을 무시하고 4월 중순에 한형권에게 신임장을 발부하여 독단으로 파견했다. 대통령인 이승만은 이 사실을 알지 못하고, 5월 말에서야 안창호를 통하여 이희철(李喜儆)을 러시아에 대사로 파견하겠다는 뜻을 전한다.

** 高警第40046호, 不逞鮮人ノ赤化ト中心地移動ニ關スル件, 朝鮮總督府 警務總長, 1920년 12월 17일, 언론신문 보도로는 大阪朝日新聞 1920년 12월 20일자 기사, 上海.

것이고, 조선 민중의 해방 같은 구실도 함께 했을 것입니다. 이런 비슷한 사정은 중국의 팔로군에 귀속되었던 우리의 조선의용대도 마찬가지였고 동북항일연군도 마찬가지였습니다. 실제로도 그랬을까요?

1920년 4월 시베리아에 극동공화국이 수립되던 전후에 제국주의 간섭군은 시베리아에서 철병을 완료했고, 일본군도 극동공화국과 협상 끝에 1920년 7월 경에는 하바롭스크에서 철수하여, 이만을 거쳐 스파스크까지 물러납니다. 일본 제13사단과 제14사단을 비롯하여 아무르 주에 주둔하고 있던 부대는 모두 일본이나 만주로 귀환했습니다. 일본군이 철수하자 치타를 장악하고 있던 세묘노프 백군 부대는 급격히 몰락하여, 결국 1920년 11월 20일 완전히 패퇴하고 세묘노프는 뤼순으로 망명합니다.[*] 즉, 한형권이 레닌 정부와 한로공수동맹을 체결할 그 시점에는 더 이상 일본은 예전 같은 위협이 되지 못하던 상황이었습니다. 대일 전선 운운한 것은 협약의 명분이었을 뿐입니다.

실제 이들은 자유시참변을 기점으로 코민테른의 방침에 반항하는 세력들을 일거에 무력 진압한 뒤 백군과의 내전에 독립군을 100% 활용했습니다. 뿐만 아니라 러시아혁명이 완수된 이후에는 독립군을 무장 해제한 뒤 강제 이주시켜 혹독한 고통을 주었다는 것을 우리는 상기해야 합니다.

자, 다시 정리해볼까요? 이동휘는 안정근과 왕덕삼을 만주로 보내 사방팔방 흩어져 있던 독립군을 통합하여 임정의 지휘를 받도록 종용합니다.[**] 안정근은 이들을 명월구로 불러모아 놓고, "만약 각 무장 단체 간 통일하라는 임정의 훈령에 반대하는 단체가 있다면 누구든 공격, 파괴하여 쓸어버리겠

---

[*] 윤상원, 앞의 논문, p. 91~92
[**] 상하이 임시정부는 1920년 1월 21일 '국무원 포고 1호'를 통해 1920년을 '독립전쟁의 원년'으로 삼고, 군무부령 제1호를 통해 국내외 각 단체와 기타 지원자를 군사 기율로써 조직화하여, 국방 계획과 국내외를 망라한 협동, 단결 체제를 구축하고자 했다. 또한 1920년 2월 대한민국 육군 임시군구제를 제정하여 노령과 중령 지역에 군구제를 실시하고 독립군 단체를 임정의 휘하에 편입시키고자 했다.

다"라고 강력히 경고까지 합니다.[*] 그리고 레닌 정부에게는 이들 무장 부대들이 임정의 통솔 하에 있으며, 당신들의 혁명 사업을 지원해줄 수 있다고 제안한 것이죠. 그렇기 때문에 앞에 말한 한로공수동맹 같은 굴욕적인 협약이 나온 것입니다. 이동휘는 이에 대한 대가로 2백만 루블이라는 막대한 차관을 약정받았지만 임시정부로 보내지도 않고, 이 돈 중 일부를 자신의 한인사회당과 공산주의자들을 지원하는 사업에 써버린 것이죠.

이 모든 것은, 이동휘가 임시정부의 총리로 있으면서 국무회의도 없이 정부의 명의로 외교 문서를 남발하며, 불법적인 방법으로 정부의 대표성을 허장성세한 결과라 할 수 있습니다. 차관 문제가 세간에 알려지면서 임시정부는 발칵 뒤집혔죠. 이동휘는 한바탕의 소란이 일자 여기에 반발하여 국무총리직을 사퇴하고 모스크바로 가버립니다. 그는 막대한 돈을 챙긴 뒤였기 때문에 껍데기뿐인 임시정부 리더 자리에 연연할 필요가 없었습니다.

임시정부의 수반인 이승만은 해외에 있었기 때문에 뒤늦게 이 사실을 알고 이희경을 전권대사로 파견하여 소비에트러시아와 차관 협약을 다시 체결하려 했습니다. 하지만 친미파였던 이승만의 제안에 레닌 측의 반응은 냉담했고 결국 아무런 성과도 거두지 못하고 맙니다. 여기에는 이승만을 미국의 앞잡이라며 지속적으로 음해한 이동휘의 방해 공작이 주효했던 탓도 있었습니다.[**] 만주의 독립군은 목숨 걸고 북만주의 러시아 국경까지 후퇴하

---

[*] 高警第23792호, 間島地方ニ於ケル不逞鮮人團ノ情勢ニ關スル件, 大正9년(1920년) 7월 24일
[**] 이동휘는 임정의 국무총리직을 사임한 후 러시아 외무인민위원부 치체린에게 편지를 보내, "임정의 현재 구성원들은 명백히 친미적인 성향을 띠고 있습니다. 우리 당(한인사회당)은 한국의 민족주의자들이 소비에트 러시아의 원조를 받으면서 미국의 이익을 위해 일하는 것을 원하지 않습니다. 그들은 현재 우리 당을 그 무엇보다도, 심지어는 일본인들보다도 더 중오하고 있습니다. 사회 혁명의 공포가 미국의 품에 안겨 있는 우리의 부르주아 및 小부르주아 구성원들을 자극하고 있습니다. 미국은 몇 가지 지원을 해주면서 대단히 교묘하게 그들을 조종하고 있습니다"라고 했다. - 이동휘, 박진순이 소비에트 러시아 외무인민위원부 치체린에게 보내는 보고서(1921년 10월 16일자, 모스크바), 고정휴, 상해임시정부의 초기 재정 운영과 차관 교섭 - 임시 대통령 이승만의 역할을 중심으로, 한국사학보 (29), 2007. 11, 고려사학회, p. 234~235에서 재인용

고 있을 때 이동휘의 상하이 임시정부는 독립군의 생명을 담보로 레닌 정부와 차관을 거래하고 임시정부의 재정에 사용하여야 할 돈을 빼돌려서 자신들의 야욕을 채우는 데 사용했던 것입니다.

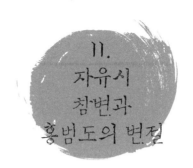

11.
자유시
참변과
홍범도의 변절

　안정근, 왕덕삼의 공작에 가장 적극적으로 협조한 사람이 홍범도였습니다. 홍범도는 봉오동 전투 이후 간도국민회의 지원과 비호 아래 일약 스타가 된 사람입니다. 러시아로 가서 독립군 무장 부대들이 단일 대오를 갖추면 한 번에 리더 그룹에 낄 수가 있었죠. 청산리 전투를 끝으로 이후 우리 독립군 부대들은 일본군 토벌대에 밀려 사실상 만주에서의 근거지를 완전히 상실한 채 와해 단계로 접어들게 되죠. 제대로 싸워보지도 못하고 밀림을 전전하며 도주하다 투항·귀순하거나 탈영하는 일이 속출했습니다. 그 바람에 병력의 태반을 잃은 상태로 북만주와 러시아의 국경 근처에 있는 밀산(密山)이란 곳에서 일단 회합합니다. 이때가 1920년 12월 말경이죠.

　우리 역사책들은 이곳에서 홍범도의 주도로 10여 개의 독립군이 모여 대한독립군단과 같은 통합 단체를 만들었다고 역사적 의의를 부여합니다. 그러나 실상은 아무런 체계도, 실질도 갖추지 못한 명목상의 페이퍼 조직이었

---

* 윤상원, 만들어진 '신화' - 『고등학교 한국사』 교과서 "대한독립군단" 서술의 문제점, 고려사학회, 韓國史學報 제51호 2013.05, p. 310~314

을 뿐입니다.[*] 또 이들이 실제로 밀산에서 모두 한 날 한 시에 만났는지조차
도 불분명하며, 우리 독립군 부대들은 자유시로 이동한 후에도 단 한 번도
이런 통합 단체명으로 같이 움직인 적도, 활동한 적도 없습니다.

어쨌든 만주의 독립군은 흑룡강을 넘어 러시아령 이만(지금의 달네레첸스
크)까지 장장 2,000km가 넘는 대장정을 합니다. 당시 독립군들의 근거지였
던 간도 지역은 일본군 토벌대에 의해 모두 초토화된 상태였으므로, 간도에
버금가는 규모의 한인 사회가 필요했습니다. 거기가 바로 시베리아 연해주
지역의 교민 사회였죠. 이를 잘 알고 있는 이동휘는 자신의 휘하에 있던 한
인사회당을 통해 간도의 독립군들을 시베리아로 데려올 수 있도록 극동공
화국 정부의 지원을 받아냅니다.

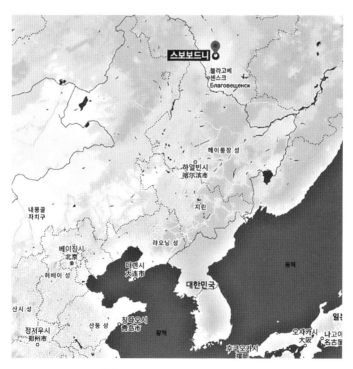

자유시(러시아명 : 스보보드니 Свобóдный) 위치

문제는 이 독립군 부대들이 자유시로 이동할 때 러시아로부터 전원 무장 해제를 요구당한 것이었습니다. 낌새를 눈치챈 서일, 김좌진 등 북로군정서 지휘부는 무장 해제를 거부하고 부하들을 버려둔 채 간도로 돌아가버립니다. 홍범도를 비롯한 대부분의 독립군 부대는 그 상태로 러시아 아무르 주의 자유시로 이주하게 된 겁니다.

그런데 여기 아무르 주에는 간도의 독립군 부대 외에도 여러 부류의 무장 부대가 모여 있었어요. 러시아 연해주 일대에서 백군에 맞서 빨치산 활동을 하던 한인 부대들이 이미 들어와 있었죠. 이 한인 부대들은 주도권 다툼 속에 상하이파와 이르쿠츠크파로 갈려 사사건건 격렬한 대립을 합니다. 뒤늦게 자유시에 합류한 간도의 독립군 부대들은 이 싸움에 휘말리면서 새우등이 터지는 불상사를 겪습니다. 처음에는 상하이파(전한군사위원회)가 우세했으나, 차츰 이르쿠츠크파(고려혁명군정의회)에 주도권이 넘어갑니다. 싸움에서 지면 그냥 탈탈 털리는 거죠. 즉, 패자가 된 상하이파의 무장 해제를 요구했는데 자존심이 센 빨치산 출신들이 이를 인정 못 하고 저항했습니다. 그러자 1921년 6월 28일 군정의회 쪽에서 탱크를 밀고 들어가 진압해버린 거죠. 진압하는 데는 30분밖에 걸리지 않았다고 해요. 그만큼 상대가 안되었던 거죠.[*]

이 과정에서, 진압당한 사할린부대 쪽에 줄을 잘못 섰던 많은 독립군이 희생당했는데요, 고생고생하다 이역만리까지 와서 따뜻한 밥 한 번 못해 먹고 희생당한 불쌍한 사람들이었습니다. 그런데 홍범도는 이때 자유시참변의 가해자였던 군정의회 쪽에 붙어 살아남을 수 있었죠. 뿐만 아니라, 홍범도는 고려군사혁명법원의 재판위원 3인중 1명으로 참여하여 한인 부대들을

---

[*] 자유시참변 발생 당일의 전투 현황 및 피해에 대해서는 반병률, 홍범도(1868-1943)의 항일 무장 투쟁에 대한 재해석, 국제한국사학 창간호, 국제한국사학회, 2013. 6월, p. 105~107을 참조

처벌하는 데 가담했던 것입니다.[*]

이 재판에서는 당시 극동인민대표회의에 참가하기 위하여 이르쿠츠크에 집결해 있던 조선 대표들이 배심원으로 동원되었는데요, 그 대표적인 인물이 여운형, 김규식 같은 사람들입니다. 혁명재판이라는 미명 하에 가해자들과 부화뇌동했던 사람들이 오늘날 독립운동가로, 영웅으로 추앙을 받고 있다니 아이들 보기에 부끄러운 일입니다.

홍범도는 이 혁명법원의 재판위원을 역임하고, 1922년 이듬해에 모스크바와 페트로그라드에서 개최된 극동노력자대회에 참가했습니다. 이르쿠츠크파는 홍범도를 상하이파의 지도자인 이동휘에 맞먹는 지도자급 인물로 부각시키려 했습니다. 그 결과 조선독립군 부대의 대장이라는 명의로 레닌을 면담하고, 레닌이 하사한 권총과 100루블의 상금, 적군(赤軍) 모자, 레닌의 친필 서명이 적힌 조선군 대장이라는 증명서를 선물로 받습니다. 동지들을 팔아먹고 본인은 승승장구하여 볼셰비키 공산당의 꼭두각시로 출세한 것입니다.[**]

이런 홍범도에 대해 독립운동가들의 평은 좋지 않았습니다. 특히 상하이파와 인연이 있던 활동가들에게는 증오의 대상이기도 했습니다. 1923년 8월 하바롭스크에서 사할린부대 출신 김창수와 김오남이 습격해 홍범도는 이가 두 개 부러지는 부상을 입게 됩니다. 이때 홍범도는 레닌에게서 받은 권총으로 이들을 사살하고 감옥에 갇혔다가 레닌과 칼리닌 등의 증명서를 얻어 석방되었다고 하니 대단한 배경을 갖춘 셈입니다.[***]

하지만 이렇게 든든한 배경을 가진 홍범도도 결국은 그들에게 쓸모없는

---

[*] 홍범도는 최진동, 허재욱, 안무, 이청천과 함께 한인 부대 영수의 명의로 1921년 11월 1일자로 「(성명서)귀중한 형제들이여」를 발표하여, 자유시참변의 가해자 측인 고려혁명군정의회 측의 입장에서, 피해자인 사할린부대, 즉 상하이파를 '형제의 피를 무연(憮然)히 흐르게' 한 '황색 정객'이라 비판하였다. 반병률, 앞의 논문, p. 107

[**] 반병률, 앞의 논문, p. 109

[***] 윤상원, 홍범도의 러시아 적군 활동과 자유시 사변, 한국사연구회, 韓國史硏究 제178집, 2017.09, p. 257

존재가 되자, 말년에는 집단농장과 협동조합을 전전하면서 어렵게 삽니다. 1937년 한인들에 대해 카자흐스탄으로 강제 이주 조치가 떨어지자, 홍범도도 카자흐스탄의 사나리크 셀소비에트(카잘린스크 구역)으로 이주하였습니다. 그곳에서 약간의 연금을 받으며 생활고로 어렵게 살다가 고려극장의 수위로 일하게 되면서 형편이 잠깐 나아지죠.

홍범도는 1941년 독소전쟁이 발발하자 참전을 자원하기도 했고, 고려인 젊은이들에게 "나가자, 싸우자, 이기자" 식의 참전 독려 기고문을 『레닌기치』에 투고하기도 했습니다.* 1943년 그가 사망하자, 독립운동가라는 말 대신 조선 빨치산 운동의 거두, 레닌-스탈린당의 당원, 조국(소련)과 볼셰비키당에 충직한 사람으로 그의 죽음을 알리는 부고 기사가 났습니다.

---

* 반병율, 홍범도 장군의 항일 무장 투쟁과 고려인 사회, 한국근현대사학회, 한국근현대사연구 제67집, 2013 겨울호, p.635~636

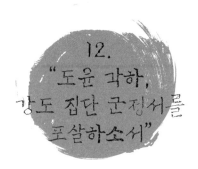

12.
"도윤 각하,
강도 집단 군정서를
포살하소서"

　　북간도 지역에는 오래전부터 한인들이 이주해 살고 있었습니다. 기록에 따르면 1866년부터라고 합니다.[*] 접경지 조선인들이 고향을 버리고 황무지밖에 없던 중국 땅으로 들어간 것은 그만큼 가난과 수탈이 일상화된 조선에서는 희망이 없었다는 것을 뜻하지요. 간도는 그들에게 기회의 땅이었고, 점차 이주한 조선인들이 늘어나면서 간도의 황무지는 비옥한 땅으로 변모해 갑니다. 물론 중국의 입장에서는 외지인들이 들어와 살고 있는데 달가울 리는 없었을 것입니다. 하지만 치발역복(薙髮易服 : 만주족의 두발 형태와 복장으로 바꾸는 것)하고 청국인으로 귀화하면 토지소유권을 인정해준다는 조건으로 이주민들을 받아들이기 시작합니다. 그래서 통계에 따르면 1922년경에는 이주민이 32만 명을 넘겼고, 북간도 총인구의 82.2%를 차지하게 됩니다.[**]

---

[*] 同文彙考 4권【丙寅】請慶源犯越人等嚴飭押還咨 기사에서 함경감사가 올린 장계를 보면 1866년 10월 25일, 26일, 30일에 걸쳐 15호 남녀 75명이 월경한 사실을 알 수 있다.

[**] 최홍빈, 北間島獨立運動基地 연구- 韓人社會와의 相關性을 中心으로, 한국사연구 111, 한국사연구회, 2000년, p. 50

1910년 조선이 망하자, 망명객들과 잡배들까지 간도로 넘어와서 조용히 살던 간도 이주민들 사회에 큰 변화가 일어납니다. 이 당시 만주는 장쭤린이라는 군벌 세력의 영향 아래 있었는데요, 마적들이 수시로 출몰하여 약탈과 납치, 살인을 자행했기 때문에 여간 골치가 아니었습니다. 한인 사회에서는 마적과 토비로부터 스스로를 보호하고 중국 정부와의 원활한 소통을 위해 지역마다 조직을 만들기 시작했습니다. 그 중 구춘선의 영도 아래 결성된 간도국민회의 세력이 가장 컸습니다. 이들은 순수한 민단 성격의 결사체였다가, 점차 무장 조직을 갖추게 되면서 군사 기관의 성격도 겸하게 됩니다.

그런데 1919년 3·1운동 직후 북간도에는 이 사람들 말고도 많은 무장 단체가 존재했는데, 무려 40여 개의 크고 작은 조직이 난립하게 됩니다. 그 중 서일이 주도하는 대한정의단이라는 단체는 무장 단체로서 가장 큰 규모였으며, 출범 당시부터 일제와의 무장 투쟁을 공공연히 천명한 조직이기도 합니다. 일제의 보고서에 따르면, 무장대원 수로는 간도국민회를 능가하는 수준이었다고 합니다.

대한정의단은 주류였던 대종교 외에도 공교, 정행단, 간도독립기성회원, 무종교인 등이 연합한 단체였기 때문에 내부적으로는 단합이 되지 못했습니다. 그런데 대종교 측에서 상하이 임시정부를 지지하며 정치적으로는 공화주의를 천명하자, 왕정 복고를 바라는 사람들이 이에 반발하면서 대거 이탈했습니다. 특히 김성극이란 사람이 정의단을 탈퇴하면서 간부급 34명을 일본영사관에 누설하는 바람에 정의단은 큰 타격을 입게 됩니다. 김성극은 동료들을 일제에 팔아넘긴 주제에, 본인은 광복단을 조직합니다. 이외에도 정명단, 오종단 등 잡다한 단체들이 정의단을 이탈하여 분립하게 되죠.[*]

* 이숙화, 대한군정서의 성립과 독립군단 통합 운동 - 총재 서일의 활동 시기를 중심으로, 역사문화연구소, 역사문화연구 제63집, 2017, p. 15

대한정의단은 내분을 수습하고, 대한군정부로 개명한 뒤 단일 대오를 유지하면서, 가장 왕성한 활동을 하였기 때문에 일제로부터 집중 감시를 받았습니다. 북간도에서는 대한군정부를 능가할 단체가 없었습니다. 그런데 임시정부가 "당신들이 뭔데 정부를 참칭하는가? 한 나라에 두 개의 정부가 가당키나 한 일인가?" 하고 조직명을 문제 삼습니다. 그래서 대한군정부는 다시 명칭을 '대한군정서'로 바꿉니다. 임시정부는 마치 상왕처럼 간도의 독립군 단체에 이래라 저래라 하지만, 실질적으로 이들 단체에 뭘 해준 건 없습니다. 대한군정서는 간도의 유일한 임시정부 직할 부대라는 명분이 필요했기 때문에, 군자금을 징수할 때도 임시정부의 이름을 팔았습니다. 하지만 군정서는 지속적인 보급망이 취약했기 때문에 늘 물자 부족에 시달렸습니다. 그래서 구춘선이 주도하는 간도국민회의 구역을 건드리기 시작합니다. 이 때문에 두 단체의 피 튀기는 혈전이 벌어진 것이죠.

군정서는 김좌진을 영입하여 진용을 강화했고, 구춘선의 간도국민회는 봉오동 전투의 영웅 홍범도를 내세워 무장 부대의 위세를 드높였습니다. 두 단체의 자존심 싸움은 감정적 대립을 지나 무력 충돌의 양상으로 악화됩니다. 임시정부는 간도의 무장 독립군들을 하나로 편성해 지휘 계통을 확립하고 싶었지만, 물주가 아니었기 때문에 제대로 명령이 먹히질 않았죠. 안정근과 왕삼덕을 파견하여 통합을 종용하면서, 불응하는 단체는 쓸어버리겠다는 엄포까지 내놓은 상태였습니다.

그래서 군정서와 국민회는 마지못해 형식적인 통합은 합니다. 하지만 국민회의 민단이 주도하고 그 밑으로 무장 단체가 하나의 직할부로 내려오는 체계였기 때문에 무장 조직 위주였던 군정서 내부의 반발이 이만저만 아니었습니다. 특히 김좌진은 임정의 통합 명령을 전면 거부한다는 통지문을 지도부에게 보내기도 했습니다. 국민회는 국민회대로 임정의 안정근, 왕삼덕이 군정서 편을 들어 국민회를 노골적으로 무시한다며 반발하는 인사도 있습니다. 그래서 결국은 통합은 물 건너갔을 뿐 아니라 이로 인해 상호간 불신은 회복 불가능한 수준이 되고 감정의 골은 깊어질 대로 깊어지고 말았습니다.

봉천회의 결과 중국 땅에서 일본군의 합법적 토벌이 가능해진 그 즈음, 1920년 9월 26일, 그러니까 청산리 전투가 발발하기 직전에 마침내 두 단체가 충돌하는 사단이 납니다. 국민회 군인들이 대한군정서의 근거지인 연길현 상의향(尙義鄉) 기양동(岐陽洞)의 주민 40여 명을 습격하고 가옥과 기물을 파괴하는 사태가 벌어진 것이죠. 이 소식을 듣고 출동한 군정서군은 국민회군과 총격전에 들어갔습니다. 국민회군의 총격으로 군정서의 보병 중대장 김규식과 병졸 두 명이 중상을 입고 사관 100여 명도 중상을 입거나 즉사했습니다. 국민회군도 대장과 사졸 각각 두 명씩 사망하고 부상자 여덟 명이 발생했습니다. 격전 끝에 군정서 측에서 국민회군 51명을 체포하고 다수의 무기를 압수하면서 상황이 끝납니다.[*] 하지만 국민회의 기습을 받은 군정서 측의 피해는 막대했습니다. 두 단체는 협상을 통해 사후 수습을 해보려 하지만 국민회가 보상을 요구하는 바람에 결렬되고 맙니다. 이렇게 두 단체가 원수지간이 되면서, 독립군 통합이고 뭐고 전부 없던 일로 무산된 것이죠. 그런데 우리 역사책에서는 모든 게 다 잘되었다는 식으로만 얘기합니다.

자, 여기서 이 두 단체의 알력을 좀 더 소상하게 들여다 볼 필요가 있습니다. 우리 역사책들이 자랑스럽게 떠드는 간도 독립군 연합, 즉, 홍범도의 대한독립군과 최진동의 군무도독부가 연합하여 북로독군부가 되고, 안무의

---

[*] 이숙화, 앞의 논문, p. 37에서 인용하고 있는 일제의 보고서에는 대한군정서 총재 서일의 명의로 발표한 성포문(聲佈文)이 실려 있다. 내용이 구구하여 인용은 생략한다. 요약하면, 억울하고 분하지만 수습을 원한다는 내용이다. 機密第283號, 間情第33~35호送付의 내용 중 軍政署國民會 / 衝突ニ 關スル件(間情第33號) 참조

국민회군이 합세해 만들어진 삼단연합체라는 것이 있습니다. 하지만 연합이란 말이 무색하게도 구춘선은 최진동의 독군부에서 군사를 빼돌려 홍범도의 부대 밑으로 넣으려는 공작을 했기 때문에 최진동을 화나게 만들었지요. 그러니 이 둘이 사이좋을 턱이 없잖아요? 서로 패싸움하고 난리가 났으니 삼단연합체가 흐지부지하게 되고 만 것은 다 이유가 있죠. 역사책에서 아무리 이들 연합을 미화하고 의미를 윤색한다 해도 그것은 실체가 없는 얘기들입니다.

같은 편이라는 사람들끼리 그렇게 싸워댔는데, 앙숙지간인 군정서 측과는 어땠을까요? 두 단체 간 기양동 무력 충돌 사건이 발생한 직후 군정서 측에서 발표한 성명문을 읽어보면, 국민회 측이 그동안 숱하게 도발했으나 군정서 측에서는 은인자중해왔다는 얘기가 나옵니다. 그 사정인즉, 국민회 측이 연길의 도윤에게 "군정서는 강도나 다름없는 집단이니, 육군 및 순경으로 하여금 이를 포착(捕捉 : 체포)하거나, 포살(砲殺 : 총포로 쏴 죽임)하여 달라"라는 취지의 투서를 했다는 것이 길장일보에 게재되었다는 내용입니다.

길장일보(吉長日報)는 1909년 11월부터 1926년 5월까지 중국의 창춘[長春]에서 발행된 지역신문으로, 해당 신문에는 한당(韓黨)이란 사람이 연길 지역 도윤 장란셴[張蘭軒]에게 보낸 편지가 실려 있습니다. 한당의 글은, "지난 번에 국민회의 구춘선과 이봉우가 연길 도윤에게 장문의 상서를 올린 내용이 있었는데, 그 내용이 구구절절하여 대체 무슨 말을 하는지 알기 어렵기에 요점을 간추려 말한다"로 시작됩니다. 상서의 내용을 요약하자면, "도윤 각하께서 왜노의 압박에도 불구하고, 한민을 보호하심은 은혜, 은덕이 크시며, 우리 한민은 각하의 노고를 헤아려 우리 지역에서 일본과 문제를 일으키지 않고 자중하겠으니 안심해주십시오"라는 글입니다.[*]

* 길장일보, 1920년 4월 15일자

그리고 나서 "왕청현 등의 정의단 일파가 군정부로 개칭하더니, 무기로써 양민들을 겁박하여 금품을 강탈하고 소란을 일으키며 왜노와 통정하여 각하를 곤란하게 하고 있사오니, 청컨대 각하께서 군경에 엄히 명하시어 무릇 무기로 행동하는 자 및 강제로 의연금을 징수하는 자는 바로 포박하여 호송케 하시고, 만약 자신의 힘만 믿고 이에 따르지 않을 시 즉시 사살하게 하소서"라는 끔찍한 상소 내용이 이어집니다.[*]

청산리 전투 직전 즉, 일본군이 간도에 출병하여 독립군을 소탕하려고 하는 순간까지 독립군들이 한 일이란, 고작 중국 관리에게 같은 독립군들끼리 서로 음해, 고발해서 이간질하고 이리 저리 편을 먹어 이권 다툼하며, 심지어 암살과 무력 충돌까지 일삼았음을 아는 사람은 드물 것입니다. 그럼에도 우리 역사책이나 교과서를 보면, 독립군들 지파끼리 연합해서 청산리 전투에서 대승을 거두었다는 자화자찬의 기술만 가득합니다.

이 문제의 투서를 주모한 자는 간도국민회의 지도자 구춘선과 이봉우인데, 구춘선은 1996년에 무려 대통령장에 추서되었고, 이봉우도 1980년에 독립장을 받았습니다. 국가보훈처에 따르면, 대통령장은 모두 92명으로 전체 유공자 중 0.56%에 불과합니다. 그 아래 등급인 독립장도 5% 정도에 불과합니다.

---

* 길장일보, 1920년 4월 16일자

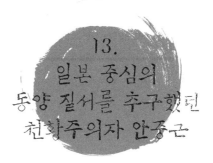

13.
일본 중심의
동양 질서를 추구했던
천황주의자 안중근

　　대한국인 손도장으로 널리 알려진 안중근에 대해서 알아볼 차례입니다. 그분의 존함을 거명할 때에는 반드시 함자 뒤에 의사를 꼭 붙여주어야 합니다. 의사란, 의로운 일을 하다 죽은 사람이라는 뜻이죠. 그분에 대한 영웅적 투쟁담은 익히 들어서 알고 계실 테니, 지금부터는 시중에 난무하는 천편일률적인 찬양 고무를 지양하고, 담백한 시각에서 그분을 분석해 보기로 합니다. 안중근은 본명이고 그 외에 아명인 안응칠, 조부가 지은 별명인 소지(小指 : 새끼손가락=키가 작다는 뜻), 부친이 지은 자명인 자임(子任), 그리고 세례명인 도마[多默]가 있습니다.

　이 중 안응칠이라는 아명이 특히 유명한데요, 안중근의 자서전으로 알려진 『안응칠 역사』에는 태어날 때 배와 가슴에 난 일곱 개의 점이 북두칠성의 정기를 받았다고 응칠이라 했다고 쓰여 있습니다. 이 그럴싸한 이야기는 사실인지 분명치 않습니다. 응칠이라는 이름은 그냥 당시의 흔한 조선식 이름일 가능성이 크고, 굳이 뜻 따위가 있다면 음력 7월에 낳은 사내놈이거나 일곱 번째 낳은 놈이라는 뜻으로 더 널리 통용되었습니다. 응삼이, 응팔이, 응오, 응구 같은 아명들이 다 그런 연유로 생긴 것이죠. 실제로 안중근은 1879년 9월 2일생인데, 이는 음력 7월 16일로 7월생에 해당합니다.

우리나라의 역사 서적이나 언론, 방송을 통해서 보면 안중근의 조부와 부친, 그리고 방계의 형제, 안중근의 모친 등 가계의 대부분이 독립운동가이며, 애국지사들이고, 굉장한 학식과 인격을 갖춘 노블레스 오블리주라고 미화되어 있습니다. 그러나 사실에 접근하지 않고 부풀려지거나 왜곡된 소스들, 출처 불명의 소문들이 사실처럼 거론되고 있는 경우가 많기 때문에 가려서 들을 필요가 있습니다.

안중근은 능력 있는 조부 덕에 제법 부유한 집에서 성장했습니다. 일제의 자료에 따르면, 조부 안인수는 미곡상 경영과 고리대금업으로 막대한 부를 쌓았으면서도 성정이 매우 탐욕스러워, 미곡 매입 대금을 지불하지 않는 등 부도덕한 방법으로 치부를 했다고 합니다. 그래서 지역 사람들에게 안억핍 (安億乏)이라는 별명으로 통했습니다. 보고서 중 "중근의 거칠고 포악한 성격은 이런 혈통을 물려받은 게 아닌가"라는 일제 관헌의 평가는 개인의 주관적 의견일 뿐이므로 무시하도록 하지요.[*]

조부에게는 여섯 명의 자식이 있었는데요, 그중 태훈이라는 아들이 매우 영민하여 일찍이 한학과 경전을 마스터한 뒤 과거에 급제하고 진사 벼슬(실은 명예직)을 얻습니다. 이분이 중근의 아버지입니다. 중근은 어렸을 때부터 아버지 태훈을 따라다니며 사냥과 사격을 즐겨 했는데, 부유한 집안의 자제답게 당시 수입되는 갖가지 최신 총기를 두루 경험하고 사격에도 특출한 재능이 있었다고 합니다.

하지만 안중근은 호방하고 다혈질인 기질 탓에 모범생으로 곱게 장성하지

---

[*] 高秘收 제6488호의 1, 安重根의 家系 조사 보고, 內部警務局長 松井茂, 1909년 11월 12일

못합니다. 일제의 보고서를 보더라도, 떠돌기를 좋아해 한 군데 있지를 못하고, 수시로 경성과 평양, 황해도를 배회하며, 무뢰배나 다름없었는데, 성질은 매우 우둔해 결단력은 모자라는 데다 쓸데없이 함부로 거칠고 난폭하였다고 적혀 있습니다.* 이토 저격 뒤에 작성된 보고서라 다소 감정적인 문체가 보이긴 하지만, 가족의 공술을 조합해보면, 성미가 급하고 끈기가 없으며 다혈질적 면모는 어느 정도 사실인 것 같습니다.

안중근의 동생인 정근의 공술을 보면, 안중근은 평양에서 삼합회라는 조직을 만들고 무연탄 도매 사업을 했다고 합니다. 이때 출자자인 송병운이란 사람이 안중근의 모질고 포악한 성정을 염려하여 출자를 단념하려 하자, 안중근은 불같이 화를 내며 송병운의 면상을 구타하고 칼을 빼어 들며, 위약금 2,000원을 요구했으나, 주변의 만류로 겨우 진정이 되었다는 얘기도 있습니다.** 어쨌든 안중근은 성장하면서 몇 개의 사업에 손을 대지만, 무슨 일을 하든 끈덕진 면이 없고 쉽게 싫증을 내는 데다, 성질이 급해 장사나 학업은 체질에 맞지 않았습니다.

그 당시 조선에서는 동학란이 발발해 동비들이 전 국토를 휩쓸고 다녔는데, 부친인 안태훈은 동학도의 흉포함을 염려하였기 때문에, 사재를 털어 70여 명의 장정을 규합, 의려군을 조직합니다. 그리고 스스로 의려장이라 칭하며 사령관에 취임하는데 이때 중근도 가담하게 되었습니다.***

우리 역사가들은 이 시기 안태훈의 행적을 소상하게 다루는 이가 드물고, 오직 의병을 일으켜 큰 공훈을 세웠다거나 동학당이었던 김구를 숨겨준 인

---

* 機密統發第1926호, 伊藤公 遭難事件에 대한 調査報告書 提出, 1909년 11월 07일, "京城平安黃海道 等ヲ徘徊シ殆ント無賴ノ徒ト化セリ當時ハ性質愚鈍決斷力ニ乏シク妄ニ粗暴ノ行動 운운…" 문장 그대로 옮긴다.
** 安定根의 供述, 復命書(警視 境喜明), 1909년 11월 5일
*** 안태훈이 천주교에 입교한 것은 1896년이고 의려소를 조직한 것은 1894년 가을이므로 천주교의 교세를 보호하기 위해 의병대를 창의했다는 일제의 보고서는 오류이다. 종교적인 동기가 아니라, 집안의 가세와 안위를 지키기 위해 조직했다고 보는 것이 타당하다.

연을 강조하거나, 의로운 호걸의 면모 등을 강조하는 피상적인 부분에만 집착하는 경향이 있습니다. 안중근의 영웅적 품성을 돋보이게 할 목적으로 집안의 내력을 의도적으로 부각하고 있지 않나 하는 의심이 듭니다. 객관적 사실을 중시해야 할 역사적 서술이 만경대 혁명 가족사처럼 작위성을 가져서는 안될 것입니다.

안태훈이 창의한 뒤 얼마 되지 않아 동학당을 상대로 승전을 거듭하자, 신천군수는 이에 정부에 안태훈의 공적을 알리고 소모관(召募官)으로 삼을 것을 주청합니다. 1894년 갑오군공록(甲午軍功錄)에는 신천의려장 진사 안태훈이 등재되어 있고, "冒死奮義散財募丁"라 하여 "죽음을 무릅쓰고 의를 위해 일어서서 재산을 나누어 주며 병사를 모집하였다"라는 공훈도 기록되어 있습니다. 하지만 정부와의 훈훈한 관계는 여기까지입니다.

문제는 이 안태훈의 민병대가 동학도를 방어하는 데 그치지 않고, 점점 세력을 확장하더니 동학란이 진압되었음에도 포군과 병력을 해산하지 않은 채, 황해도 신천 일대를 완전 장악해버렸다는 것입니다. 거의 군벌화된 안태훈의 의려군은 행정과 지방 조직을 무력화시키고 세금과 물자를 멋대로 징발하며, 사람을 함부로 죽이거나 처단하는 등 횡포가 극심하였습니다. 이에 조정에서는 사핵사 이응익(李應翼)을 파견하여 안태훈을 포박하려 했으나, 오히려 안태훈의 세력에 압도되어 아무런 조처를 취할 수 없었습니다. 그러다가 동학란이 진압된 뒤에야 가까스로 체포하는데, 프랑스 선교사의 간섭과 천주교 신도들의 반항이 두려워 엄벌에 처하지 못하고 잠시 투옥했다가 겨우 태형에 처한 뒤 풀어줍니다.[*] 조선왕조실록에는 안태훈 일가의 횡포에 대해 좀 더 구체적인 설명이 실려 있습니다.

---

* 機密統第2074호, 兇行者及嫌疑者調査書 第二, 1909년 12월 4일

"의정부 참정(議政府參政) 김규홍(金奎弘)이 아뢰기를,

해서사핵사 이응익(李應翼)이 서면으로 주하(奏下)한 것을 보니, 이번 교도들의 이 소요는 옛날에 없던 변고입니다. 도당을 불러 모아 각기 문호(門戶)를 세우기도 하고 혹은 관부(官府)와 비슷하게 송사(訟事)를 처결하기도 하며 혹은 형구(刑具)를 설치하여 평민들을 잔인하게 해치기도 하고 혹은 사사로이 사람들을 체포하여 남의 재산을 빼앗기도 하는데 지주(地主)를 위협하고 관차(官差)를 막고 때리는 데 이르러서 극도에 달하였습니다.

안태건(安泰健=안중근의 숙부)은 교사(敎士)를 믿고 사람들을 억누르고 병장기(兵仗器)를 든 사람들을 모아 제 몸을 보호하고 이용각(李龍恪)은 이웃 고을까지 호령하며 노약자들에게까지 형벌이 미쳤습니다. 무리를 모으는 것이 무슨 뜻인지 거의 강도들이나 흡사하고 명분 없는 재물을 모으는 것이 남의 집 재산을 도적질하는 것보다 심했습니다. 최영주(崔永周)는 영어(囹圄)를 제 물건처럼 만들고 소송을 사적으로 결단하지 않은 것이 없었으며 강제로 재물을 거둔 것이 천이나 백으로 헤아렸습니다.

이상의 세 괴수는 중한 법을 시행해야 마땅한데 도망쳐 붙잡지 못하였으니 법부(法部)로 하여금 각 경무서(警務署)에 신칙(申飭)하여 기필코 체포하여 죄를 다스리게 해야 할 것입니다.

장사호(張士浩)는 교사(敎士)의 분부(分付)를 개인적인 편지에 올렸고 부군(府郡)의 치적을 몰래 염탐하였습니다. 안태훈(安泰勳)은 청계동(淸溪洞) 와주(窩主)라는 이름을 가진 자로서 황해도의 두목이라는 지목을 받고 있는데 아직도 체포하지 못하고 있으니 끝내 관대히 용서하기는 어렵습니다. 장사호는 법부(法部)에서 법에 따라 엄히 다스리게 하고 안태훈도 법부(法部)에서 기필코 체포하여 일체 엄히 다스리게 해야 할 것입니다.

이른바 홍 교사(洪敎師 = 홍석구 = 빌렘 신부, 안중근의 신부)라는 자는 프랑스

사람인데 청계동에서 살고 있습니다. 8, 9개 군읍(郡邑)이 모두 그의 소굴로 되고 6, 7명의 교사(敎士)가 그의 우익(羽翼)이 되고 있습니다. 전도(傳道)를 칭탁하여 인연을 맺고 폐단이 자라나며 행정(行政)에 간여하지 않는 것이 없습니다. 소송을 스스로 재판하고 손을 묶고 발에 형틀을 채워 매달거나 무릎을 꿇리는 형벌을 평민에게 참람되이 시행했습니다. 이는 천하의 법률을 남용하는 것일 뿐 아니라 양국 간의 조약에도 실려 있지 않는 일입니다."

안태훈이 황해도의 동학도들을 성공적으로 구축하기는 하였지만, 중앙에서는 지방 유지가 그토록 많은 무장 병력을 보유한 것을 그다지 달갑게 생각하지 않았습니다. 그러던 차에 1895년 동학군이 탈취한 정부미를 안태훈이 빼앗은 뒤 국가에 반납하지 않고 휘하의 포군들에게 임의 사용하는 사건이 벌어집니다. 이에 정부는 탁지부 공무미 500석을 안태훈으로부터 환징하고, 그의 의병을 해산하여 귀향시키라는 공문을 황해도 관찰사 조희일(趙熙一)에게 보냈습니다. 가산이 몰락할 위기를 느낀 안태훈은 중앙에 연줄이 있던 궁내부협판 김종한을 통해 정부에 로비를 함과 동시에, 프랑스의 지원을 받고 있던 천주교의 교세를 등에 업고자 천주교에 입교합니다. 우리 사학자들은 안태훈이 천주교에 입교한 동기에 대해 무슨 개화적 사상의 발로라느니, 종교적 각성이라느니 하면서 성스러운 동기를 부여합니다. 하지만 안태훈은 자신과 가문을 살리자고 천주교에 의탁했을 뿐입니다.

1897년 4월 29일 황해도 관찰사 민영철이 의정부찬정 이완용에게 보낸 보고서에는 "동학농민운동 때 안태훈이 포군을 모집하여 의병이라고 칭하고 작은 원한을 맺은 이들에게도 살육을 가하고 나약한 이들에게까지 행패를 부렸으며, 이 사실을 황해도 경내가 모두 알고 있기 때문에 그러한 자신의 죄과를 벗어나기 위한 궁여지책에서 천주교에 투탁했고, 서울에서 천주교

책자를 몇 상자 가지고 와서 사람들에게 억지로 나눠주고 도당을 모았다"라는 내용이 실려 있습니다.[*]

또한 베버 신부도 "동학란이 끝나자 전사자 가족들이 대부분 책임을 안태훈에게 돌렸다. 그러나 항간에 떠도는 그 이상의 악평이 안태훈을 괴롭혔고, 그런 현상은 안태훈의 명망과 영향력을 뒤흔들 것만 같았다. 그래서 안태훈은 자신을 보호해야겠다는 생각에서 천주교에 발을 들여놓게 되었다"라고 했습니다.[**] 이상과 같이 보았을 때 앞서 언급한 일제의 안태훈에 대한 조사는 대부분 사실에 부합한다고 볼 수 있겠습니다.

어쨌든 이와 같은 이유로 안태훈은 신천 내에서의 악평과 후환이 염려되어 더 이상 그곳에서 살지 못하고 평안남도 진남포로 이주하게 됩니다. 하지만 진남포로 가는 도중에 병을 얻어 안태훈은 사망합니다. 이로 인해 순식간에 집안의 구심점이 사라지고 가세가 급격히 기울기 시작하죠. 안태훈의 자식들은 이때 살 길을 찾아 각자도생의 길로 가는데, 안중근은 진남포로 이주한 지 채 1년도 되지 않아 처자식을 아우들에게 맡겨놓고 1907년 봄에 북간도로 가버립니다.

그러나 북간도는 기회의 땅이 아니었습니다. 일본의 경계 병력이 진출하여 운신의 폭이 좁은 데다, 먼저 터 잡은 세력들이 굳건하였으므로 그곳에 정착하지 못하고, 상대적으로 만만하면서도 조선인이 많이 진출해 있던 연해주로 이동합니다.

인적, 물적 기반이라고는 전혀 없던 안중근은 유력자들을 만나 지원을 호소하기로 합니다. 먼저 그는 의병장 출신으로 명망이 높았던 이범윤을 만납니다. 연해주에서 수 천의 장정을 거병하여 함경도를 타격한 후 국내로 진공하겠다는 그의 황당한 계획을 예의상 끝까지 들어준 이범윤은 그만한 자

---

* 오영섭, 개화기 안태훈(1862-1905)의 생애와 활동, 한국근현대사연구 2007년 봄호 제40집, p. 27
** 오영섭, 앞의 논문, p. 28

원을 동원하는 데는 상당한 시간과 돈이 들겠다며 완곡히 거절합니다.

열변을 토하던 안중근의 안면이 차갑게 식더니 이범윤에 실망한 낯빛을 감추지 못한 채 그 자리를 박차고 나옵니다. 하지만 불행하게도 안중근의 망상을 밀어줄 유력가는 그 어디에도 없었습니다. 갑자기 찾아가 이런 무거운 얘기를 하면, 생면부지의 인사가 귀담아 들어줄 이유가 없습니다.

안태훈이 죽기 전 1905년에도, 안중근은 민영익을 만나기 위해 상하이까지 날아갔지만 소개장이 없다는 이유로 문전박대당하고 돌아온 일이 있습니다. 물론 이때도 본인을 무시한 데에 격분한 나머지 우국지사를 몰라본다며 문패를 발로 차고 성질을 부렸다고 합니다.[*]

안중근은 앞에서도 언급했지만, 성미가 매우 급하고 다혈질인 사람입니다. 당연히 거사를 도모함에 신중함이나 참을성 따위가 있을 리 없겠지요. 흔히 우리 같은 평범한 사람들이 "너 이 새끼 죽여버린다"라고 욕을 하면 협박성 빈말에 가깝지만, 안중근이 했다면 그는 실제 죽입니다. 실제로 그는 말다툼하다 부친을 폭행한 중국인을 끝까지 추격해서 권총으로 사살해버리고 상하이로 도주한 적도 있습니다.[**] 네, 그는 한다면 하는 사람이었습니다.

어쨌든 마음이 조급해진 안중근은 가까운 친구 엄인섭, 김기룡과 함께 연해주와 수청(水淸 : 파르티잔스크) 일대를 돌며 의병을 모집합니다. 엄인섭 역시 무척 포악한 사람이었는데요, 안중근이 연해주에 등장하기 이전에 이미 살인과 강도, 횡령으로 지역 한인들에게 악명이 자자한 인물이었습니다. 특별히 하는 일도 없으면서 의병을 도모한다는 명분으로 군자금을 강요하고, 그렇게 모인 돈을 도박과 유흥으로 소비해버리는 건달 같은 인물이었습니다.

---

[*] 安應七의 供述(5회), 1909년 12월 2일. 그러나 안태훈이 안중근을 상하이로 보내 민영익을 만나게 한 이유는, 정부미 횡령과 의병 해산 명령에 불응한 죄로 중앙 정부의 체포 압력과 탄압이 가중되고 있던 상황에서 상하이로 망명을 시도하려는 의지로 보인다.

[**] 憲機第2634호, 伊藤公 遭難事件 調査書, 1909년, 12월 30일

안중근이 이런 자와 가까이하면서 의형제를 맺고 어울린 이유는 유유상종의 기맥이 통했기 보다는 엄인섭의 조직과 인맥, 자금줄 등이 필요했기 때문에 의도적으로 접근했을 가능성도 있습니다. 특히 엄인섭은 연해주 지역의 부호였던 최재형의 조카였으므로 이범윤이나 최재형과 같은 거물들에게 접근하려면 엄인섭과 같은 인물의 중개는 필수였다고 볼 수 있습니다.

　당시 연해주의 교민 사회에서는 이범윤과 최재형이라는 두 명의 실세가 그 지역을 좌지우지하다시피 했습니다. 하지만 이 둘은 언제나 사이가 좋지 않았고, 서로 잡아먹지 못해 안달난 앙숙지간이라, 시시때때로 조직원 간 패싸움은 물론이고, 두 보스끼리 암살 시도가 끊이지 않았습니다.

　특히 최재형은 조니워커 한 병 마시고 기분 좋아지면 헬리콥터에서 돈을 뿌려대는 수준의 부자인 데다, 지역 러시아 관헌과도 두터운 인맥이 있어 연해주 한인 사회에서는 막강한 영향력을 행사하는 인물이었습니다.

　그런 최재형이 무장 독립군을 꿈꾸며 일본과 겨뤄볼 생각으로 연해주 등지에서 일종의 군사 조직인 동의회(同義會)를 조직합니다. 이때 안중근은 엄인섭의 소개로 최재형의 수하가 됩니다. 그런데 이 동의회는 명령 체계가 갖춰지지 않은 단순 합집합 같은 존재였는데, 출신지와 인맥끼리 따로 움직이는 오합지졸이었습니다.

　그러다 보니, 함경도 진공 작전 같은 엔테베급 작전은 고사하고, 엄인섭은 두만강변에서 일본인 어부 몇 명과 상인들을 죽이는 보잘것없는 전과를 올리는 데 그쳤으며, 안중근은 재수 없게도 회령에서 일본 헌병대 본진과 맞닥뜨리게 되어, 총 한 번 쏘아보지 못하고 일패도지하고 맙니다.

　일본의 군사력에 크게 놀란 최재형은 의병을 일으켜 일제와 군사적으로 겨뤄보겠다는 생각을 다시는 하지 않게 됩니다. 이후 안중근은 최재형과 소원해지는데요, 훗날 안중근이 이토 히로부미를 사살하자 최재형은 안중근을 높이 평가하면서, 무뢰한으로서 늘 사람의 재물을 약탈하는 데 급급하던 안중근이 이런 장거(壯擧)를 했다니, 이전의 협잡배가 지금 국가 제1의 공신이 되었다고 치하하고 성금 4백 원을 기탁하였다고 합니다.[*]

앞에서도 말씀드렸듯이 안중근은 1908년 7월 약 200여 명의 무리를 이끌고 함경북도 경흥 부근을 공격하였다가, 일본 헌병대에게 제대로 패한 뒤 겨우 목숨만 건지고 도망쳐 나옵니다. 나라를 구한 무인(武人)으로 이름을 떨쳐 영웅이 되고 싶었던 그는 아무런 지략이나 전술도 없이 "누구나 가질 수 있는 그럴싸한 계획"만으로 섣불리 일본군과 맞섰다가 결국 "인생은 실전"이라는 교훈을 몸소 체험하고 좌절해야 했습니다. 초기에는 의병을 모집한다며 여기저기 손을 벌려 도움을 받았지만, 의병 거사가 실패한 뒤로는 신뢰가 떨어져 아무도 그를 돕지 않게 됩니다. 심지어는 물주였던 최재형도 손을 털고 후원을 끊습니다.

일제의 조사보고서에 따르면, 안중근은 자기 손으로 돈을 벌어 본 적 없는 매우 게으른 자였으므로, 형편이 곤란해질 때마다 남의 재물을 약탈하여 생활을 이어가는 무뢰한이었다고 합니다. 당연히 도처의 한인들로부터 악명과 혐오의 대상이 된 지라, 한 지역에 오래 머물지 못하고 연해주 인근 지역을 떠돌다 1908년 8월말경 블라디보스토크의 이치권의 집에서 식객으로 밥을 얻어먹으며 살았다고 합니다.[**] 그러다가 대동공보사라는 지역 신문과 인연이 되어 기자의 이름으로 논설을 기고하기도 하고, 잠시지만 배달원 두세 명을 고용하여 신문 대리점을 경영하기도 했다는 얘기도 있습니다.

이 대동공보사는 명색이 주식회사인데, 지역 한인들의 후원금으로 운영되는 매우 영세한 신문사로 네 쪽짜리 신문을 매주 2회, 발행 부수는 고작

---

* 憲機第2634호, [伊藤公 遭難事件 調査書]第2報 "兇行後ニ於ケル同志ノ行動", 1909년, 12월 30일
** 憲機第2634호, [伊藤公 遭難事件 調査書]第2報 "第五 安重根カ浦汐ニ來リタル時及ヒ斷指ノ時及場所", 1909년, 12월 30일, 보고서 원문 그대로 옮긴 내용이다.

1,000부 미만에 불과하여 늘 재정 곤란 상태에 있었습니다. 하는 일이 별로 없던 이 신문사 사부실은 신문 발행을 위한 조직 대신 동네 백수, 한량들이 모여 한담이나 하는 곳이 되었습니다. 이 신문사의 사장은 퇴역 장교 출신의 러시아 사람으로, 이름은 미하일로프라고 합니다. 이 사람은 러일전쟁에 가담했다가 종전 후 이곳에 정착해 살면서 한인 동포들의 근황과 정보를 당국에 전달하는 대신에 본인은 러시아 정관계 인물들로부터 보호를 받는 실력자였죠. 1909년 10월 10일 미하일로프와 신문사 관계자 여섯 명, 그리고 안중근 등 방문객 세 명이 모여 잡담을 하다 정치 얘기가 나와 반일 감정을 분출, 성토하는 분위기가 됩니다. 그러던 중 누군가가 조만간 이토 히로부미가 하얼빈에 온다는 말을 하자, 흥분한 일부가 "그가 여기에 오면, 반드시 죽여버릴 절호의 기회가 아닌가"라며 분개합니다.

이때 가만히 듣고 있던 미하일로프가 "그대들의 말이 옳다. 지금이야말로 천재일우의 좋은 기회다. 자, 누가 실행할 자가 없느냐?" 하고 선동하기 시작합니다. 호기를 앞세우는 조선인답게 막상 나서는 자가 없자 미하일로프는, "여기는 러시아 땅이다. 그대들이 거사를 해도 일본이 어쩌지는 못한다. 그대들도 알다시피 내가 좀 뒷줄이 있지 않느냐? 반드시 구해주겠다" 하고 단호히 말합니다.

이때 안중근이 "그럼 내가 하겠다"라고 나섭니다. 그러면서 "반드시 목적을 수행할 터이니 거사 후 나를 보호하는 데 전력해줄 수 있느냐"라고 묻습니다. 이에 미하일로프는 "장하다. 제군!" 하면서 추켜세워주고, "제군이 결행한다면, 내가 맹세코 무죄가 되게 해주리라"라고 확언합니다.*

---

* 憲機第2634호, [伊藤公 遭難事件 調査書]第2報 "第一 兇行ノ發端及經過", 1909년, 12월 30일, 내용을 발췌 요약, 안중근 신문조서에서 이 조사와 내용을 전면 부정한다. 한국주차군 헌병 대위 村井因憲의 복명서에 따르면, 미하일로프, 兪鑛律, 李剛은 치외법권 주장, 뇌물 등을 통한 보석 등의 방법으로 거사 후 안중근의 신병 보장을 약속했음을 알 수 있다. 機密統發第111號, 伊藤公殺害事件ノ連累者探査爲浦汐方面ニ出張セシ村井憲兵大尉復命書送付 件, 1910년 01월 20일

이에 용기를 얻은 두 명이 또한 자원하고 나섬에 따라, 총 세 명이 이토를 암살하는 거사에 동참하게 된 것이죠. 미하일로프는 즉석에서 약간의 금전을 내놓습니다. 일제의 사건 조사 자료에 따르면 하얼빈으로 출발하기 전 여비가 모자라자, 지역 내 두세 명의 유력자로부터 자금을 조달하고자 했는데요, 거부였던 최재형은 겨우 5루블을 주었다 합니다. 그때 안중근은 그 무정함을 책망하면서 서로 언성을 높여 욕설을 주고받은 뒤 헤어졌다고 합니다. 방송이나 언론 등을 통해 알려진 바와 같이, 최재형이 안중근의 거사를 지원했다는 드라마틱한 일은 과장이며, 허구에 가깝습니다.[*]

전반적으로 안중근의 신문 조서 등 공판 기록과 일본 측의 조사보고서 사이에는 서로 불일치한 부분이 상당히 많기 때문에, 안중근의 거사 과정과 배후 인물들에 대해서 단정하는 것은 쉽지 않습니다. 하지만 안중근이 자신과 관련 있는 자들을 보호하기 위해 허위 진술한 흔적이 상당히 많이 보이는 점을 감안하면, 안중근의 진술을 전적으로 신뢰하고 일제의 조사 자료를 전면 부정하는 것은 문제가 있는 태도입니다.

안중근의 조력자로 잘못 알려진 최재형과 이범윤에 대한 평가도 냉정하게 살펴볼 필요가 있습니다. 이들이 연해주 교민 사회에서 지도자급 인물로 군림하면서 교민 사회의 안정과 이익을 위해 헌신한 공로는 부정할 수 없습니다. 하지만 건달들을 수하에 두고 연해주 각지의 교민들로부터 의연금을 강요한 뒤 자신의 사업에 횡령하거나 사사로이 소비한 점, 라이벌 세력에 대한 암살과 폭행 등 조직 폭력배와 다름없는 세력 다툼을 벌인 점, 러시아의 압박으로 무장 투쟁을 포기하고 소극적 저항으로 변절한 점 등은 확실히 짚

---

[*] 伊藤公爵兇變ニ就テノ報告, 韓國駐箚軍 參謀長 明石元二郎, 1909년 12월 15일. 안중근은 3차 공술에서 그러한 사실이 없다고 부정하였다. 하지만 최재형과 좋은 관계가 아니었으며, 인색한 사람이었기에 가지고 있던 단총으로 쏘아 죽여버릴까 생각했다는 공술은 돈 문제로 다툼이 빈번했다는 사실은 알 수 있다. 안중근의 7차 공술 참조

고 넘어가야 할 사안입니다.

안중근은 우리가 착각하고 있는 것처럼 그렇게 일관성 있는 삶을 살아온 사람은 아닙니다. 러일전쟁 당시에는 일본의 승리를 축하했고, 순국 직전까지 일본 천황을 경모하는 마음과 충의를 표했던 사람입니다. 또 신문 기록을 보면, 안중근은 을사조약의 취지에는 공감한다고 했으며 한국민은 이에 감사한다고도 했습니다.[*]

그는 신문과 재판 기간 내내 이토가 천황의 뜻을 거역했기 때문에 이토를 죽였다고 주장합니다. 그 근거로서 러일전쟁 당시 천황의 선전 조칙에 "동양의 평화를 유지하고 한국의 독립을 공고히 한다는 것"이 그분의 뜻이었다고 했죠. 그러나 안중근은 대단히 착각하고 있습니다. 일본 천황이 한국의 독립을 공고히 하고자 전쟁한다는 얘기는 선전조칙 어디에도 없습니다. 다만 만주를 러시아에게 뺏기면 한국의 보전을 지원해도 의미가 없다는 얘기만 있을 뿐입니다. 즉, 한국을 일본의 영토 전쟁의 일환으로 파악한 것일 뿐입니다.

이처럼 안중근은 시국과 국제 정세를 읽는 시각이 어두웠고 약간의 한학 교육을 받은 것 외에는 아무런 정치적 식견도 없었습니다. 그저 대한매일신보나 황성신문 같은 언론 기사를 접하고 시국에 대한 정보를 얻은 게 전부입니다. 그렇기 때문에 일본의 침탈 의도를 국가 외교상의 전략이 아닌, 특정 개인의 문제로 오인하였던 것입니다.

어쩌면 안중근은 이토 한 사람의 문제만은 아니라는 것을 본인도 잘 알고 있었을 것입니다.[**] 신문과 재판 과정에서 밝힌 이토를 사살한 이유 열다섯

---

[*] 안중근 8회 신문조서, 한국독립운동사 자료 6권 안중근편 I, 국사편찬위원회 한국사데이터베이스
[**] 이치권이 말하기를 "이번에 이토가 오는데 당신의 의견은 어떠냐?"라고 묻기에, 나는 "그런 말은 입 밖에도 내지 마라. 이토 한 사람을 죽인다고 해서 일본에는 이토 같은 사람이 많아 100명, 200명이나 있을 것이다"라고 말한 것을 보아도 안중근이 현실적 판단을 하고 있음을 유추할 수 있다. 뤼순 감옥에서 안중근 7차 진술 내용 참조

가지를 보면, 버전마다 일관성이 없고 그나마 사실에 부합하는 것이 없습니다. 예를 들어 ① 민비를 시해한 죄, ② 효명천황을 살해한 죄, ③ 일본 천황을 속인 죄, ④ 차관을 강요한 죄라고 했는데, 이토와는 아무 상관없는 일입니다. 특히 ②번 효명천황을 살해한 죄는 이토를 증오하던 사람들이 창작하여 시중에 유포한 낭설에 불과합니다. 당시 이토는 궁중에 들어갈 수 있는 신분이나 입장이 아니었을 뿐만 아니라, 그 당시 고향에서 병을 치료하고 있던 시기였으므로, 이 사건과는 전혀 관련이 없습니다. ⑤ 제일은행권 사용을 강요한 죄 역시 이토와는 무관하죠. 제일은행권 발행은 이토가 취임하기 이전(1902년)의 일입니다.

⑥ 철도, 광산, 산림, 천택을 강제로 빼앗은 죄도 안중근이 잘못 알고 있습니다. 아관파천 이후로 고종이 개발권 대부분을 러시아나 미국에 헐값이나 무상으로 넘겼습니다. 100% 일본 자본으로 건설한 철도를 뺏겼다는 말도 어폐가 있습니다.

⑦ 고종 황제 강제 퇴위는 근거가 부족한 얘기입니다. 헤이그 밀사 사건 이후 일본과 이토 통감의 협박이 거세진 건 사실입니다. 이토는 사실 한국 정부와 진일보한 조약을 체결하여, 내정에 관한 적극적 권리(사법권, 세권, 국방권 등)를 희망했지, 고작 황제 양위 따위로 갈음하는 건 원하지 않았습니다.

이토가 본국에 발송한 전보에 따르면, 사태를 수습하기 위해 한국 조정에서도 분주한 바, 총리대신 이완용이 자신을 방문하여 "국가와 국민의 존속을 위해 황제의 양위를 제안"했지만 한국인들이 경거망동하여 대사를 그르치고 그로 인한 책임이 일본에 돌아오는 것을 경계하니, 일본 내각과 추밀원에서 사후 방책에 대해 합의를 내달라 요청합니다.* 심지어 만나기 싫다

---

* 住電第57호, 密使海牙派遣に關し韓帝へ嚴重警告竝對韓政策に關する廟議決定方稟請の件, 1907년 07월 07일 전보

는 이토를 고종이 억지로 불러내 황제 양위에 대한 의사를 물었을 때도, 폐하의 신료가 아니라 가부(可否)를 답하는 것은 도리가 아니라며 답변을 거부합니다.[*]

한편 이토의 내전을 접수한 일본 당국에서는 이를 두고 격론을 벌이는데, 황제양위안(案)은 내전 141호 자료에서 보는 바와 같이 데라우치 대신만 찬성하고 대다수 대신에 의해 부결되었음을 알 수 있죠.[**]

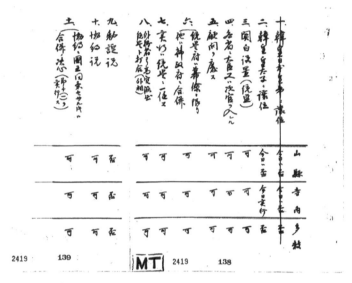

제141호(극비문서) 한국 황제 양위의 건에 관하여 다수의 대신이 반대했다는 내각의 결정을 통보한 공문

황제양위안을 부결시킨 위의 내전 141호를 보면 일본의 의도는, 이 기회를

---

[*] 住電第64호, 1907년 07월 19일, 한국 정부가 내각회의를 한 결과, 그 숙제인 황제의 양위를 결행하여 가장 사의(事宜)에 적합한 것으로 하고, 또 이를 추진하는 데 굳이 본관(=이토)의 조력 혹은 동의 구함을 피하고 그들 스스로의 힘으로 단행하여 2일 전날 밤 먼저 이완용 총리대신이 입궐해서 시국의 곤란함을 호소하여 양위의 부득이한 이유를 주청했지만 채납되지 않았으며 또한 황제도 본관에게 자문을 구했으나, 답변을 거절했다고 보고하고 있다.

[**] 來電141호, 韓帝ノ密使派遣ニ關連シ廟議決定ノ對韓處理方針通報ノ件, 1907년 7월 12일

놓치지 않고 한국 정부와 내정에 관하여 전권을 장악하되, 현장 상황을 감안하여 그 실행은 통감에게 일임한다는 것이고, 이것은 한일신협약 등의 단계로 진행될 것임을 예고하고 있습니다.

그럼에도 이완용과 송병준을 위시한 조정의 대신들이 고종 황제를 찾아가 "종묘사직을 위해서라도 당신이 좀 물러나는 게 좋지 않을까"하며 수시로 압박하죠. 심지어 대신들을 만나지 않겠다고 거부하고 있는 상황에서도 무리하게 찾아가 고종을 종용하여, 마침내 오밤중인 새벽 한 시에 국가의 대사를 황태자에게 양위한다는 재가를 얻어내고 맙니다. 여기까지가 사료에 나타난 그대로입니다. 더하고 빼고 말 것도 없습니다. 우리 학계에서는 이토가 대신들을 조종했다느니 뒤에서 협박을 했다느니 하지만, 이토와 일본 정부가 고작 그런 것을 원했을까요?

⑧ 이토에게 군대를 해산시킨 죄가 있다는 것도 안중근의 착각입니다. 군대 해산은 군제 개혁과 징병제를 원했던 고종의 뜻이며, 이는 1906년 3월 13일 통감부의 『시정 개선에 관한 협의회 제1회 회의록』을 보면 명확히 나옵니다. 오히려 이토는 징병제를 실시하려면 호적제가 정비되어야 하는데, 한국에서는 시기 상조임을 지적한 바 있죠.

또한 군대 해산 당시 발표한 순종의 칙어를 보면 그 취지를 분명히 알 수 있습니다. "나라에 돈 쓸 곳은 많은데, 방위 능력이 전혀 없는 너희 용병 부대에 쓸 돈이 아깝다. 머지않은 장래에 징병제를 실시할 것인 바, 일시적으로 군대를 해산하고 사관 양성을 비롯하여 군제의 쇄신을 하려고 한다. 그동안의 수고를 치하하는 뜻에서 은금(恩金 : 보너스)를 지급하겠다. 알아들었으면 각자 집으로 돌아가 취업하고 생업에 힘써라. 끝."[*]

---

[*] 순종실록 1권, 광무(光武) 11년 1907년 7월 31일, 첫번째 기사, 또 조령을 내리기를, "군대를 해산할 때 인심이 동요되지 않도록 예방하고 혹시 칙령을 어기고 폭동을 일으킨 자는 진압할 것을 통감(統監)에게 의뢰하라." 하였다.

⑨ 일본은 러시아와 중국으로부터 늘 위협에 놓여 있는 한국을 그대로 놓아두면 장차 화근이 될 것을 우려, 차라리 외교권을 박탈하여 보호국화하는 것이 자신들의 외교 전략상 목표와 부합하다 보고, 한국과 을사보호조약을 체결할 것을 결정합니다. 이 과정에서 이토는 고종을 몇 번 알현하고 상당히 고압적인 자세로 고종에게 조약 체결을 요청했던 것은 사실입니다.

하지만 안중근의 말처럼 이토가 총칼을 앞세워 대신들을 위협하거나 고종에게 무력적인 방법을 통해 조약의 사인을 강요한 것은 아니죠. 이토가 일본 황제의 친서를 들고 특사로서 고종을 알현하고 두 차례의 면담을 할 당시에는 하야시 공사와 외교관들을 대동하고 갔을 뿐 군대를 이끌고 간 게 아닙니다. 이토가 "이러저러해서 한국의 추세를 보건대 앞으로도 외세에 의한 전화(戰禍)를 피할 수가 없을 것 같으니, 우리가 위험해져서 안되겠습니다. 그러하니 외교 문제를 우리에게 일임하는 게 어떠신지요?" 하고 의사를 묻지요. 정상적인 나라의 왕이라면 거기서 단호함을 보여야 함에도, 고종은 "불가피한 점은 알겠지만 그 형식을 갖추는 게 중요하다"라며 웅얼웅얼 말을 돌립니다.

이에 이토는 외교에는 형식, 내용이 따로 없다며, 일본 내각에서 조약안을 확정한 이상은 한 글자도 고칠 수가 없다고 버텼습니다. 그러자 멍청한 고종은 "뜻이 그러하다면…"하며 어물거리다가 외무대신에게 명하여 협의하도록 승낙해버립니다. 사실 고종은 이 자리에서 일본 측 요구안을 다 들여다봤기 때문에, 이 조약이 장차 나라를 망하게 할 수 있다는 위급성에 대해 충분히 인지하고도 남았었을 것입니다.

고종은 협상 도중 수시로 그 내용을 전달받으며 조약 내용을 수정하라는 지시를 내려보냈고, 최종적으로는 고종의 뜻대로 문안이 전부 수정되거나 추가되었습니다. 다름이 아닌, 바로 '황실의 안녕과 존엄'을 보장한다는 문장이 추가된 겁니다. 조약 체결 당일 밤, 보고를 위해 찾아온 이토에게 조약이 성사되어 양국을 위하여 축하한다고 했으며, 그 전날에는 연회에 베풀 음식을 하사하기도 했습니다. 고종이 원래 그런 사람입니다.

우리나라 학자들은 협약 당일, 이토가 궁궐 곳곳에 무장 병력을 배치하고 주차군 사령관 하세가와 요시미치[長谷川好道]를 대동한 것을 두고 일본이 무력으로 조약을 강요하였다고 초지일관 주장하고 있습니다. 하지만 그게 전부는 아닙니다. 그분들은 다만 그렇게 믿고 싶은 것일 뿐이죠. 조약 체결에 앞서 타국의 군대가 주둔할 수 있도록 창덕궁 후원을 병영으로 내준 우리의 나약함을 애써 외면한 일종의 자기 합리화이자, 정신 승리 같은 것입니다.

세칭 개혁 군주 고종은 을사조약 1주일 전 주한일본공사 하야시 곤스케[林權助]로부터 사례비 2만 엔을 뇌물로 받았고, 고종의 시종 등 측근들과 대신들도 일본이 뿌려대는 돈을 받았죠. 또 다른 자료에 따르면 이토는 고종을 면담한 당일 천황의 선물이라며 30만 엔을 줬고 경부선 및 경의선 철도에 대한 황제의 지분을 보장하고 확약하였다고 되어 있습니다.*

고종은 을사조약 체결에 완강히 반대한 참정대신 한규설에 대노하면서 파면하고, 조약 체결 당사자인 박제순을 그 자리에 앉혔습니다. 또한 반발하는 대신들에게 "내가 알아서 한다니까 왜들 소란을 피우느냐"면서 역정을 냈고, 그럼에도 상소와 항의가 끊이지 않자 이들을 모두 체포해 징계를 내리도록 합니다. 이것이 과연 일제의 강압에 의해 마지못해 을사조약을 맺은 황제가 할 짓인가 우리는 생각해 보아야 합니다.

이런 것들은 아무리 감추려고 해도 언젠가는 드러나게 마련입니다. 우리가 저항하는데 일본의 군대가 총칼로 무장하고 강제로 굴복시킨 것처럼 침소봉대하여 일방적으로 역사를 쓴다면, 이런 무능한 군주의 배덕한 행위들

---

* 상세한 내용 및 근거는 박종인, "매국노 고종: 한 번도 경험하지 못한 지도자", 와이즈맵, 2020년, p.324~329 참조 바란다.

은 그대로 수면 아래 가라앉고 말 것입니다. 어쨌든 이 부분을 모두 소상하게 거론하거나 논쟁할 수는 없고, 당시에 이런 얘기들, 즉, 고종 황제가 일본의 무력에 굴복하여 강제로 을사조약을 맺었다는 풍설이 배일 논조의 신문들에 활자화되었을 것이며, 안중근은 이것을 그대로 믿었던 것으로 보입니다.

여기서 중요한 것은 안중근의 생각입니다. 민비가 시해되고 을사조약이 체결되고 군대가 해산되는 등 망국으로 가는 그 일련의 과정을 지켜보며 안중근은 정말 분노했을까요? 그래서 의병 궐기를 모색하거나, 이토가 죽어야 할 열다섯 가지 이유 등을 생각하며 살해를 계획하였을까요? 하지만 안중근 신문 기록을 살펴보면, 안중근이 이토 살해를 생각한 것은 1907년 정미 7조약 후의 일로 그 이전에는 어떠한 액션을 구상하거나 배일 사상을 가진 적이 없던 것으로 나타납니다.

앞에서 언급했던 것처럼, 부친과 동학당을 상대로 전쟁을 벌였을 때 그의 부친 안태훈은 조정의 방침을 어기고 의병을 해산하지 않은 채 황해도 신천 지역을 점령하다시피 하면서 지방 행정, 사법 체계를 완전히 무력화시킨 바 있습니다. 당연히 안중근도 부친과 함께했을 것이며, 이것은 국가의 권위를 무시한 불충(不忠)과 반역에 상당합니다.

게다가 1895년 을미사변 직후, 단발령이 내려지자 고능선으로부터 의병 창의를 권유받은 안태훈은 후일을 기약하자면서 이를 완곡히 거절한 바 있는데,* 이때 안중근이 부친의 뜻에 반대하거나 홀로 어떤 결단을 내렸다는 기록은 없습니다. 그가 이토를 살해한 제1의 사유를 민비 시해를 꼽고 있으면서 을미사변이 일어난 시점에 아무런 행동도 하지 않았습니다. 뿐만 아니라, 부친의 정부미 횡령 사건을 뒤치다꺼리하고, 국가에서 금지한 도박장

---

* 배경식 엮음, (올바르게 풀어쓴) 백범일지, 너머북스, 2008년, p. 138
** 오영섭, 안중근의 정치체제 구상, 한국독립운동사연구 제31집(2008년 12월), p. 295 및 안응칠역사, 안중근의사 기념관, p. 35

인 만인계(萬人契)를 운영하며 사행성 사업을 한 것,[**] 신천 지역 천주교세 확장을 위해 홍 신부를 따라다니며 잔심부름한 것 외에는 그 위중한 시기에 무엇을 고민하고, 무엇에 분노하고, 무엇을 계획했는지 그런 얘기들이 전혀 없었습니다. 그러던 사람이, 어느 날 갑자기 애국지사가 되어 블라디보스토크에 나타났습니다.

연해주로 건너간 뒤 일정한 거처조차 없었던 데다 1년 만에 동양평화론 같은 고상한 사상을 구상하고 정리할 정도로 사고가 안정된 사람이 아니었기 때문에, 그가 명분으로 삼은 이토의 열다섯 가지 죄상이나 동양평화론은 수감된 이후 급조된 내용일 가능성이 큽니다. 국제 사회와 일본 내의 동정을 얻기 위해 나름의 언론 플레이를 한 것이죠. 우리와 아무 관련이 없는 이슈 즉, 이토가 일본 천황을 속이고 있고, 천황의 부친 효명황제를 시해한 죄를 생뚱맞게 거론했다는 자체가 그런 의도를 충분히 의심케 한다고 볼 수 있습니다.

이것은 안중근이 거사 후 하얼빈에서 체포되었을 당시 러시아 관헌의 취조에서, 이토를 살해한 이유로 "이토가 한국 국민에게 저지른 압제에 복수", "권창규, 이상기 등 많은 동지를 처형한 것에 대해 복수"라고 단순 언급한 것에 무척 대비되는 것이죠.

안중근은 신문 과정에서 한국이 스스로 자국을 지킬 수 있는 역량이 없었기 때문에 일본군이 출병하여 지켜준 것이라는 검사의 논리에 수긍하였을 뿐만 아니라, 일본 황제는 좋은 분인데 이토가 나쁜 놈이라는 식으로 양자 분리하여 정세를 판단하는 논리적 모순을 저지릅니다.[*] 오죽했으면, 안중근을 신문한 검사 미조부치[溝淵孝雄]가 답답한 듯이 힐난하면서 "너는 사회의 상황, 너희 나라 역사도 모르면서 단지 신문지만을 보고 생각을 일으키

* 오영섭, 앞의 논문, p. 297
** 안중근 8회 신문조서, 한국독립운동사 자료 6권 안중근편 I, 국사편찬위원회 한국사데이터베이스

는 바람에 사실에 반하고 있다는 것을 알아야 한다"라고 지적했을까요?[**]

이토는 한일합방에 끝까지 반대했던 사람입니다. 심지어 이용구 등 일신회 회원들이 합방을 청원했을 때도 단연코 거부했습니다. 물론 그 보호국화가 속국이나 식민지로 삼으려는 사전 작업이자 전략의 일환이라는 것은 부정할 순 없겠죠. 하지만 국체를 유지하고 못하고는 엄연히 차이가 있는 것입니다.

이토가 을사조약 체결 당시 정부 대신을 닦달하고 고종의 재가를 독려한 목적을 살피건대, 당시 일본 중앙 정치 내의 강경파인 가쓰라 총리를 비롯 군국주의 세력들이 한국과 무력 합방을 추진하려 했기 때문에, 이를 반대하기 위한 명분으로 보호조약에 집착했다는 일각의 분석도 있습니다. 하지만 자신의 노력에도 불구하고, 1909년 3월 합방안이 상신되고 그해 6월에 각의에서 통과되자, 이토는 한국 통감 자리를 사직하고 추밀원으로 복귀합니다. 각의에서 통과된 합방 의결안을 보면, 적당한 시기에 한국의 병합을 단행한다고 되어있습니다만 언제라고 못 박지는 않았습니다. 그런데 안중근이 이토를 사살함으로써 이 '적당한 시기'가 도래한 것입니다. 즉, 강경파들에게 명분을 준 것이죠. 그리고 1년도 되지 않아 대한제국은 멸망합니다.

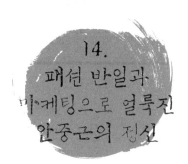

14.
패션 반일과
마케팅으로 얼룩진
안중근의 정신

　세간에는 이 안중근 손바닥이 무슨 반일의 부적처럼 여겨져 티셔츠와 자동차 튜닝, 심지어는 문신으로까지 활용되고 있다고 합니다. 그러나 사실 이 손 도장은 반일하고 아무 상관이 없는 안중근의 수형 낙관입니다. 안중근은 뤼순감옥에 갇혔을 때 유묵을 꽤 많이 남겼습니다. (이중에는 가짜도 있다고 합니다.)

　개중에는 일본인 간수나 변호사, 그리고 본인을 신문했던 검사에게 써준 것도 있습니다. 유묵의 내용을 보자면, 대부분 항일 의식과는 관계가 없는 논어나 맹자 같은 유교 경전의 말들을 투박하게 써 내려간 낙서 같은 것입니다. 낙관이 없으니까 손바닥을 찍어서 자신의 작품임을 표시한 것이죠.

　문제는 안중근 기념 사업을 목적으로 하는 단체와 관련되어 있거나, 안중근을 팔아먹고 살아야 하는 일부 학자, 언론인, 저술가, 또는 안중근에 대한 영웅 숭배 분위기에 편승해 한몫 건져보려는 사람들이 무작정 부풀린 미담들이 마치 사실인 양 대중들에게 전파되고 있다는 것이죠.

예를 들어 "옳은 일을 하고 받는 형이니 비겁하게 삶을 구하지 말고 대의에 죽는 것이 어미에 대한 효도다" 따위의 있지도 않은 안중근 모친의 편지가 방송, 언론, 각종 저서는 물론이고, 국가보훈처, 공무원인재개발원 같은 정부 기관에서조차 무차별 인용되고 있죠. 결론적으로 이 편지는 조작된 것이고 실재하지도 않습니다. 대신에 안중근의 두 아우를 통해 전달하길 "어미는 현세에서 너와 재회하길 바라지 않는다. 죽어서는 부디 네 죄를 씻으라"라는 말은 전해 오고 있습니다.*

안중근의 모친이 수의를 전달했다는 미담도 각색된 거짓말입니다. 일설에는 안중근의 부인이 지어서 보냈다는 설도 있고, 뤼순감옥 전옥(典獄)의 딸 또는 그 부인이 지어서 보냈다는 설도 있습니다. 어쨌든 이런 얘기들은 안중근의 사후(死後), 누군가에 의해 창작되어 떠돌던 얘기일 뿐 전혀 사실이 아닙니다. 특히 안중근의 모친이 수의를 제작해서 보냈다는 설은 오늘날 학계, 방송, 위인전, 뮤지컬, 영화에서 광범위하게 퍼져 거의 정설처럼 굳어져 있습니다.**

안중근은 1910년 2월 14일 사형 선고를 받고 3월 25일 집행되기로 했다가, 하필 그날이 순종의 탄생일이라 하루 연기됩니다. 안중근은 3월 11일 두 동생을 면회하는 자리에서 수의를 부탁한 바 있습니다. 만주일일신문에 의하면 두 동생은 안중근의 부탁을 받고 고향에서 56원에 수의를 숙소로 주문하였는데, 사형 집행일 당일에 즈음하여 가까스로 받아 안중근에게 전달된 것입니다. 수의가 도착하지 않은 것에 안중근이 걱정하자, 동생들은 만약 수의가 도착하지 않으면 근처의 양복점에서 깨끗한 정장이라도 구입해

---

* 皇城新聞, 안중근 형제 옥중 면회 기사, 1909년 12월 28일자(3259호)
** 모친의 수의 제작설은 1990년 천주교정의구현사제단에서 펴낸 안중근 서거 80주년 기념 논문 조관호, "안중근 의사의 신앙과 민족의 제단에 바친 삶"에서 최초 제기되었던 것으로 보인다.

갖다 드리겠다며 안심시킨 발언도 일제의 면회 기록에 나옵니다.[*] 이것이 팩트입니다. 모친의 거룩한 초상과 함께 있지도 않은 수의, 하지도 않은 말들을 사실처럼 자막으로 띄우는 방송사들은 부끄러운 줄 알아야 합니다.

　안중근의 유묵에 대해서도 각종 미담이 윤색되어 돌아다닙니다. 그 대표적인 것이, '위국헌신 군인본분(爲國獻身軍人本分)'이라는 유묵인데요, 이 유묵에는 낯뜨거운 미담이 전해져 오죠. 안중근이 뤼순감옥에 이감되었을 때 치바 토시치[千葉十七]라는 사람이 간수로 있었다고 합니다. 그는 안중근의 강직함과 의연함에 감동하여 안중근의 글씨를 간청하였는데, 한번은 거절되고 마지막으로 사형 집행 5분 전에 안중근이 '위국헌신 군인본분'이라는 글을 써주었다고 합니다. 치바 토시치는 이 유묵을 소중히 간직하여 일본으로 돌아왔는데, 집안 대대로 가보로 전해져 오다 안중근 탄신 100주년 기념으로 한국으로 넘어온 작품이라는 겁니다.

　하지만 안중근은 사형 집행 당일 유묵을 쓰지 않았습니다. 『조선신문(朝鮮新聞)』에 따르면, "지난 26일 단두대의 이슬로 사라진 흉한 안중근의 절필(絕筆 : 마지막으로 글을 씀)은 사형 전날 경성의 모씨에게 보내져왔다. 휘호의 내용은 아래와 같다"라고 되어 있는데, 그 마지막 유묵은 '人心惟危 道心惟微'입니다. 이는 순자(荀子)의 해폐편(解蔽篇)에 나오는 글귀로, 사람의 마음은 위태롭고 도의 마음은 미약하다는 뜻입니다.[**]

* ① 안중근의 1910년 3월 11일 면회 기록(홍 신부, 정근, 공근) // "안중근은 아우 정근에 명하기를 사형 집행 전에 순백(純白)의 조선복 한 벌(一着)을 차입(差入)하라 하고..." ② 안중근의 1910년 3월 25일 최후 면담 기록(정근, 공근) // "안중근은 먼저 정근, 공근 두 아우에게 고향에서 올 의복의 착부(着否)를 묻자 두 아우는 아직 도착하지 않았다. 만약 늦을 때에는 여기[當地]에서 양복을 조달할 것이니 걱정할 것 없다는 대답을 얻은 후..." ③ 안중근 1910년 3월 26일 사형 집행 상황 보고의 건 // "이날 안중근의 복장은 어젯밤에 고향에서 온 비단 조선복-상의는 백무지(白無地)의 것이고 바지는 흑색의 것-을 입고 품속에는 성화(聖畫)를 넣고 있었다." ④ "安の死裝束", 『滿洲日日新聞』1910년 3월 24일자, "안중근이 주문한 흰색 한복은 2~3일 전 여순의 객잔에 머물고 있는 두 동생 앞으로 보내어져 온 가격 56원으로 매우 훌륭한 것이라고 한다." //신운용, 안중근과 한국근대사2, 안중근평화연구원 편, 채륜, 2013, P.138에서 재인용
** "安重根の絕筆", 『朝鮮新聞』1910년 3월 30일자 //신운용, 앞의 책, p. 139에서 재인용

거의 정설처럼 전해져 오는 이 미담은 오오바야시[大林寺] 주지 사이토 타이겐[齋藤泰彦]의 저서 『내 마음의 안중근』에 나오는 이야기로, 상당 부분이 창작되거나 각색된 내용이 많습니다.

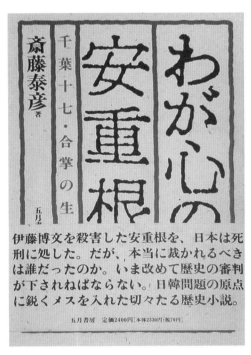

斎藤泰彦 著

千葉十七・合掌の生

わが心の安重根

五月書房

伊藤博文を殺害した安重根を、日本は死刑に処した。だが、本当に裁かれるべきは誰だったのか。いま改めて歴史の審判が下されねばならない。日韓問題の原点に鋭くメスを入れた切々たる歴史小説。

五月書房 定価2400円[本体2330円・税70円]

사이토 타이겐[齋藤泰彦]의 저서 『내 마음의 안중근』은 국내에 번역되어 출판된 바 있다.

그 중 사례를 하나 보죠. 치바 토시치가 당직을 서던 날, 안중근과 기나긴 대화를 했다고 합니다. 형무소장급에 해당하는 전옥(典獄)이면 모르겠는데, 말단 간수 주제에 계호(戒護)급 중범죄수인 안중근과 사담을 나누고 맞담배를 피웠다는 얘기 자체가 불가능한 일입니다. 어쨌든 안중근은 그에게 생명을 주신 부모님께 정성을 다하라고 당부하면서 다음과 같이 감동적인 말을 했다고 합니다.

"생명이란 참으로 불가사의한 것이지요. 내 부모에게 생명을 물려준 조상은 30대반 거슬러 올라가도 10억 7천만 명이나 되지요. 삼으로 무궁한 생명의 흐름이라 할 것입니다. 인간으로 태어난 것만도 어려운데 참으로 고마운 일이지요."

도진순이란 학자가 부모 두 명당 한 명의 자손으로 대입하고 실제로 계산을 해보니, 1,073,741,824명의 선조가 필요하다는 것을 알고 이 놀라운 승수 계산 결과를 학식이 부족한 안중근이 어떻게 알고 있었을까 의심했습니다. 실제로 이 책의 저자이자 오오바야시지[大林寺]의 주지 사이토 타이겐을 직접 방문하여 안중근이 그런 말을 한 게 사실이냐고 물어봅니다. 그랬더니 사이토 주지는 한참이나 침묵을 하다가, "이것은 불교 경전에 나오는 말로 내가 집어넣은 것이다"라고 답변하고 황급히 인터뷰를 마쳤다고 합니다.[*]

이 책의 수상쩍은 부분은 한두 곳이 아닙니다. 안중근이 옥중에서 "두 사람이 시간이 가는 줄 모르고 대화를 나누었다"라느니, 토시치가 "일본인을 대신해 사죄드린다"라고 했다느니, 안중근이 "살인죄를 범했지만 그 죄는 제 자신의 仁이 부족한 탓입니다"라고 했다느니 하는 얘기들이 나옵니다. 다 떠나서 안중근은 재판 당시 통역이 배석해야 했을 정도로 일본어를 할 줄 모릅니다. 치바 토시치도 일본에서 바로 뤼순으로 배속받았기 때문에 조선말을 할 줄 모릅니다. 그런데 12월의 어느 날 마주 앉아 기나긴 대화를 나누며 불교의 윤회와 인생에 대해 담소를 했다고 합니다. 거의 전공자들의 프리 토킹 수준이 아닌가요?

그러고 보면, 치바 토시치가 과연 뤼순감옥에서 근무했는지, 안중근을 전담한 간수가 맞는지조차도 의심이 갑니다. 당시 뤼순감옥서의 메이지 42년(1909년) 10월~12월의 '관동도독부 민정서 정무 시행 성적 보고서'에 따르

---

[*] 도진순, 안중근과 일본의 평화 지성, '화이부동'과 '사이비'-千葉十七·德富蘆花·石川啄木·夏目漱石, 한국근현대사연구 제86호, 한국근현대사학회, 2018년, p. 127

면, 동 기간 다섯 명의 간수가 퇴직하였기 때문에(네 명 의원 퇴직, 한 명 징계), 다섯 명을 신규 임명하여 간수 총원 64명으로 전기 대비 증감 변동이 없는 걸로 기록되어 있습니다.[*]

여기서 뤼순감옥서는 관동도독부 민정서(民政署) 산하의 시설로, 간수들은 민정서장이 임명하며 현역 군인 신분이었던 치바 토시치를 간수로 임명할 수 없습니다. 일본국립도서관에서 당시의 관동도독부 간수 채용 규칙(看守採用規則)을 확인해봤습니다. 간수가 될 수 있는 자는 시험을 거쳐서 채용하되 판임관 이상의 직에 근무했거나, 간수정근증서(看守精勤證書)를 보유하고 있거나, 2년 이상 간수로 재직한 뒤 퇴직 후 2년이 경과하지 않은 자에 한해서 채용할 수 있다고 되어 있습니다.[**] 치바 토시치는 여기에 해당하지 않으니, 간수로 근무했을 가능성은 매우 희박합니다.

헌병대에서 시설 경호 차원으로 헌병을 거기다 배치했을 수는 있습니다. 그러나 중대 범죄자인 안중근과 말단 헌병이 직접 대화하고 들락날락할 수 있었을까요? 위의 뤼순감옥서의 보고서 중 한국인 구금자들의 특별 계호에 관한 사항을 읽어보면, 피고 사건이 중대한 관계로 계호자를 특별히 선정하고 이 자들에 대한 일거일동에 주의해야 하며, 특히 야간 감시할 간수를 여섯 명을 더 증원하여 여덟 명으로 했고, 만일의 위험 사항에 대비하도록 한다는 얘기가 있습니다. 즉, 애초에 치바 토시치가 안중근을 독대하여 사담을 나눌 여건이 아니었던 것입니다.

안중근이 수감 기간 동안 저술한 『안응칠 역사』에도 치바 토시치라는 이름은 나오지 않습니다. 안중근이 절을 할 정도로 고마워했다면 응당 이름 정도는 기술이 되어야 할 텐데, 정작 안중근은 전옥(형무소장) 구리하라[栗原貞吉], 간수장 나카무라[中村三千藏]에게 고마워했고, 간수 중에는 부장 아

* 諸般政務施行ノ成績[明治四十二年十月ヨリ十二月] 8. 監獄, 關東都督府政況報告竝雜報 第四卷, 外務省外交史料館
** 官報 6974호. 1906年09月26日

오키[靑木]와 간수 다나카[田中]를 꼽았습니다. 그 외에 외부 인사 중에는 신문 과정에 참여했던 사카이 요시아키[境喜明]와 친했습니다. 그는 군인 출신인 데다 한국어에 능숙했기 때문에 안중근과 통하는 점이 많아 매일 같이 이야기를 나누고 의견을 주고받았다고 합니다.

안중근은 신세를 진 사람이나 특별히 친했던 사람들에게 글씨를 기증할 때에는, 누구에게 바치는 글씨인지 받을 사람의 이름을 오른쪽에 먼저 쓰고 내용을 채운 후에 마지막으로 자신의 이름과 근배(謹拜)를 썼습니다. 문제의 유묵 '위국헌신 군인본분(爲國獻身軍人本分)'에는 받을 사람의 이름이 없고, 마지막에 근배(謹拜)만 적혀 있습니다. 이는 특정인을 지정하지 않았거나 받을 사람의 이름을 알지 못하고 쓴 것입니다. 요컨대, 이 유묵을 소장한 치바 토시치는 안중근과 통성명조차도 하지 않은 관계였거나, 뤼순감옥의 다른 관계자가 안중근으로부터 받은 유묵을 다른 경로를 통해 입수한 것으로 보입니다(치바 토시치는 국경 부근의 세관에서 근무하다 퇴직한 바 있습니다.).

『내 마음의 안중근』에 등장하는 미담은 사이토 타이겐에 의해 조작된 허구입니다. 치바 토시치에 대해 직접적인 정보를 갖지 않고, 그 사후에 주변인이나 가족들로부터 들은 전언과 이런저런 자료를 참조하여 살을 붙인 창작물인 것이죠.

그 실례로, 이 책에 보면 안중근이 뤼순감옥에서 러시아 변호사와 영국인 변호사가 변호사 선임 문제와 관련 안중근을 면회했으며 간수인 치바 토시치가 입회해 통역으로부터 내용을 듣게 되었다는 얘기가 나옵니다. 하지만 사료에 따르면, 1909년 12월 1일 통감부 통역관 토리이 타다타카[鳥居忠恕]가 관동도독부 판사 마나베 쥬죠[眞鍋十藏]와 검찰관 미죠부치 타카오[溝淵孝雄]의 요청으로 법원장실을 방문했을 때 러시아인 미하일로프와 영국인 제이미 E. 더글러스가 와 있었고, 이들의 대화를 통역했다고 되어 있습니다.[*] 즉, 이 자리에 말단 간수가 입회했을 리가 없죠. 이들의 간담이 끝나고 법원장 및 검찰관의 승인을 얻어 두 명의 변호사가 안중근을 면회합니다. 소장인 전옥이 부재중이어서 간수장 나카무라 산젠조오[中村三千藏]의 안내로 옥사로 들어가 안중근을 기다리니, 옥정(獄丁)이 안중근을 데리고 왔다고 기록되어 있습니다. 안중근을 면회한 자리에는 안중근 본인을 포함 여섯 명이 있었는데, 통역 두 명, 감옥 관리(대화 기록), 변호사 두 명, 안중근입니다. 여기에서도 간수가 배석하지 않았습니다.

즉, 이 책은 헌병 말단인 상등병 치바 토시치가 안중근 재판과 관련하여 진행되는 모든 과정과 내용을 세세히 알고, 사건의 중심에서 전지적 시점으로 안중근을 관찰하는 식의 전개를 합니다. 안중근의 유묵을 얻게 되는 과정, 안중근을 증오하다 존경의 마음을 가지게 된 과정이 모두 거짓일 가능성이 매우 높습니다. 그런데 사람들은 이 책의 내용을 아무 의심없이 100% 진실로 받아들입니다. 지금도 미야기현[宮城縣]의 오오바야시지 절에는 안중근의 유묵이 새겨진 현창비를 보기 위해 한국인 관광객의 발걸음이 끊이지 않고 있다고 합니다. 사이토 주지의 비즈니스가 성공한 것이죠.

안중근의 손 도장은 그와 인연이 닿은 일본인들에게 감사의 표시로 글을 써준 뒤 자신의 손 모양을 찍은 것입니다. 아시아는 일본을 중심으로 뭉쳐야 한다는 그의 동양평화론에 대해 들어주고 동감을 표현해준 것에 대한 감사의 표시, 수형 생활 중 편의를 봐준 것에 대한 보은의 표시였고 그들과의 우정을 새긴 것입니다. 안중근의 유묵과 손 도장을 반일팔이 선동용으로 쓰고 있다면 안중근을 욕보이는 일이라는 것을 알아야 합니다.

---

[*] 鳥居 統監府 通譯官 報告書, 安應七ノ辯護士選任ニ關スル件, 1909년 12월 1일, 統監府文書 7권

15.
허울 좋은
망명 정부,
상하이 임시정부

우리는 상하이 임정이 헌법과 정부 조직을 갖추고 국권의 회복을 위해 국내외의 독립운동을 지휘한, 사실상의 정부로 알고 있는데요, 그건 다 거짓말입니다. 그렇게 믿고 싶은 거죠. 상하이 임시정부는 1919년 성립 이후 단 한 번도 단일대오를 보여주지 못했고, 정부로서 기능, 군사적 역량, 컨트롤 타워로서 권위는커녕, 뭐 하나 제대로 해본 적이 없는 상태로 해방을 맞았습니다.

중국에는 임정 말고도 많은 단체와 파벌이 존재했죠. 그러니까 임정은 그중 일부가 잠시 연합해서 선제적으로 정부를 참칭한 조직일 뿐입니다. 1921년 이후에는 기호파인 김구 계열만 남고 다시 해체되는 수순을 밟은 데다 사실상 돈도 없고 후원금으로 겨우 명맥을 이어가는 수준이었죠.

김구의 고백에 따르면, 장사하는 동포의 집을 전전하며 아침 저녁으로 밥을 얻어먹었고, 정부의 집세 300원을 벌 돈이 없어서 집주인과 여러 번 송사를 겪었다고 하니, 그 궁핍함은 상거지 수준에 가까웠다고 합니다.[*] 일제도

---

[*] 배경식 엮음, (올바르게 풀어쓴) 백범일지, 너머북스, 2008년, p. 484

임시정부의 궁박한 형편에 대해 충분히 인지하고 있던 것으로 보이며, 이들의 보고서 중에는 정부 요인이라는 자들이 가난을 면하기 위해 한인 동포를 상대로 납치와 강도 행각까지 서슴지 않았다는 충격적인 내용도 있습니다. 다소 길지만 인용해보기로 합니다.

1919년 4월 임시정부 조직 당시에는 박직(朴直=순진하고 정직한)한 내외의 한인이 독립운동자의 감언에 말려들어 자진 갹출하였던 의연금은 상당한 다액에 달하여 재정상 다소의 여유가 있었던 것 같으나, 당시의 임시정부 간부 등은 이를 공사의 구별 없이 낭비하여, 이후 일반 한인의 자각에 의하여 연조금은 점차 감소되고 다만 단속적으로 송금해 오는 미국 하와이 방면의 의연금 약간으로 겨우 명맥을 유지하는 데 그쳐 하루라도 궁핍한 곤궁을 모면한 적이 없다.

1923년 하기에 이르러서는 그들의 사무소로 충당하고 있는 프랑스 조계 포석로 24호의 가옥에 대해 집세 6개월분 약 5백 원의 지불이 궁해 사무용 비품 대부분을 매각하여 겨우 1개월분의 가임 80원을 조달하고 잔여는 연기해줄 것을 간청하여 간신히 일시를 호도하고 한편 사무소는 당시 재무총장 이시영의 사택인 프랑스 조계 수길리의 왜옥(矮屋)으로 이사하여 겨우 임시정부의 명의를 존속해 왔다.

그러나 그곳에는 단 한 개의 의자나 탁자조차 있지 않아 사실상 이미 폐멸한 운명에 있었음은 당시 임시정부 재정총장 이시영이 의정원에서의 1923년도『임시정부 예산 수지 상황 보고』에 의해 분명한 바, 동년 도내 수입 총액이 겨우 2,500원이었으나 그 중에는 비품을 중고로 판 대금이 主이고 자칭 애국금 등이 있었다. 한편 지출부에는 애국금 반환의 항이 있는데 살피건대 수입 총액의 많음을 바란 결과 허위의 애국금을 수입하고 다시 이를 지출에서 빼내 수지상의 숫자를 부합시켜 그 외견(外見)을 가장한 것으로 사료된다. 따라서 실제의 수지는 겨우 수백 원 정도인 것으로 보는 것이 타당하다 할 것이다.

그런데 1924년 4월 한국에서 상해로 건너온 민정식(閔廷植)이라는 자가 약간의 현금과 다액의 저금을 가지고 있다고 듣고 내무총장 김구는 부하 최천호(崔天浩) 등으로 하여금 이 자를 프랑스 조계에 감금케 하고 약간의 현금을 강취하여 이것으로써 박급한 채무를 완료하는 동시에 서문로 78호의 가옥을 차입하고 이시영의 사택을 철퇴했다.

그들 한인 독립운동자는 또다시 민정식(閔廷植)이 다액의 저금을 가지고 있다는 풍설을 믿고 이것을 강탈하려고 기도하고 밤낮으로 고문을 가했으나 이는 단지 일편의 풍설에 불과하여 목적을 달성하지 못한 까닭에 다시 민정식이 한국 내에 가지고 있는 자산을 뺏으려고 기도한 형적이 있다.

앞으로 민정식을 한인 독립운동자의 감시 하에 두는 것은 영구히 이러한 화근을 남기는 것으로 득책이 아니라 차제에 차라리 민정식을 구출하는 것이 낫겠다 판단하고, 또 한편으로는 조선총독부의 요구도 있었기에, 재상하이 일본 총영사는 이 지역 프랑스국 영사와 교섭하여 경찰의 응원을 받은 즉, 12월 10일 마침내 그의 구출에 성공하였으므로, 임시정부는 더 이상 민정식에 대한 기대를 완전히 단념하게 되었다. 11월 하순에 이르러 사무소용 전등요금 미납으로 인하여 전력의 공급을 단절당하는 곤란한 사실이 있었다.[*]

그러면서 이 보고서는 말미에 "한인으로서 다액의 돈을 가지고 중국 방면 특히 상해 기타 한인 독립운동자가 상주하는 지방에 여행하는 경우는 자위상 심심한 주의를 요할 것"을 당부하고 있습니다. 이 얼마나 한심한 일입니까? 이것이 우리 헌법 전문에서 법통을 이어받자고 하는 임시정부의 실상입니다.

김구의 임시정부는 이렇게 돈 때문에 고생하다 단 한 번 반전의 기회를 맞

---

[*] 在上海 韓人獨立運動者의 近情, 1925. 2. 13, 選團關係雜件-鮮人의 部-在上海地方 5권, 外務省外交史料館

이합니다. 1931년 만보산 사건이 터지면서 중국 내에는 민족 감정이 분출하고, 덩달아 중국 본토와 만주 등지에 진출해 있던 한인들이 배일 감정으로 뭉쳐 의기투합하는 시기가 옵니다.

이때 김구는 과격 노선으로 바꾸고 히트 앤드 런 작전을 써보게 되는데, 그 하나가 사쿠라다문[櫻田門]에서 히로히토를 향하여 수류탄을 던진 이봉창 사건이고, 또 하나는 홍커우 공원에서 물통 폭탄을 투척하여 일본 정계의 유명 인사들을 폭사시킨 윤봉길 사건입니다.

이 사건 직후 김구는 "우리가 배후다"라는 식으로 본인 명의의 성명을 여러 차례 내보냈는데, 이것이 상하이와 중국 내 존재하던 온갖 잡다한 한인 독립운동 단체들을 누르고 김구의 명망을 떨치게 되는 계기가 됩니다. 당연히 중국 국민당을 비롯 여러 단체의 후원금이 김구에게 몰렸는데요, 일제의 문헌에 따르면 윤봉길의 거사 후 김구와 이유필 일파는 동북의용군후원회로부터 28,000달러를 수령했다고 합니다.[*] 또 다른 자료에 의하면, 남양화교연합회의 의연금을 주로 하여 기타 동북의연군후원회, 19로군 등의 원조금을 합치면 김구는 약 6만 달러의 자금을 가지고 있었다고 전해지고 있습니다.[**]

김구는 윤봉길의 폭탄 테러 직전 이리저리 도피 잠복을 하였는데, 동북의용군후원회로부터 수령한 돈 28,000달러의 절반인 1,500원을 은둔지의 관헌을 매수하는 데 사용했습니다.[***] 윤봉길과 이봉창을 죽음의 길로 보내 놓고 얻어낸 후원금을 본인 도피 자금으로 사용하며 자신의 안전을 꾀했던 것이죠. 윤봉길의 거사가 있기 사흘 전 김구는 거처를 옮기고 임정 국무위원

---

[*] 憲高秘 제1408호 外事情報, 金九 일파의 최근 행동, 1932년 9월 8일, 대한민국임시정부자료집 28권 한인애국단 Ⅰ(활동 관련 자료), 국사편찬위원회 한국사데이터베이스

[**] 폭탄 사건 후에 있어서의 金九 일파의 기타 동정 보고, 1932년 11월 10일, 대한민국임시정부자료집 28권 한인애국단 Ⅰ(활동 관련 자료), 국사편찬위원회 한국사데이터베이스

[***] 앞의 憲高秘 제1408호 참조

들에게는 피난 여비로 각 50달러씩, 비서에게는 30달러씩 지급합니다.[*]

　김구의 이러한 후원금 독식은 한인 단체 간의 불만과 갈등을 낳게 됩니다. 이때 많은 한인 운동가가 김구의 들러리가 되기를 거부하고 자기들끼리 이합집산하게 되는데, 그 대표적인 이가 김원봉입니다. 젊고 잘 생기고, 피지컬까지 좋았던 김원봉의 등장은 김구에게 강력한 라이벌의 출현인 셈이었습니다. 실제로 김구는 김원봉이 등장한 이후 사사건건 그와 반목하면서 다투었고 임정에서 이탈한 세력들이 대거 김원봉에 합류하는 바람에 그의 위세는 예전만 같지 못하게 됩니다.

　1919년 임시정부는 상하이의 프랑스 조계지 내에 청사를 마련하고, 치외법권이라는 우산 아래서 초기의 기틀을 잡아갔습니다. 그런데 윤봉길 사건 이후로 프랑스는 임정을 테러 집단의 배후로 지목하여 더 이상 봐주지 않습니다. 그래서 임정은 상하이를 떠나, 항저우, 난징, 충칭 등 여러 군데를 떠돌게 됩니다. 앞에서도 언급했지만 이봉창과 윤봉길의 폭투 사건이 중국에 알려지면서, 김구에게는 그동안의 경제적 궁핍에서 벗어날 수 있을 만큼 상당한 후원금이 답지합니다.

　하지만 후원금을 독점하고 오른손에 쥔 돈을 왼손이 모르게 지출하다 보니, 필연적으로 횡령 문제로 시끄러울 수밖에 없겠죠. 안창호, 윤봉길 유족에게 전달되어야 할 거액의 조의금들이 보고도 없이 사라지자, 서로 내놓으라고 멱살 잡고 주먹질을 하는 추태가 벌어졌는데(이른바 항저우 사건), 관련자인 김구, 김철, 조소앙을 비롯 상당수가 국무위원을 사퇴하는 바람에, 임정은 마비가 되어버립니다.

　이 사건으로 임정 내의 분파 간 갈등은 회복할 수 없는 지경에 이르죠. 사실, 임정 내의 파벌 투쟁은 대부분 돈 문제와 관련이 있습니다. 그 대표적 사

---

[*] 在上海石射總領事發信 內田外務大臣宛 報告要旨, 爆彈事件後에 있어서의 金九一派 其他의 動靜, 1932년 11월 10일, 한국독립운동사 자료 22권 임정편Ⅱ, 국사편찬위원회 한국사데이터베이스

례가 이동휘의 횡령 사건이고, 박용만도 횡령이 발각되어 임정을 떠납니다. 임정 내부에는 인물 추종에 따라 자그마치 10여 개의 파벌이 있고, 출신 지역에 따라 네 개의 파벌, 노선에 따라, 추종 인물에 따라 또 여러 개로 파벌이 나뉩니다. 어찌나 파벌이 많은 지 일제의 보고서에서도 구구절절합니다.

김구는 상하이사변 이후 중국 내에서 명망이 높아지자, 군사 양성을 도모한다는 명분으로 장제스[蔣介石]에게 자금을 요청하여 『낙양군관학교』라는 것을 만들게 됩니다. 그런데, 김구는 장제스로부터 군자금을 받아내는 게 주요 목적이었기 때문에, 군관학교를 만들기는 했지만 그다지 신경을 쓰지 않습니다. 더욱이 김구는 서당 교육을 받은 게 전부인 사람이고 군사 지식과는 거리가 멀었습니다. 때문에 본인의 이런 약점을 덮고자, 북만에서 활약하다 도피 중이던 이청천을 설득하여 김원봉과 함께 군사학교를 맡기게 되죠.

그런데 군관학교 학생이 그렇게 빠른 시간 내에 쉽게 모일 리가 없었습니다. 장제스로부터 지원을 받으려면 어떻게든 학생들 수가 있음직 하게 보여야 했겠죠. 그래서 김구와 이청천, 김원봉은 자기 휘하의 훈련생들을 이 학교에 입학시킨 뒤 군관학교 학생으로 위장하여 훈련을 받게 합니다.

하지만 이 세 사람은 서로를 믿지 못합니다. 말이 교육생이지, 사실은 자기 휘하의 부하들이나 마찬가지 아닙니까? 김구는 스타급 지휘관이었던 이청천에게 훈련생들을 빼앗길까 염려했는데요, 실제로 남의 학생을 빼돌린 사람은 김원봉으로, 이청천과 김구의 부하들을 포섭해서 자기 부하로 만들어버립니다.[*]

용맹하기만 했지 머리가 좀 둔한 이청천은 뭔가 이상하다 느끼고 김구를 의심합니다. 그래서 김원봉 편에 붙어버립니다. 김원봉은, 북만(北滿)에서

---

[*] 安李旵 供述 "義烈團·民族革命黨의 組織 槪要", 1936년 2월 16일, 대한민국임시정부자료집 37권, 국사편찬위원회 한국사데이터베이스

전투 경험이 풍부했던 명장급의 이청천이 자기 손아귀에 들어오니 기회를 놓치지 않고 이청천과 그 부하들에게 경제적 원조를 해줍니다. 이로 인해 김구와 김원봉은 감정의 골이 매우 깊어집니다.

당시 중국 국민당 정부는 김구와 김원봉을 동시에 지원하고 있었는데요, 이런 경제적인 우위 입장에 있던 김원봉은 이청천을 자기 수하에 두고 갑질을 하려 했습니다. 이청천이 아무리 머리가 나쁘다지만 명색이 사령관 출신인데 기분이 좋을 수 없었겠죠? 그래서 독자적으로 중국 국민당의 지원을 받기 위해, 장제스에게 "김원봉은 공산주의자"라고 밀보를 합니다. 그렇지만 군대에서 소원수리해 본 사람은 알잖아요? 하루면 누가 쓴 것인지 부대 내에 다 알려지게 마련입니다. 어쨌든 그 투서 내용이 김원봉의 귀에 들어가게 됩니다. 두 사람의 관계는 이제 금이 가기 시작하죠. 하지만 김원봉과 이청천은 적대적 공생관계를 끊지 못하고, 이청천은 그 후로도 계속 김원봉에게 끌려다니는 신세가 됩니다.

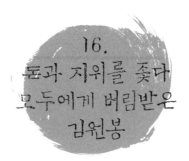

16.
돈과 지위를 좇다
모두에게 버림받은
김원봉

　　김원봉 하면 가장 먼저 떠오르는 게 의열단이고, 그 다음이 조선의용대입니다. 때는 바야흐로 1919년. 윌슨의 민족자결주의를 "약소민족이여, 총궐기 하라"라는 의미로 오해한 조선에서는 거국적인 3·1운동이 일어났는데요, 이때를 기화로 중국 만주와 상하이에 많은 야심가가 진출하게 됩니다.

　　김원봉도 그중 한 사람이었습니다. 이 시기에 얻은 약산(若山)이라는 호는 고모부였던 황상규가 지어준 것이라고 합니다. 아이러니하게도 이 와카야마[若山]는 도요토미 히데요시가 기슈[紀州] 정벌 후에 축성한 와카야마[和歌山]의 옛 이름입니다. 예나 지금이나 일본은 싫지만 일제(made in Japan)는 좋다는 사람 많기에 뭐 우연의 일치라고 해두죠.

　　길림(吉林)군정서의 회계 책임자이며 지역 내 명망가들과 인맥이 두터웠던 고모부 황상규의 후원으로 김원봉은 가자마자 단번에 지휘관급 책임자가 됩니다. 황상규는 신흥무관학교 출신 신병들을 김원봉의 휘하에 붙여주고, 영화 『대부』에서 보듯 하나의 구역을 떼어줍니다.* 김원봉은 이들을 델

----

* 김태완, 義烈團의 路線과 活動(1919~1925), 단국대학교 교육대학원 석사학위 논문, p. 8~9

타포스 같은 특전대로 키운 뒤, 중국 내 난립해 있는 조선인 단체들을 흡수하여 장악하겠다는 야망을 갖게 되는데요, 의열단의 출범 이후 크고 작은 테러들이 국내외에 알려지면서 상하이의 김구로부터 러브콜을 받게 됩니다. 그러나 의열단은 20대 초중반의 경험이 없는 신출내기들의 한계를 곳곳에서 드러내며, 손대는 일마다 족족 발각되거나 미수에 그치는 등 여기저기서 말썽을 일으킵니다.

두 차례에 걸친 국내 폭탄 반입 계획이 수포로 돌아가면서 핵심 단원들이 줄줄이 체포되고 조직의 실체가 외부에 드러나게 되자, 단장인 김원봉은 군사 기술을 습득한다는 미명 아래 황포군관학교로 피신해버리고 의열단의 후원자들도 점차 등을 돌리게 됩니다. 이 시기에 의열단은 연이은 실패에 따른 책임 문제로 내분에 휩싸여, 윤자영이 이끄는 무리가 의열단을 탈퇴한 뒤 별도의 청년동맹회라는 조직을 만듭니다.

윤자영은 이 단체의 창립선언문에서 김원봉을 비난하기를 "단장 김원봉이 평소 호어(豪語: 실현이 불가능한 일에 대해 호언장담하는 행위)에도 불구하고 스스로 진두에 서서 활동하는 용기가 없고 항상 부하를 희생하고도 돌보지 않음은 매명(賣名)의 야심에서 나온 패덕한이 아닌가"라며 원색적인 비난을 합니다.[*] 이 소식을 들은 의열단원들이 격분하여 청년동맹회 사무실에 난입해 윤자영과 김규면을 폭행하고, 발언을 취소하지 않으면 다시 와서 가만두지 않겠다는 언동을 하고 갑니다. 이에 청년동맹회 측에서는 즉시 반격을 가하여, 이 두 세력의 갈등은 더욱 첨예해지죠.

하지만 의열단의 재정은 날로 궁핍해져, 단원들이 끼니를 이어갈 수 없을 정도의 곤궁에 시달리게 되었습니다. 먹고 살 일이 막연했으므로 의열단은 점점 강도 떼로 변신하여, 한인 부호를 습격, 금품을 강탈하거나 유학생 자

---

[*] 高警 第470호, 在上海 韓人獨立運動者의 近情, 1925. 2. 13, 選團關係雜件-鮮人의 部-在上海地方 5권, 外務省外交史料館

녀를 인질로 삼는 수준까지 갑니다.[*]

그 예로 의열단원 이기환은, 조선에서 굴지의 사업체를 여러 개 운영 중인 갑부 방규환의 돈을 강탈하기 위해 측근인 한국진을 납치 감금하였고, 1925년 2월 중순에는 단원 나석주가 독립운동가인 이항진의 돈을 빼앗던 중 칼로 찔러 부상을 입히는 바람에 독립운동가들끼리 이게 무슨 짓이냐며 논란을 야기하기도 했죠. 또 같은 해 6월에는 의열단 원년 멤버인 김성수, 김대지, 차혁 등이 상하이에서 유학 중이던 손면식(孫冕植)을 베이징으로 납치하여 송금을 강요하다 실패한 사건도 같은 배경으로 발생한 것입니다. 손면식은 밀양의 거부 손영돈(孫永暾)의 아들입니다.

김원봉은 이처럼 의열단이 붕괴될 지경에 이르자 의열단 본부를 광둥으로 옮기고 단원들을 황포군관학교 입교시킵니다. 교과서와 평전에서는 군관학교에서 군사 지식 연마와 간부 육성 운운하지만, 사실은 경제적 궁핍을 해결하고 국민당 인사들에게 원조를 얻을 목적으로 노선을 변경한 것이지요. 일제의 자료에 따르면 황포군관학교에 입교하기 전부터 한커우[漢口]의 우페이푸[吳佩孚]를 만나 지원을 요청했다고 합니다.[**] 그렇지만 우페이푸의 실각으로 별다른 소득이 없이 끝나고 존망의 기로에 선 의열단에게 마지막 썩은 동아줄이 되어줄 곳은 국민당 남의사였습니다. 이 시기 이후의 의열단은 더 이상 독립운동을 명분으로 조직된 결사가 아니라 국민당의 지원을 받는 외인부대이자, 비밀 공작단으로 전락합니다. 남의사와 CC단에 대한 얘기는 뒤의 항목에서 자세하게 다루겠습니다.

---

[*] 高警 第979호, 上海南京廣東地方 不逞朝鮮人ノ近況, 1926. 3월, 逞團關係雜件-鮮人의 部-在上海地方 6권, 外務省外交史料館

[**] 亞三機密第36호, 義烈團ノ近狀ニ關スル件, 1925년 12월 21일, 不逞團關係雜件朝鮮人ノ部-別冊 義烈團行動

17.
영화 『밀정』이
왜곡한
의열단 투쟁

　　2019년에 국내에서 히트 친 영화 『밀정』은 1923년 의열단의 폭탄물 은닉 사건(일명 황옥 경부 사건)을 다룬 영화입니다. 100% 실화가 아니지만 실화로 인식하고 있는 사람이 많은 것 같습니다. 현직 대통령과 보훈처장, 정권 실세들까지 이 영화를 거론하면서 김원봉을 독립유공자로 포상하려는 시도가 있었던 점을 감안하면, 대중문화가 주는 영향력을 실감하고도 남음이 있습니다. 의열단은 1919년 11월 길림에서 창립됩니다. 창립 멤버 13명 중 10명이 신흥무관학교 출신입니다. 이게 무슨 의미이냐 하면요, 신흥무관학교와 관련된 길림의 한인 조직이 개입하여 주도적으로 추진되었다는 것을 뜻합니다. 즉, 의열단은 길림군정서 황상규의 주도 하에 만들어졌다고 보아야 하며, 따라서 의열단 창립자는 김원봉이 아닙니다.[*]

---

[*] 김영범, "의열단 창립단원 문제와 제1차 국내 거사 기획의 실패 전말 – 13인설 재검토와 '구영필 문제'의 숙고를 중심으로", 한국독립운동사연구 58권 2017년, 독립기념관 한국독립운동사연구소, p. 13, "창단 때 길림에 있었던 윤치형은 "의열단은 시초 어디까지나 故 백민(白民) 황상규 선생의 지도 하에 조직되었으며…" "구성 인원은 황상규 지도하에 김원봉, 곽재기, 윤치형, 신철휴, 이성우, 윤소룡, 서상락, 金台熙, 배중세, 이낙준, 강세우, 이종암 등 諸同志들이 규합되었음"이라고 1963년에 술회했다.. 「윤치형 서훈공적조서」(국가보훈처 소장), 7·10쪽을 재인용

의열단은 조직 강령에 나와있다시피 7가살 5파괴의 공작을 시행하기로 하고, 1920년 초부터 야심 차게 거사를 준비해갑니다. 처음에는 상하이 구국모험단의 도움으로 폭탄과 무기를 조달한 뒤, 곡물 택배로 위장하여 모두 두 차례에 걸쳐 중국에서 경남 밀양까지 반입하는 데 성공합니다. 그런데 이 과정에서 상당한 수량의 폭탄과 무기들을 거점마다 은닉하느라 너무도 많은 사람을 끌어들이는 바람에 정보가 새어 나가, 결국 일제에 꼬리가 잡혀 거사는 실패로 돌아가고 맙니다.

이때 김원봉은 지도력과 신뢰감에 손상을 입게 되는데요. 의욕과 배짱은 컸지만 치밀하지 못하고 결정적인 순간에 감정적으로 일을 처리하는 한계를 보였던 것이죠. 1차 거사 실패로 믿을 만한 동지들을 대거 잃어버린 김원봉은 민족주의자 그룹을 탈피하여 공산주의자, 무정부주의자들과도 손을 잡게 됩니다. 고스톱 칠 때 판돈이 오링되면, 어떻게든 만회하고 싶어 집 문서라도 걸고 싶은 게 사람의 심리잖아요?

마음이 조급해진 김원봉은 1920~1923년 국내 곳곳에서 동시다발적인 테러를 감행하는데, 이것이 조선 내에 의열단과 김원봉이라는 이름이 알려지게 되는 계기가 됩니다. 그런데 여덟 건쯤 되는 이 테러 시도 중 성공한 건은 단 한 건도 없습니다.

일제의 보고서에 따르면, 폭탄 투척 사건의 다수는 어두운 밤 인적이 드문 곳에서 발생하였고, 더구나 폭탄이 불발하거나 엉뚱한 곳에서 폭발하여 범인들이 스스로 다치거나 붙잡히는 등 그 목적을 달한 것이 없다고 합니다.[*] 그 실례로 1920년 9월 의열단원 박재혁의 부산경찰서 투탄 사건을 들 수 있습니다. 우리 독립운동 자료나 보훈 기록, 유명 강사의 역사 강좌, EBS 방송 등에는 박재혁 의사의 의거로, 부산경찰서가 대파되고 부산경찰서장

---

[*] 高警 제13706호, 上海在住 不逞鮮人ノ 狀況, 1921년 04월 29일 不逞團關係雜件-鮮人의 部-在上海 地方 3권, 外務省外交史料館

이 중상을 입었다고 하는 모양인데, 아닙니다. 아니에요. 거짓말입니다.

고서 수집가로 변장하여 부산경찰서장을 면담했던 박재혁은, 투척하기 위해 폭탄을 빼든 순간 작동법을 몰라 우물쭈물하다 폭탄을 놓쳤습니다. 폭탄이 바로 앞에서 터지는 바람에 박재혁 본인은 중상을 입고 쓰러졌습니다. 반면 부산경찰서장 하시모토[橋本秀平]는 오른쪽 무릎에 파편이 튀어 찰과상만 입었을 뿐이죠.[*]

1922년 9월 김상옥은 종로경찰서 복도에다 폭탄을 터트린 뒤 도망가다 잡혀서 사살되었고요. 1922년 3월 김익상, 이종암 등 의열단원들이 감행한 육군대장 다나카 기이치[田中義一] 저격 사건도 폭탄을 던졌으나 하나는 불발되고 하나는 실수로 놓쳤는데, 주변에 있던 미국인이 발로 차서 바닷가 쪽으로 보내는 바람에 실패했습니다. 이들은 거사 실패 후 도망가면서 아무데나 권총을 난사하여 미국인 여자 관광객이 사망하고 조랑말 한 마리가 죽었습니다. 결국 미국인들과 중국인들이 추격전을 벌인 끝에 체포됩니다.

우리나라 독립운동 사료들이 얼마나 엉터리냐 하면요, 김상옥이 탈주하다 총격전을 벌이는 과정에서 일본 종로경찰서 쿠리다[栗田清造] 경부 외 수명을 사살했다고 되어있는데, 쿠리다 경부는 죽지 않고 다치기만 했으며, 그 이후로 경시로 승진해서 경찰서장에 훈장까지 받습니다.[**] 왜 우리 역사가들은 툭하면 죽지도 않은 사람을 죽었다고 거짓말을 하죠?

---

[*] 高警第31192호; 秘受12724호, 釜山警察署爆彈投下ニ關スル件, 1920년 10월 02일, 不逞團關係雜件 朝鮮人ノ部 在內地 11, 外務省外交史料館

[**] "김상옥은 효제동에서 일경과 교전을 전개하여 서대문경찰서 경부 속전청조[栗田清造] 등 수 명을 사살하고…", 한민족독립운동사 제10권, 국사편찬위원회, 1987년, p. 235에 기술된 내용은 지금도 고쳐지지 않고 국사편찬위원회 한국사데이터베이스의 한민족독립운동사 4권에 대동소이하게 서술되어 있다.

직원록자료

검색어 : 栗田清造 건수 : 21

조사시기	이름	소속	관직
1920	栗田清造	지방관서>경기도>제3부	道警部補
1921	栗田清造	지방관서>경기도>경찰부>경성동대문경찰서	道警部
1922	栗田清造	지방관서>경기도>경찰부>경성동대문경찰서	警部
1923	栗田清造	지방관서>경기도>경찰부>경성동대문경찰서	警部
1924	栗田清造	지방관서>경기도>경찰부>양주경찰서	警部
1925	栗田清造	지방관서>경기도>경찰부>양주경찰서	警部
1926	栗田清造	지방관서>전라북도>경찰부>정읍경찰서	警部
1927	栗田清造	지방관서>전라북도>경찰부>정읍경찰서	警部
1928	栗田清造	지방관서>전라북도>경찰부>정읍경찰서	警部
1929	栗田清造	지방관서>전라북도>경찰부>이리경찰서	警部
1930	栗田清造	지방관서>전라북도>경찰부>보안과	警部
1931	栗田清造	지방관서>전라북도>경찰부>보안과	警部

조선총독부 직원록에 의하면, 쿠리다[栗田清造] 경부는
1940년 경성보호관찰소 보호사(5등급) 관직까지 역임한 것으로 나타난다.

이처럼 독립운동가들을 영웅으로 만드는 일은 영화나 소설, 드라마, 뮤지컬 등 문화 영역에서 더욱 빈번하게 이뤄집니다. 대중은 별다른 고민 없이 이를 통해 허구를 사실로 받아들이는 경우가 많으므로 그 폐해가 더욱 크다고 할 수 있습니다. 물론 그 밑밥은 학계나 언론에서 깔아주는 것이지요. 영화 『밀정』이 그 대표적 사례입니다. 영화에서는 황옥이 의열단원들의 희생으로 넘겨받은 폭탄을 가지고 연회장에 들어가 경찰부장 히가시를 비롯 고위 관료들을 척살하는 것으로 나오지만, 물론 이것은 다 꾸며낸 이야기입니다. 정신 승리 같은 것이죠.

앞에서 언급했지만, 1920년 1차 거사 실패 당시 많은 의열단원이 체포됩니다. 이 중에 김시현이란 사람이 있었습니다. 영화에서는 잘 생긴 공유가 이 김시현 역할을 합니다(실제 김시현도 잘 생겼습니다). 김시현을 체포, 경성으로 압송하는 과정에서 황옥이란 경부가 등장합니다. 영화에서는 배우 송강호죠.

이 두 사람은 운명적 만남을 가집니다. 운명적 만남이라기보다는 김시현을 눈여겨 본 경기도 경찰부가 황옥을 접근시켜 포섭한 것인데 영화에서는 엉뚱한 얘기를 하죠. 어쨌든 황옥은 김시현에게 온정적인 태도로 신임을 얻습니다. 황옥은 내가 비록 일제의 경찰이지만 뜻은 너희와 같다, 너를 돕겠다 등의 말을 하며 김시현에게 환심을 삽니다.

여기서 잠깐, 송강호가 연기한 친일 경찰 황옥에 대해서 알아보죠.

황옥은 그 유명한 황희 정승의 후손으로 증손자 정(珽)이 순을 낳고, 순은 석을 낳고, 석은 유를 낳고, 유는 태주를 낳고… 마태복음처럼 이렇게 쭉 가다가 1887년 경상북도 상주에 있는 장수 황씨 집성촌에서 태어납니다. 뼈대 있는 집안이라 당연히 유복한 환경에서 나름 제대로 된 교육을 받고 착실하게 성장한 황옥은 평양과 해주에서 재판소 서기 겸 통역생으로 사회 생활을 시작합니다.

이때 평양에서 변호사로 활동하던 홍진을 알게 되는데요. 형, 아우 하면서 가까워진 홍진을 따라 상하이로 건너가서 한성 정부 요인들의 망명을 도와

주며 친분을 쌓습니다. 그러다가 황옥은 1920년 3월에 경기도 경찰부 직속 도경부에 특채되어 본격 경찰의 길을 걷게 됩니다. 머리가 좋고 탁월한 친화력을 지닌 황옥은 홍진을 따라다니며 얻은 정보를 도 경찰부에 넘겨 프락치로서의 재능을 인정받은 거죠.[*]

황옥은 위스키와 브랜디를 병째 마시는 대주가인 데다, 해박한 지식과 언변, 쓸개까지 내줄 것 같은 호감으로 민족주의자들에게 접근합니다. 하지만 경찰부 내에서는 그리 평판이 좋지 못했다고 합니다.

당시 상하이에는 일제가 심어 놓은 정탐들이 황옥 말고도 부지기수로 활동하고 있었는데요, "오늘은 김구가 간식으로 프링글스를 먹었고 똥을 몇 번 쌌습니다"까지 세밀하게 도(道) 경찰부에 리얼타임으로 보고되어, 일제는 상하이 불령선인들의 활동을 손금 보듯 훤히 꿰뚫고 있었죠. 당연히 의열단 창립에 누가 관여했고, 언제 무슨 폭동 모의를 하고 있는지 다 파악하고 있는 상태입니다. 비밀 결사? 웃기는 얘기죠.

김원봉은 여러 차례 거사에 실패하자 후원이 끊겨 돈이 없었기 때문에 고려공산당 이르쿠츠크파를 끌어들입니다. 왜냐하면 고려공산당은 소비에트 러시아의 자금줄을 끌어들일 능력이 있었기 때문이죠.[**] 이때부터 김원봉과 의열단이 본격적인 공산주의 색채를 띠기 시작합니다. 제2차 폭탄 거사에서는, 독립운동은 뒷전으로 밀려나고 공산주의를 선전하기 위한 하나의 수단으로 테러 공작을 감행하였다고 보아야 합니다. 그건 김시현의 예심 공판 기록을 보면 알 수 있습니다.

즉, 한국 민중은 지식이 일천(日淺)하여 언문(한글)으로 된 선전만으로는

---

[*] 황용건, 항일투쟁기 黃鈺의 양면적 行蹟 연구, 안동대학교 석사학위 논문, 2008, p.7~10
[**] 1922년 가을, '레닌 자금'의 잔여분 20만 루블(26만 원)을 가지고 상하이로 귀환한 한형권은 그 가운데 46,700원을 의열단의 운동 자금으로 제공하였다. 의열단이 상하이에 열두 군데의 비밀 폭탄 제조소를 설치할 수 있게 된 것도 아마 이 자금 덕택이 아니었던가 추측된다. 김영범, 한국 근대민족운동과 의열단(창비신서 156), 창작과비평사, p. 88

효과를 볼 수 없기 때문에 폭탄과 흉기로써 조선 내 관공서를 파괴하고, 관공리 및 유산(有産) 계급자를 암살하는 테러 공작을 펼치면 조선 민중을 각성시킬 수 있다고 본 것입니다. 이러한 테러 공작으로 소비에트러시아의 환심을 산 뒤 그들에게 공작비를 지원받으면 공산주의 혁명과 조선의 독립을 완수할 수 있다는 다소 황당한 계획을 가졌던 것이죠.[*]

일제의 기록인데 그걸 믿느냐고요? 장난하느냐고요? 아닙니다. 김원봉과 의열단이 망가지기 시작한 게 바로 이 시기부터라고 할 수 있습니다. 실제로 상하이의 현지 언론에는 의열단이 소련 공산당과 손잡고 국내의 금광을 담보로 100만 원을 빌렸으며 의열단은 이 돈으로 한국과 일본 국내에서 대대적인 거사를 일으키고 더불어 공산주의를 선전하고자 하였다는 기사가 보도되기도 했습니다.[**]

김시현은 거사에 성공해서 조선에 공산주의 국가가 수립되면 레닌 정부에게 금광 채굴권을 주겠다는 터무니없는 공갈 수표를 발행하고 착수 자금을 받아낸 것이죠. 그리고 이 총 폭탄 작전에 황옥 경부를 끌어들이기 위해 김원봉을 소개하고 의열단원에 가입시킵니다. 영화에서는 황옥이 김원봉에게 접근하기 위해 김시현을 이용한 걸로 되어있지만, 사실은 정반대로 황옥이 걸려든 겁니다.

어쨌든 총 폭탄 테러 작전, 그러니까 조선 반도를 공산주의 물결로 쓸어버리겠다는 야심찬 계획이 착착 준비됩니다. 김시현과 황옥, 그리고 행동대원들이 대용량 폭탄과 무기를 휴대용 트렁크에 나눠 싣고 안동현(=경상북도 안동 아님)을 거점으로 1차 이동시킨 뒤, 여러 차례에 걸쳐 신의주로 옮기는

---

[*] "의열단사건(義烈團事件) 10일에 예심 종결", 동아일보(東亞日報), 1923년 12월 26일자
[**] 상하이 일간지『晨報』, 1923년 4월 15일자, 일본『大阪每日新聞』, 1923년 4월 12일자에 유사한 기사가 보인다. 앞의 김영범의 논고와 달리 소비에트러시아와 직접 접촉해 거사 자금을 받았다는 얘기다. 일제의 첩보 자료에도 의열단원이 소비에트 공산당과 접촉했다는 기록이 보인다. 첩보 출처 및 자세한 내용은 김영범의 앞의 책, p. 114~115

데까지 성공합니다. 당초 이들의 계획은 신의주에 폭탄을 은닉한 뒤 다시 소량으로 휴대하여 각 대원이 경성으로 집합하는 것이었습니다.

폭탄 운송조와 별도로 실제 테러를 결행할 특공조가 경성에 이미 잠입해 있던 상태였는데요, 원래 계획은 운송조와 실행조가 거의 비슷한 시간에 각자의 위치에서 작전을 수행해야 하는데, 운송조가 1차 중계지 선점에 실패하는 바람에 실행조는 두 달이나 먼저 경성에 왔다가 이제나저제나 폭탄이 도착하길 기다리던 중 돈이 바닥납니다.

여기서 문제가 터집니다. 실행조가 경성에서 김원봉에게 무전을 칩니다. 돈이 떨어졌다고 하니 김원봉은 그런 건 스스로 알아서 자체적으로 조달하라는 지시를 내리고 끊어버립니다. 그래서 무전을 쳤던 남영득은 권동산, 권정필, 유병하, 유시태와 함께 종로구 내자동의 알부자 이인희(李麟熙) 집을 털기로 합니다. 유병하 등 3인조 강도단은 권총으로 무장한 뒤 이인희 자택을 습격하여, 권총을 들이대고 5천 원을 요구하죠. 그러나 이인희는 지금 돈이 없다며 돈을 마련해 볼 테니 그때 오라고 합니다. 3인조 강도단은 집을 탈탈 털었지만 정말 50원밖에 나오지 않아 부득불 그것을 강탈하고 떠나면서, 사흘 뒤 다시 오겠으니 그때까지 돈을 마련해 놓으라, 이번에도 제대로 안 하면 가족을 몰살하겠다고 협박한 뒤 떠납니다.

그런데 24일 다시 이인희 집을 찾아갔으나 역시 허탕을 쳤습니다. 3월 3일 최후 통첩장을 들고 의기양양하게 이인희 집에 들어갔다가 미리 잠복하고 있던 경찰들에게 모두 체포되고 만 것이죠. 이들은 체포된 뒤 취조를 당하면서 무자비한 고문에 모든 것을 이실직고해버리죠. 이때 경성부에 숨겨 놨던 폭탄이며 무기가 모두 발견되고 관련자들이 줄줄이 체포되었습니다. 때마침 신의주에 분산 은닉했던 폭탄과 무기 역시 들통나 운송과 은닉에 관여했던 황옥도 체포됩니다.[*]

---

[*] 동아일보(東亞日報), 앞의 기사

1923년 6월 경성지방법원에서 열린 의열단 폭탄 은닉 사건 공판 장면.
왼쪽이 황옥이고, 오른쪽이 김시현이다.

　황옥이 체포되는 바람에 난감한 건 경기도 경찰부인데요, 그동안 황옥을
이용하여 갖가지 정보를 정탐하고 재미를 본 경기도 경찰부는 사태가 이 지
경에 이르자, 황옥을 손절하기로 하고 발을 뺍니다. 당연히 소속 경찰부와
총독부의 보호를 받을 줄 알았던 황옥은 재판정에서 거의 울 거 같은 표정
으로 자신은 의열단 전원을 일망타진하기 위해 협조하는 척했을 뿐이라고
항변합니다. 하지만 재판부는 황옥에게 징역 10년을 선고합니다.
　사학계에서는 황옥의 정체에 대해 초기에는 독립운동의 일환으로 위장 친
일에 가깝다는 평가를 했는데요, 뒷날 이런저런 증거들과 간접 정황이 드러
나면서 요즘은 일제의 밀정으로 보고 있습니다. 황옥은 감형과 가출옥, 그

리고 재수감 뒤 다시 감형을 받았습니다. 그래서 실제 투옥 기간은 3년 남짓 합니다. 재판 과정에서 보여준 친일 발언과 의열단 와해 공작이 알려져 함께 체포된 의열단원들의 공분을 샀음에도 불구하고, 김시현만은 끝까지 황옥을 믿어줬다는 후문이 있습니다. 그 둘은 해방 후까지 함께 활동하며 의리를 이어갔다고 합니다.

다시 김원봉 얘기로 돌아가 볼까요? 김원봉이 남, 북 모두에게서 버림받은 이유는 인생 자체가 양다리로 살아온 기회주의자인 데다 사람을 이용하고 나 몰라라 하는 신의 없는 처신 때문입니다. 그는 수많은 의열단원을 사지로 몰아넣고 희생시켰으면서, 그들의 뒤를 봐주지 않았고 본인은 털끝도 다치지 않았습니다.

국민당의 막대한 지원을 받았으면서 뒤로는 공산당과 내통했고, 앞에서는 임시정부를 돕는 척하면서 한편으로는 철혈단 같은 임시정부 전복 세력들과 손을 잡았습니다. 조선의용대 주력이 화북으로 넘어갈 때도 수수방관했고, 아녀자와 군속, 부상병이 잔류한 껍데기만 남은 조선의용대 본진의 머릿수를 허장성세하여, 광복군 2인자의 지분을 얻었습니다. 일각에서는 6·25 전쟁 때 북한군의 일원으로서 반역 행위를 한 그의 행적을 모면할 목적으로 1945년 이전만 보자는 얘기가 나옵니다. 후술하겠습니다만, 일제 시대 이리저리 옮겨 다니며 김구와 대립한 김원봉의 행각에서 우리 후손들이 뭘 배워야 하는지 모르겠습니다. 하기야 김원봉을 띄우고 싶어하는 분들은 사실은 김원봉이 아니라, 조선의용대 화북지대 나아가, 동북항일연군과 만주 빨치산 출신들을 더 존경하고 싶은데, 차마 그러지를 못하고 김원봉을 내세우는 것일지도 모릅니다.

18.
권력과 욕망의
화신,
김구

　김구가 상하이 임정을 이끌며 독립운동을 한 사실을 부정하는 사람은 아마 없을 것입니다. 김구가 오늘날 독립운동의 전설이자 영웅 취급을 받게 된 이유는, 단순히 상하이 임정의 수반으로 오랫동안 독립운동의 지도자로 각인된 부분도 있겠지만, 해방 후에 남북의 통일 정부 수립을 위해 애쓴 민족주의자로서 이미지가 더 크기 때문입니다.

　우리는 일제에 잘 순응하고 살다 외세에 의해 해방이 되었기 때문에 이런 콤플렉스의 알리바이를 위해 한 줌 안 되는 독립운동가 중 영웅의 형상이 필요했고, 그게 김구입니다. 이승만 실각 이후 박정희 정부가 이승만과 대척점에 있던 김구를 높이 띄우기 시작했죠. 독립운동가들에 대한 엉터리 공적 조서도 상당수 이 당시에 만들어진 것들입니다. 심지어는 말년에 변절한 사람들, 일본에 밀정이 되어 민족을 배신한 자들, 독립군을 밀고하고 살해한 사람들조차 유공자로 포상이 되었죠.

　사실 김구에 대한 이미지는 정치권에 의해 의도적으로 윤색되고 너무 영웅화되어 있어서, 사실에 입각한 평가가 어렵다는 데 문제가 있습니다. 거기에는『백범일지』의 내용을 액면 그대로 받아들여 맹신하게 만든 학교 교육과 언론, 매스미디어의 병폐가 큽니다. 2017년 11월 김구의 청년기를 그린 영화『대장 김창수』를 보면, 이런 문제들이 만성화되고 있음을 알기 어렵지 않습니다. 안창호나 이승만, 서재필 같은 외교론자나 자강론자들은 뒷전으로 밀려, 지나가는 초등학생들을 붙잡아 놓고 이들을 아느냐고 물어보면 몇이나 안다고 대답할지 모르겠습니다.

김구는 황해도 해주의 양반촌에서 태어납니다. 이곳은 강(姜) 씨, 이(李) 씨의 두 성씨가 대대로 거주해 온 곳이라고 합니다. 김구의 부친은 너무 가난했기 때문에(김구가 몰락한 양반 가문이라는 설은 오류) 호구지책으로 강씨와 이 씨의 집에서 머슴같이 허드렛일을 했는데, 늘 멸시와 부당한 대우를 받았습니다. 이 때문에 김구는 어릴 적부터 양반 계급과 특권층에 대한 증오심이 매우 강하였고, 한때 부친 문제로 식칼을 들고 쳐들어 갈 정도로 원한이 깊었죠.[*]

김구의 파란만장한 일대기는 오응선의 인도 아래 소위 동학당에 가입하면서 시작됩니다. 당시 황해도 지역에서는 전체의 2/3가 동학당이라는 보고가 있을 정도로 그 위세가 컸는데, 사실 김구는 정식으로 접주가 된 사람은 아닙니다.『백범일지』에 등장하는 동몽(童蒙) 접주니, 팔봉 접주니 하는 것은 그냥 자칭 그렇다는 것이고, 그 당시 황해도에는 스스로를 접주라 일컫고 무리를 모아 배회하는 자가 많았습니다. 김구도 그 중 한 사람일 것입니다.

『천도교창건사』나, 오지영의『동학사』,『갑오동학란』,『시천교종역사』,『황해도동학당정토약기』등 동학농민혁명 자료 총서 그 어디에도 1893년부터 1895년 사이의 접주에 김창수 또는 김창암이란 이름은 나오지 않습

---

* 思想彙報 第9호, 대전형무소 수감 오면직의 자술서, 朝鮮總都府 高等法院 檢事局 思想部, 1936년 p. 112

니다.[*] 『시천교종역사』는 그 당시 황해도 해주의 접주로서 해주성 공격 당시 직접 참전했던 최유현이 저술한 것으로, 김구가 1천에 가까운 농학도를 이끌고, 해주성 전투에 참전했다면, 참전(參戰) 접주 명단에 김창수를 누락할 리가 없었던 것입니다.

사료에는 동학당과 연관된 김창수란 이름이 나오지 않지만, 안태훈(안중근의 아버지)이 친필로 작성한 열여섯 편의 서간 중에는, 동학도 김구를 직접 거론한 부분이 있어 주의를 끕니다. "해주의 동학 김창수란 자는 해주묵방지(海州墨坊地)에 몰래 산포를 모아서 우리의 동(洞=청계동)을 습격하려고 소굴을 만들었는데, 우리는 그것을 모르고 있다가 다행히 순포 수십 명이 다가오는 것을 보고 김창수는 도망가고 산포도 역시 떠나버렸다"라는 내용이 있습니다.[**] 사실 김구의 상하이 망명 이전의 공력이란 이렇게 보잘것없는 수준에 불과했다고 보아야 합니다. 그가 700명을 이끌고 해주성을 공격했는지 여부는 확인할 수 없습니다만, 적어도 황해도 지역에서는 그렇게 위협적인 존재였거나 큰 전과를 세운 사람은 아니라는 것을 알 수 있죠.

이 편지에서 안태훈이 거짓말하고 있는 게 있는데요, 안태훈은 당시 신천의려장이라는 지위에 있으면서 동학도를 토벌하던 중 김구를 안타깝게 여기고 사자(使者)를 보내 귀순을 권합니다. 전달한 내용인 즉, "그런 데서 인생 낭비하지 말고 나오면 너를 보호해주겠다" 같은 내용이죠. 그런데 폭도를 보호하고 있다는 소문이 들리기 시작해 해주 감영이 이 사실을 정부에 알립니다. 이에 억울함을 호소한 안태훈은 이를 부정하면서, "나를 공격하려 했던 폭도 김창수를 뒤쫓고 있으나 아직 찾지 못하고 있다. 억울하다. 그런 보호할 가치도 없는 인간을 내가 왜 데리고 있겠느냐? 공연히 모함하고 다니는 자가 있으면 살짝 몇 놈만 이름을 말해달라. 놈들의 혀를 뽑아 분을

---

[*] 김상구, 김구 청문회1: 독립운동가 김구의 정직한 이력서, 매직하우스, 2014년, p 13~22
[**] 張錫興, 19세기 말 安泰勳 書翰의 자료적 성격, 한국학논총 26권 2004년, 국민대학교 한국학연구소, p. 151

삭이겠다" 이런 내용으로 편지글이 이어집니다. 동학당 김창수(김구)와 조우한 일은 있으나 그를 보호하고 있지는 않다는 취지입니다.

『백범일지』에는 안태훈이 밀사를 보내 공수동맹을 맺었다고 되어 있는데, 만석꾼 안태훈이 뭐가 아쉽다고 김구에게 그런 제안을 했겠습니까?『백범일지』의 내용을 그대로 믿기 어려운 대목이기도 합니다. 여하튼 안태훈의 귀순 권고와 특별한 비호를 받은 김구는 여기에 감격하여, 즉시 무리를 해산하고 본인만 빠져나와 안태훈의 식객이 됩니다. 이 부분은『백범일지』와 묘하게 비슷해요.『백범일지』에는, 부하들을 갈수록 이동엽 부대에게 빼앗겨 위세가 위태로워지자 접주의 감투를 벗고 군권(軍權)을 허곤(許坤)에게 넘겼다고 되어 있습니다. 그 후 이동엽 부대의 내습을 받아 본인만 겨우 목숨을 건지고 장연군으로 피신하여 석 달간 은거한 뒤에 안태훈에게 의탁하게 되죠.[*]

각자의 사정이란 게 있기는 하지만, 어쨌든 황해도 수접주(首接主)였던 임종현의 부하 이동엽(문화현 접주)의 공격을 받아 김구가 패잔 도주한 사실에 미루어 보아, 김구의 세력은 동학도당 본진과 전혀 다른 무리였다는 걸 알 수 있습니다. 적어도 같은 편끼리 군량미를 빼앗기 위해 습격하고 편장을 붙잡아 총살하는 일 따위는 하지 않겠죠. 김구가 동학 접주를 참칭했다는 근거이기도 합니다.

김구는 동학도라면 지긋지긋해져 안태훈의 식객으로 잠시 머물게 됩니다. 서서히 놀고먹는 게 지겨워질 무렵, 참빗장수라 칭하며 안태훈 집을 찾아온 김형진을 만납니다. 이때가 1895년 5월 경입니다. 이후 김형진의 구수한 언변에 녹아든 김구는 김형진과 친구가 되는데요, 여기서 김구는 큰 사고를 치게 됩니다. 역시 친구를 잘 만나야죠?

---

[*] 배경식 엮음, (올바르게 풀어쓴) 백범일지, 너머북스, 2008년, p. 80~87

김형진은, 시시껄렁한 동학도 양아치들 하고 엮이지 말고 자기가 청나라를 오가며 그쪽 군벌들에 친교가 있는데, 직첩도 받고 유사시 군사 지원 약속도 받아 났으니, 이 망할 나라를 한 번 확 뒤집어 보자고 유혹을 합니다. 그래서 획책한 것이 소위 '산포 거사'라는 것이죠. 산포 거사는 연중(聯中) 거사라고도 하는데요, 말 그대로 중국과 연대하여 조선을 쓸어버리는 대역 모반의 무모한 계획이기도 합니다.

이들을 체포하여 공초한 자료 중 백낙희의 초사(招辭)에 따르면, ① 1896년 1월 1일 삼경(三更)에 김재희, 백낙희가 합류하여 장연군을 소탕하고, 김형진, 김창수의 해주 진동창의소에 합류한다. ② 1월 3일 진동창의소는 각 군의 산포수 부대들을 모아 해주성을 친다. 그리고 나서 신천, 재령, 안악, 문화현 등 황해도 일대를 석권한다. ③ 이 단계가 성공하면, 청나라의 마(馬) 대인이 이끄는 병력과 합류하여 경성으로 진격하여, 도성을 도륙한 뒤 해도(海島)의 정(鄭) 씨를 왕으로 추대한다. 대략 이런 내용입니다.* 이건 외세를 끌어들여 역성혁명을 획책한 명백한 반란이죠. 애초에 김구가 충효 총전(忠孝叢全)이나 존왕주의가 가득한 유교적 질서를 추종하던 사람이 아니라, 반역을 일으켜서라도 권력을 잡고자 했던 욕망의 화신임을 알 수 있습니다.

김구와 그의 친구 김형진이 청나라에 이를 교섭하러 가는 사이, 그 일당은 황해도 장연군에서 성급하게 산포를 모집하고 각 동의 주민들을 선동합니다. 그러다가 이를 수상쩍게 생각한 내동(內洞)과 사랑동(舍郞洞)의 주민들에게 포박되어 관아로 압송되어버린 것입니다. 이들을 붙잡아 취조하는 과정에서 공범 김창수란 이름이 처음 역사 사료에 등장합니다. 시작도 하기 전에 일이 틀어져버린 대역 모반의 공범 김창수(김구)는 도망쳐야 했습니

---

* 白樂喜招辭, 重犯供草, 동학농민혁명사료총서 18권, 국사편찬위원회 디지털자료

다. 김형진과 김창수 등 체포되지 않은 공범들은 모두 뿔뿔이 흩어져 각자 도생의 길을 갑니다.

김구는 이때 청나라로 가려고 했다가 을미사변이 발발하면서 각지에 의병들이 홍기(興起)하는 것을 보고 마음을 돌려 다시 고향 해주로 돌아가려고 합니다. 『백범일지』에는 김형진이 제 갈 길을 먼저 갔다고 되어 있습니다. 그러나 치하포 살인 사건 관련 해주부 조사에 따르면, 산포 거사의 공범 김형진, 최창조가 치하포까지 동행했다고 합니다. 치하포 살인 사건에 연루된 일행이 처음부터 쓰치다 조료[土田讓亮]를 살해할 목적으로 그 뒤를 밟았는지,* 아니면 서로 모르는 사이였는데 우연히 김구의 범행에 합세하였는지, 여기서 모두 규명할 수는 없습니다. 하지만 어쨌든 김구를 비롯 치사 가담자들이 피해자의 재산을 약탈하여 나눠 가진 뒤 사라진 건 사실입니다.

그런데 김구는 『백범일지』에서 별안간 국모 보수(國母報讐) 운운하죠. 민비 살해의 복수라는 건데요, 동학당에 가담하여 국란을 초래하고 청나라 군벌들과 결탁하여 국가를 전복할 역모를 꾸민 사람이 이토록 국모의 죽음에 분개했을까요? 체포된 뒤 공초 기록에서는 피살된 자가 일본인이라고만 했지, 군인이라는 얘긴 없었습니다. 그런데 『백범일지』에 갑자기 일본군 중위라는 말이 등장한 후에 오늘날 우리 역사의 정설로 자리잡습니다.

누차 얘기하지만 피해자 쓰치다 조료는 그냥 민간인이며, 평범한 일본의 약재상일 뿐입니다. 도진순은 쓰치다 조료가 계림장업단 소속이라는 이설(異說)을 제기하기도 했는데요, 계림장업단은 이 사건 이후에 조직, 활동하기 시작했으므로 쓰치다 조료와는 무관합니다. 당시 을미사변으로 인하여 정세가 혼란해지면서 전국 각지에서 일본인들이 봉변을 당하거나 재물을 강탈당하는 일이 빈번하여, 국내에 진출해 있던 일본 상인들이 본국의 훈령

---

* 李化甫를 체포하러 파견된 즉, 한 명을 붙잡아 신문함에 황주 십이포에서부터 7, 8명의 사람이 土田讓亮을 추적하여 와서 여관에 숙박하였고… 公信 第90호, 平原警部平壤出張始末報告 / 件, 1896년 4월 2일

을 받고 인천으로 귀환하던 시기이기도 합니다.

쓰치다 조료는 조선인으로 변장하고 철수하던 와중에 황해도의 한 여관에서 김구 일당에게 무참히 살해당한 뒤 강에 버려진 애꿎은 희생자입니다. 그냥 죽이고 즉시 자리를 떴으면 김구의 명분에 조금이나마 힘을 실어줬을 텐데, 피살된 사람의 재물을 나눠 가지는 바람에 일본에게는 강도 살인이라는 빌미를 준 것이죠.

김구는 『백범일지』에서 감옥 생활을 하던 중 신문을 통해 사형 집행이 결정되었음을 알았다고 합니다. 죽을 날만 기다리고 있는데 집행 전 고종이 전화로 기적처럼 사형을 중지시켰다는 것이죠.[*] 이 『백범일지』의 일화가 항간에는 정설처럼 알려져 있지만 전혀 사실이 아닙니다. 일본 정부는 인천재판소를 통하여 법부의 조속한 처결을 요청했으나 법부에서는 고종의 재가를 명분으로 판결을 내리지 않고 지연시킨 것이 역사적 팩트입니다. 즉, 김구는 미결수의 신분으로 감옥 생활을 한 것이기 때문에, 사형수의 신분이었다는 백범일지의 기술은 사실이 아닙니다. 어쨌든 김구는 그 뒤 탈옥하여 이름을 김구로 개명하였던 것입니다.

『백범일지』에 나오는 모든 내용을 여기서 다 검증할 필요는 없습니다. 단지 김구 개인의 스토리에 과한 편집과 양념이 가미되었다는 것을 우리는 잊지 말아야 합니다. 예컨대 초판본에는 쓰치다 조료를 잔인하게 살해한 뒤 솟구치는 그의 피를 움켜 마시고 얼굴에 바르는 등의 엽기적인 부분이 나옵니다. 그럼에도 김구의 평전이나, 공적 조서를 보면 상당 부분은 『백범일지』의 내용을 그대로 차용해서 쓴 것이 많습니다.

김구는 상하이로 건너간 뒤 기라성 같은 독립운동가들과 어깨를 겨루며 실권을 잡기 위해 부단히 노력합니다. 그러자면 돈이 필요했습니다. 돈이

---

[*] 배경식 엮음, (올바르게 풀어쓴) 백범일지, 너머북스, 2008년, p. 191

있으면 그만큼 사람을 많이 모을 수 있고, 충직하게 따르는 부하도 많아집니다. 사실 전편에도 썼지만, 상하이 임정의 내분은 상당 부분 돈 문제로 생긴 갈등입니다. 물주를 잡기 위해 프랑스, 미국과 같은 서양 열강은 물론이고, 중국 국민당 정부, 중국 공산당, 소비에트 레닌 정부 등 끈만 닿으면 비빌 언덕으로 삼고 싶어했죠.

김구는 이 점을 잘 간파하고 과격한 테러리즘으로 각계의 이목을 끌어 그들의 지원을 얻는 데 성공한 사람입니다. 그렇기에 더욱더 과격한 수단이 필요했고, 윤봉길, 이봉창 등 많은 젊은이가 희생되었죠. 여기에 맞불을 놓은 테러리스트가 의열단 김원봉이었습니다. 김구의 입장에서는 눈엣가시였습니다. 이 둘은 끊임없이 반목하며 통일된 독립운동 단체를 열망하는 다수의 지사와 교민의 열망을 무산시켰습니다.

게다가 김구는 어릴 적부터 열등감이 깊어 그에 대한 방어기제로 기질이 매우 난폭한 사람이었기 때문에, 걸리적거리는 사람이나 도전하는 사람은 가차 없이 응징했습니다. 그가 상하이 임정의 수반으로 있으면서 독립운동가들을 폭행하거나 살해한 사건은 한두 건이 아닌 데다, 아직 밝혀지지 않은 의혹도 상당합니다.

1921년 상하이 임시정부의 주요 인사들이 사당(私黨)을 만들고, 철혈단 같은 깡패 집단까지 끌어들여 내분이 극에 달할 무렵, 이승만이 하와이에서 돌아와 이를 중재하고자 했으나 잘 되지 않았습니다. 오히려 반대파들은 국민대표회의 소집을 주장하며, 임시정부 내의 원로들을 축출하려는 인쇄물을 배포했는데, 여기에 안병찬, 최동식, 박은식이 서명했습니다. 이에 임시정부 측에서는 즉각 반발했습니다. 경무국장이었던 김구는 박은식을 찾아가 구타하고 욕설을 퍼부었는데, 박은식의 아들 박시창이 임시정부를 방문하여 이를 항의하려 했으나, 김구를 비롯 여러 명이 달려들어 박시창을 난

타한 뒤 끝내 골절에 이르게 했습니다.[*]

　이 시기에는 앞에서도 언급했듯이, 이동휘 일파가 레닌 정부에서 지원받은 차관을 유용하여 공산주의 운동 자금으로 착복했던 사건이 있었습니다. 임시정부의 명의를 팔아 수취한 자금을 임정으로 가지고 오지 않고 공산주의자들에게 물 쓰듯 살포한 김립과 한형권에 대해 임시정부 내에서는 당연히 감정이 매우 좋지 않았습니다. 김구는 자신의 심복이었던 오면직, 노종균을 보내 1921년 2월 11일 아침 상하이 파오퉁 거리에서 김립을 사살해버립니다. 김구는 『백범일지』에서 김립을 횡령한 돈으로 축첩과 향락, 치부를 일삼은 파렴치한으로 규정하고, 이 암살 사건을 "상해 민심이 통쾌해 한 의거"라고 자찬합니다.[**]

　김립의 피살로 겁을 먹은 한형권은 윤해와 고창일 등 러시아에 있던 '대한국민의회' 측 인사들의 도움으로 도피하여 종적을 감춰버립니다. 이에 김구는 사라진 20만 루블을 윤해가 은닉했을 것이라 추정하고 윤해를 암살하기 위해 의열단 출신이자 쌍권총으로 유명한 김상옥을 보내지만 미수에 그치고 맙니다.

　1932년 5월 29일 윤봉길 폭탄 사건 후 후원금 횡령 사건이 일어나자, 김구는 김동우, 문일민, 박창세, 안공근을 항저우로 보내, 연루된 김철과 조소앙을 폭행하고 그들이 가진 돈을 몰수해 버립니다. 속칭 항저우 사건이라는 것이죠.[***] 소위 이 사건의 전말을 보면, 독립운동가들끼리 돈을 두고 얼마나 추태를 부렸는지 알게 해 줍니다. 부끄러운 역사가 아닐 수 없습니다. 항저우 사건 이후로 상하이 임정은 그나마 모였던 독립운동가들이 뿔뿔이 흩

---

[*] 高警 第13706호, 上海在住不逞鮮人ノ狀況, 조선총독부경무국, 1920년 4월 29일, 『朝鮮統治史料』8권
[**] 배경식 엮음, (올바르게 풀어쓴) 백범일지, 너머북스, 2008년, p. 476
[***] 爆彈事件後에 있어서의 金九一派 其他의 動靜, 1932년 11월 10일, 국사편찬위원회 한국독립운동사자료 제2권 임정편 II

어지고 거의 빈껍데기만 남게 되죠.

1932년 8월 1일에는 정화암을 사주하여 옥관빈을 암살합니다. 처단의 구실은 그가 친일 행위를 했고 동포들의 돈을 착복했다는 둥 여러 가지였습니다. 하지만 주된 이유는 상하이에서 막대한 부를 축적하였으면서 독립운동 단체에 의연금을 내지 않은 것에 대해 앙심을 품었기 때문이죠. 옥관빈과 형제, 친척 관계에 있던 사람들, 옥성빈, 이태서도 이때 모두 암살당했습니다. 또 강압적인 의연금 징수에 불만을 품고 비협조적인 태도를 보인 상하이 거류민단장 이용로도 암살해버립니다.

프랑스 영사관에 따르면, 이 자들은 프랑스 조계에 거주 중인 열두 집 이상의 부유한 한인들에게 자금을 내라는 협박 편지를 보내 강도와 테러를 일삼았는데, 이렇게 모은 돈을 분배하는 과정에서 송병조와 대립하다가 세 차례에 걸쳐 송병조의 집을 무장 습격하기도 했습니다.* 미드 나르코스에서 갱단들끼리 이익금 분배를 두고 암투를 벌이던 장면과 너무 유사합니다.

김구는 자신의 의견에 토를 다는 자를 용납하지 않았습니다. 1945년 5월 22일 임시정부와 대립하던 신기언을 임시정부 건물 안에서 구타 폭행하고 임정에서 축출해버린 사건이나 해방 후 1946년 3월 12일 이승만과 언쟁을 벌이다가 본인을 테러리스트라 한 데 격분하여 이승만을 쓰러뜨리고 어깨 위로 올라탄 사건을 보더라도,** 김구는 부처의 미소를 띠는 온화한 초상과는 달리 자신의 분노를 통제하지 못하는 사람이라는 것을 알 수 있습니다.

김구의 임시정부는 아무런 준비도, 외교적인 노력도 없이 무방비 상태로 조국의 해방을 맞이하였습니다. 점령군의 외교적 승인을 받지 못한 까닭에

---

* 원심창 등 한인 무정부주의자 체포 현황과 협조 요청 서한, 在上海日本領事館 警務局長 上田誠一, 1936년 2월 24일, 상하이 프랑스 영사관 정무3 외교문서137: 1936~39년 상하이의 한인들, 공훈전자사료관
** 소련군정문서, 남조선 정세 보고서: 1946~1947: 러시아연방국방성중앙문서보관소, 국사편찬위원회, 2003, p. 16

개인 자격으로 초라하게 귀국하였을 따름입니다. 환국 후 친일 청산에 대한 강한 의지를 보여줄 것으로 기대한 국민들의 대대적인 환영을 받았지만, 초기의 강경한 자세는 점차 시간이 지나면서 현실 논리 앞에 무기력하게 굴복하고 말았습니다.

김구는 1945년 11월 23일 귀국 후 가진 첫 기자회견에서 "악질분자가 건국에 참여하기를 원하는 사람은 없을 것"이라는 원칙적인 입장을 피력하면서, "통일하고 불량분자를 배제하는 것과 배제해 놓고 통일하는 것은 결과에 있어서는 동일하다. 다만 아직 구체적 사정을 알 수 없으니 정세와 사정을 안 후에 말하겠다"라며 신중한 입장을 표명합니다.

근대 행정 제도에 대해 무지했던 김구는 내무부 산하에 일제 시기 고등 문관 시험에 합격하고 총독부 고위 관료를 지낸 인물들을 중심으로 '행정연구위원회'를 설치하였습니다. 일제에 부역한 혐의에서 자유롭지 못했던 엘리트 관료 출신들을 내세워 임정의 집권에 대비하고자 했습니다. 뿐만 아니라 친일파들의 집요한 정치적, 물질적 공세로 처음에 표방했던 친일파 처리의 입장에서 후퇴할 수밖에 없었으며, 이러한 입장은 신탁 통치 문제를 둘러싼 정국에서 더욱 노골화되었습니다.[*]

김구는 친일 거두인 광산재벌 최창학이 제공한 '경교장(京橋莊)'에 머물며 그들이 주는 정치 자금을 헌납이라는 미명으로 수령하였습니다. 1945년 12월 1일 임시정부 환국환영대회가 끝난 후 송진우는 장택상을 대동하고 김구를 방문하여, 환국지사후원회가 모금한 9백만 원을 임시정부 경비로 써 달라고 전달하였습니다. 다음 날 저녁 김구가 재정부장 조완구에게 이 돈을 전달하자 조완구는 친일파의 돈이라고 거절하였습니다. 이에 김구가 송진우를 불러 되돌려주자 송진우는 "국민이 정부에게 바치는 세금"이라 생각하

---

[*] 허종, 해방 직후 '친일파' 처리에 대한 각 정치 세력의 인식과 대응, 대구사학 55권, 대구사학회, 1988년 6월, p. 85

고 받아 달라고 하여 임정은 헌납 형식으로 이 돈을 받은 것이 그 사례입니다.[*] 또한 미군정으로부터 좌익 세력 척결을 위한 명목으로 1백만 원을 지급 보증받아 정치 자금으로 차용한 일이 있습니다. 장준하는, 귀국 후 임정 요인들은 명월관, 국일관 등에서 주지육림 속에서 놀아나며 허송세월을 보냈다고 지적하기도 했습니다.

반탁 시위를 조직하고 전국적인 파업과 테러를 공작하고 있는 가운데 김구는 미군정을 무시하고 국자(國字) 제1호를 발표하며 독자적인 정부로서 행세하고자 하였습니다. 국자 제1호라는 것은 일종의 헌법과 같은 것으로 미군정 소속의 경찰 기구에서 근무하고 있는 조선인 직원은 전부 임정의 지휘하에 예속케 한다는 등의 내용을 담고 있었죠. 이 국자 제1호, 2호는 일제 하에서 조선총독부 조사과장을 역임했던 최하영[香山夏永]과 함남 경찰부 보안과 경시이자 식산국 사무관이었던 한동석[朝川東錫]이 작성한 것이었습니다.[**]

우리 사학계에서는 이승만이 일제 시대에 고위직에 복무했던 친일 관료들을 단죄하지 않고 대한민국 정부 수립에 그대로 참여케 했다는 이유로 국가의 정통성을 훼손한 원죄가 있다고 주장합니다. 하지만 김구의 이런 행적들을 미루어 보건대, 이승만이 아닌 김구가 집권했어도 상황은 별반 차이가 없었을 것 같습니다.

김구는 해방 후 급변하는 국제 정세와 미국식 민주주의 스타일에 적응하지 못하고 구시대적 테러리즘에 여전히 집착하였습니다. 하지만 김구의 생각대로 세상이 그렇게 단순히 굴러가지는 않았습니다.

결국 김구는 이러한 무기력과 자기 모순 속에 좌우 합작, 남북지도자연석회의 등 모두 실패로 돌아가고 한반도에 두 개의 정부가 들어서는 것을 그

---

[*] 허종, 앞의 논문, p. 86의 각주
[**] 허종, 앞의 논문, p. 87

저 넋 놓고 바라볼 수 밖에 없었던 것이죠. 이로써 임정은 조국 분단의 비극적 상황을 저지하지 못한 일말의 책임에서 자유로울 수 없을 뿐만 아니라, 임시정부에 몸을 담았던 그들끼리 사분오열되는 바람에 망명 정부 시절 드러냈던 정치적인 무능을 적나라하게 보여준 셈입니다.

많은 분이 이미 알고 계시겠지만 김구는 이승만과 같이 좌익 인사들을 테러하기 위한 조직을 갖추고 있었고 실행에 옮긴 바 있습니다. 비밀 해제된 러시아 국방성 문서를 보면 이는 조금 더 명확해집니다. 실제 김구는 주요 정치인들의 암살 사건에 연루된 혐의로 미군정 측의 의심을 받고 있습니다.

"보고한 것처럼 이승만과 김구는 좌익들에 대한 광범위한 테러를 자행하려 하고 있다. 우익 정당들을 단일한 정당으로 통합하려는 계획이 실패로 끝나고 아놀드와 홍진의 협상에서 미국 대표단이 민주위원의 입장을 끝까지 보호해주지 않을 것이라는 점이 분명해진 이후 그들은 이러한 결정을 채택하였다. 현재 이승만과 김구의 테러단에서 200명이 훈련을 받고 있다."[*]

뿐만 아니라 김구는 김규식, 이승만과 함께 좌익분자들을 억압하고, 우익 진영을 강화하기 위한 용도로 미군정청으로부터 3억 엔 규모의 차관을 공여받기로 협정을 체결한 바 있습니다. 훗날 이들의 관계가 틀어지면서 이 비자금의 실체가 밝혀지게 됩니다. 차관 규모는 자료마다 상이하지만 차관 제공과 관련된 정보는 여러 사료에 나옵니다. 여기서는 일단 그런 게 있다 하는 정도만 언급하고 넘어가겠습니다.

"이와 관련하여 맥아더가 조선에 왔을 때 조선호텔에서 맥아더, 하지, 아놀드,

---

[*] 소련군정문서, 남조선 정세 보고서: 1946~1947: 러시아연방국방성중앙문서보관소, 국사편찬위원회, 2003, p. 89~93

194

이승만, 김구, 김규식이 참석한 회의가 개최되었다고 한다. 이 회의에서 미국인들이 민주의원과 망명 정부에 3억 엔 규모의 차관을 공여하는 협정이 체결되었다는 것이다. 이 돈은 소련에 반대하는 선전 활동을 위한 자금으로, 좌익분자들을 억압하고 우익 진영을 강화하기 위한 자금으로 지출하기로 약정되었다. 이 협정에는 이승만, 김구, 김규식이 서명하였다. 이 협정문은 두 부가 작성되었는데, 한 부는 하지가, 다른 한 부는 김구가 보관하고 있다. 이승만은 김구에게 이 협정문을 자신에게 넘기라고 여러 번 요구했지만 김구는 이를 거절하였다.”[*]

김구가 김규식 일파와 함께 남북지도자연석회의 참가한 것도 알고 보면 소련 측의 치밀한 공작의 결과였지 김구나 중도주의 지도자들이 주도했다고 보기 어렵습니다. 북한은 간첩 성시백을 남파시켜 김구, 조소앙, 김규식을 접선하게 하였습니다. 일부에게는 공작금도 전달하였다고 합니다. 이같은 사실은 소련 군정 정치사령관과 민정사령관을 겸임했던 레베데프 소장의 비망록에서 밝혀진 것이죠.

비망록에 의하면 김일성과 김두봉이 김구와 김규식 등 이른바 '4김 회담'에서 김구와 김규식에게 "헌법은 채택하지만 당분간 내각은 구성하지 않고, 김구·김규식 두 선생에게 직위를 부여하고 헌법을 통과한 후 통일 정부를 세울 계획"이라고 제의하면서, 두 정치 지도자를 회유한 것으로 기록되어 있습니다.[**]

김구하면 떠오르는 민족지상주의, 통일 조국, 중도주의, 반이승만, 친일 청산 의지 등 우리의 귀를 호강케 하는 이 훌륭한 관념어들은 기실 알고 보면 특정 세력에 의해 조작된, 다분히 의도적이고 작위적 이미지에 불과합니다. 일례로 김구는 중도주의자가 아니라 철저한 반공주의자였습니다.

---

* 소련군정문서, 앞의 책, p. 139~143
** "48년 남북정치협상은 蘇각본-蘇민정사령관 레베데프 비망록", 중앙일보, 1994년 11월 15일자

뿐만 아니라 그의 민족지상주의와 통일 정부 수립론은 정치적인 입지 선점과 헤게모니 장악을 위한 수단에 불과했습니다. 그는 처음부터 김일성에게 큰 기대를 걸지 않았습니다. 좌우 합작이라든가 통일 정부 수립 같은 달콤한 시도들이 의도와 달리 흥행에 처참히 실패한 이유는 이승만의 독주를 견제하고자 했던 미군정의 의도대로, 소위 중도 우파라 불리는 인사들이 속절없이 놀아났기 때문입니다. 그 아름다운 정치적 들러리의 전통은 오늘날에도 '따뜻한 보수'니 '개혁 보수'니 하는 말로 여전히 통용되고 있다고 합니다.

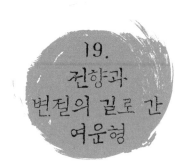

19.
전향과
변절의 길로 간
여운형

　　여운형은 시류에 잘 영합하는 기회주의적인 인물입니다. 그의 독립운동 실적들은 아우인 여운홍을 비롯 이만학이나 이기형같은 측근들에 의해 상당히 부풀려지고 과장되었죠. 그 과정에서 흠이 될 만한 일은 처세론을 들먹이며 적당히 변명되고 합리화됩니다. 물론 일부 사실도 있겠지요? 그의 화려한 풍모와 언변은 해방 정국의 젊은이들에게 제법 인기를 끌었을지 모르겠지만 지금에 와서 보건대 무슨 대단한 업적이 있는 것도 아닙니다.

　일찍이 젊어서는 이르쿠츠크파 공산당 활동에 열성적이었으며, 이와 관련하여 투옥된 이후로는 잠시 독립운동과 민족주의에 관심을 갖는 듯했습니다. 그러나 곧 일본의 극우 정치가를 비롯 총독부 실세들과 어울려 아시아주의를 찬양하고 다니며 일신의 보위를 꾀한 영리한 사람이었습니다. 그의 변절 행각은 1934년부터 시작되다 일본의 싱가폴 함락 즈음에 절정에 이릅니다.

　그러다가 미군의 참전으로 일본의 전세가 기울어질 즈음에 제국의 패망을 예상하고 일찌감치 자신의 패거리를 규합하기 시작했습니다. 총독부는 이런 여운형의 배신을 그냥 보고만 있지 않았습니다. 총후 국민의 단결을 요하는 시기에 민심을 혹세무민하고 어지럽힌다는 죄명으로 즉시 잡아들였고 그를 철저히 응징했습니다. 그의 투옥 소식이 알려지자 정치적 교류를 맺었던 고이소, 우가키 등 수많은 일본 내 실세가 그를 선처하도록 탄원했습니다.

여운형이 집행유예로 풀려날 당시 판결문을 보면 몇 가지 우리가 간과한 사실들을 발견하게 됩니다. 판결문에서 보듯 그는 쇼와 16년(1941년) 가을 무렵부터 오카와 슈메이[大川周明]가 주재하는 '동아회' 고문에 취임하여 1943년 당시까지 그 신분을 유지하고 있었습니다. (직업란에도 버젓이 그렇게 적시되어 있네요.)

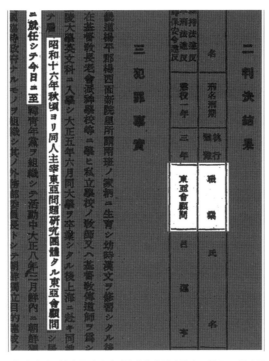

재판 당시 여운형이 동아문제연구단체인 동아회의 고문으로 취임하여
지금에 이르고 있다고 적시한 판결문 내용

오카와 슈메이는 잘 알려져 있다시피 전후 전범 재판 당시 A급 전범으로 기소된 일본의 극우 논객입니다. 재판 도중 갑자기 미친 척했던 게 먹혔던 모양인지 정신이상으로 간주되어 목숨을 건졌습니다. 동아회는 이런 사람이 주도가 되어 대동아공영론을 설파하기 위한 전진 기지로서의 역할을 한 단체입니다. 민족문제연구소 식으로 단정하자면 친일 어용 학술 단체쯤 되겠죠. 이런 단체에서 고문의 직위에 재임했던 자를 우리는 애국지사 내지는 민족주의자로 알고 있었던 거죠.

여운형의 친일 단체 가입은 새삼스러운 일이 아닙니다. 이미 1934년 4월에 친일 단체인 '조선대아세아협회' 상담역으로 재임한 바 있습니다. 1935년에는 '조선교화단체연합회'의 귀빈으로 참석하여 찬조 연설도 했습니다. 1942년에는 친일 단체 '조선임전보국단' 명부에 그의 이름이 보입니다. 1945년 6월에는 '조선언론보국회' 명예 회원으로 있네요.[*]

이러한 화려한 친일 경력에도 불구하고 한결같이 아무 문제없다 주장하는 분들이 계십니다. 개방화, 세계화가 대세인 21세기에 불철주야 민족을 연구하신다는 분들인데요, 누구는 똑같은 단체의 명부에 이름이 올라왔다는 이유로 친일인명사전에 이름이 올라갔는데, 누구는 죄 사함을 받는 이런 이상한 기준은 왜 존재하는 거죠? "1943년 가출옥 이후에는 표면적으로만 협력했다"라는 이 분들의 변명이 무색하리만큼 여운형은 경성일보, 매일신보 등 언론 지상에 학병을 권유하는 기고를 여러 차례 했는데요, 이 명백한 증거들에도 불구하고 "여러분, 이거 다 조작인 거 아시죠?" 하면서 부정하기에 바쁩니다. 자칭 위장 친일론? 그걸 누가 판단하죠? 어처구니없는 주장이 아닐 수 없습니다.

---

* "總力戰에 先驅된 思想戰士必勝의 陣 昨日, 言論報國會 感激의 發會式 - 役員", 每日申報, 1945년 06월 09일(13597호) 2면

여운형의 학병 지원 권유 기고문이 실려있는
경성일보사의 半島學徒出陣譜(반도학도출진보) 기사

1943년 경성지방법원의 판결문을 보면, "피고인은 현재 완전히 민족주의적인 감정을 청산하였으며, 이후 완전한 황국 신민으로서 적극적으로 국가에 봉공할 것을 굳게 기대할 뿐만 아니라, 시국이 진정으로 중대한 때에 피고인의 이러한 행동이 반도의 일부 청년 학생층에게 중대한 호영향을 줄 수 있는 점, 그 외에 제반의 정상에 의해 형의 집행유예의 은전을 입을 것임을 상당히 인정하여, 형법 제25조 형사소송법 제358조 제2항에 의해 본 확정 판결일로부터 3년간 집행을 유예한다"라며 징역 1년에 집행유예 3년을 선고합니다. 여운형이 재판부에 제출한 전향서 작성 시점이 석방 전인지 후인지 증언이 엇갈려 확인할 길은 없으나 판결문의 내용으로 보았을 때 석방되기 전이라는 심증을 굳히게 합니다.

여운형의 측근들은 그가 가석방된 몇 개월 후에 백윤화가 전향문을 날조하여 재판부에 제출했다고 주장하고 있으나 어디까지나 그쪽의 일방적인 주장일 뿐입니다. 우리가 애써 외면해서 그렇지, 이 전향문과 시(詩)는 아직도 그 증거가 남아 있습니다. 박정희의 혈서는 일본 국회도서관 마이크로필름까지 샅샅이 뒤져가며 찾아내는 열성을 보였던 분들이 이런 자료들은 확인하지 못했나 봅니다. 그래서 여기서 소개해 볼까 합니다. 먼저 전향문부터 보죠.

"나는 지금으로부터 이 10년간 유순하고 평화스러운 생활을 하려고 생각하여 근신하여 왔습니다. 연이나 南(남 : 미나미) 총독 시대에는 불행히도 나의 생활문제 등으로서 당국과 이해가 없었습니다. 연이나 수년 전부터 동경에 가서 군, 정계의 요인을 다 만나서 여러 가지 지지를 받아서 나는 나라(=일제)를 위하여 유익한 일을 할 용기를 얻었습니다만, 그러나 나는 즉 조선 민족의 관념이 머리에서 없어지지 않았기 때문에 나는 금번의 사건을 일으키게 된 것입니다.

나는 금번 사건으로 나의 언동이 조선 사회와 청년에게 여하한 영향을 줄 것인가를 잘 깨달았습니다. 그래서 나는 다행히 小磯(소기 : 고이소) 총독의 양해 하에 면회도 하게 되었으니, 나는 조선 민족의 관념을 완전히 청산하고 적신(赤身)으로 되어서 총독의 명령에 복종하야 당국에 협력하야서 국가(=일제)를 위하야 활동하려 생각함으로써 다음과 같이 맹세합니다.

여운형은 한 번 맹세를 하면 반드시 실행하는 남자이니 아무쪼록 나의 행동을 보아주시기 바라나이다. 만일 내가 금후 또 낙인(烙印)을 맞는다면, 나의 정치적 생명은 재생 불가능으로 생각하니 아무쪼록 갱생(更生)할 수 있도록 관대한 처분을 바라나이다.

더욱 자세한 나의 심경은 서면(下記)으로 제출하랴 생각합니다. 昭和(소화 : 쇼와) 18년 2월 6일"

이 전향문에는 다음과 같은 눈물겨운 7언 한시(漢詩)가 첨부되어 있습니다.[*]

自作 詩抄(자작 시초)
對支공작(대지 공작 : 中日 공작을 말함)은 素志(소지 : 본래부터 품어온 뜻)이며
준비도 자신도 有(유)하야 실행 기회를 얻고저 술회를 述(술)하오니 용서(容恕)
하십시오.

砲煙彈雨又經筆(포연탄우 속에 문필도 보답하고)
爲國請纓捨一身(나라 위해 젊은 목숨 바치기를 청하네)
千億結成共榮日(천억이 결성하여 공영을 이루는 날)
太平洋水洗戰塵(태평양 물에 전쟁의 티끌을 씻으리)

전향문은 너무 구구절절하여 일부만 보여드립니다. 이 반성문은 자필로
작성된 것이므로 대필에 의한 것이라는 의혹에 대해서는 의혹을 표하는 바
입니다.

我(아 : 나)의 反省(반성)과 決心(결심)
…중략… 그러나 아(我)에게 민족적 관념이 아직 存(존)하야 있어서 조선 민족이
그대로 황국(皇國)의 일익(一翼)이 되어 민족의 특수성은 존재하기를 희구하였
고 그리하여 근래 총독 정치에 대하야 여러 가지 불평과 불만을 抱(포)하았다.
此(차)는 감정에서 出(출)한 편견에 불과하고 대세에 순응하지 못함을 知(지)하
였으며 본래 동근동조(同根同祖)인 대화(大和) 조선(朝鮮) 양민족(兩民族)은 조
속히 황실 중심의 대가족 내로 혼연화육(渾然化育)이 조선인의 행복이라 思(사)

---

* "反省한 呂運亨의 告白-結局은 對支工作의 戰爭犯?", 大東新聞, 1946년 2월 17일자(제80호), 1면

하였다.

징치 문제에 대하여서 불평과 불만은 건설적이 아니요 오직 협력에서 이해와 일치가 되는 것이 진리인 것을 발견하였다. 我(아)는 此(차)에서 또 심각한 반성을 하고 종의(宗依)에 가졌던 민족적 편견을 포기하며 불평과 불만을 일소(一掃)하고 성의로써 내선일체(內鮮一體) 정책에 협력하려고 결심하였나이다.

대동 전쟁이 발발한 후 1년 지난 금일에 국가는 역사상 미증유의 비상시에 당면하였다. 此(차) 전쟁의 성질은 정상방술(正常方術)이요 美英(미영)은 세계 제패를 목표로 하는 침략전이다. 충용한 황군의 선전으로 그 서전(緖戰)에서 경세적(驚世的 : 세계가 놀랄만한) 대전과를 거(擧)하였다. 그러나 최후 결전의 승리를 득하려면 전국 일억의 총력을 거(擧)하야 전력에 가하며 전(全) 동아 십억의 생명을 도(賭)하야(즉, 10억의 생명을 걸라는 말) 건곤일척의 대결전을 요(要)한다. 환언하면(=바꿔서 말하면) 황국의 흥패와 동아의 존망이 차로(此路 : 이 길)에 당한 차시(此時 : 이때)이다.

…중략… 언어가 장황하야 불손(不遜)에 근(近)하오나 심경의 일단을 피(披)하야 정중히 자기의 반성한 바를 고백합니다.[*]

이상의 내용에 대해 조작 시비라든가 출처의 신뢰성, 대필 가능성 등 반격이 예상됩니다. 그러나 위 내용이 경성지법에 제출된 것은 여러 가지 추가 자료로 볼 때 전반적으로 사실이라 판단됩니다. 초대 법무부 장관을 역임한 독립운동가 이인(李仁) 선생은 여운형에 대해 이렇게 회상하고 있습니다.

"몽양은 유언비어죄로 경찰에 검거되어 일제에 진충갈력(盡忠竭力)하며 일제의 전쟁 완수를 위하여 헌신한다는 장문의 전향서와 시를 지어 바치고 석방되었

* "反省한 呂運亨의 告白(續) -日帝에게 忠誠을 決心", 大東新聞, 1946년 2월 18일자(제81호), 2면

던 것은 당시 매일신보에 보도되었던 것이다.

해방 후 내가 미군정 때 대법관과 대법원장 서리 자리를 내놓고 검찰총장으로 앉게 된 지 1주 후에 지방법원 서기가 찾아와 신문지에 싼 형사 기록을 나에게 준 일이 있다. 그 서기는 해방되던 때는 서울지방검사국 서기로 있었는데, 8·15 해방 날은 일본 직원은 전부 도망가고 한(국)인 서기 두 명만 남아 있었다.

서류와 장부는 전부 산란(散亂)하여 (아)수라장이 되어 있을 무렵 몽양은 … 석 방되자 … 서울지점에 나타나 자기의 전향서와 시문 및 이에 관한 형사 기록을 찾아달라 했으나, 한 개인이 관청 서류를 임의로 할 수 없을 뿐 아니라 몽양이 그 의 불명예스러운 기록을 말소하려는 흉계인 듯해서 복잡해서 찾지 못한다고 말 해 돌려보내고 자기가 비장(秘藏 : 숨겨놓고 보관함)했던 것인데 나에게 제출한 다기에, 나는 다망 중이라 일별한 뒤 서기국장 윤지선에게 금고에 특별 보관하 라고 지시했던 것이다."[*]

이인 선생의 약력을 보면 알겠지만 해방 전에는 독립운동가로서, 5·16 쿠 데타 후에는 야당 원로로, 사망 후에는 자신의 전 재산을 한글어학회에 기부 했던 절개가 있는 분이라는 것을 감안할 때 허튼 소리로 남을 중상하는 분 은 아닐 것으로 사료됩니다.

위 전향문의 출처가 대동신문으로, 관동군 밀정이었던 사람이 사주인 극 우신문이라서 그 신빙성에 시비 거는 분이 참 많이 있습니다. 그런 점에서 이번에는 좌익 쪽 계열의 출처를 대보기로 하죠. 조선공산당의 여운형 평가 에 관한 부분을 요약하자면 다음과 같습니다.

---

* 李仁, "解放前後 片片錄", 新東亞. 1967년 8월호(통권 제36호) p. 355-356, 東亞日報社

대동신문 1946년 2월 17일자, 「반성한 여운형의 고백」 제하에 폭로된 여운형의 전향문

"1937년 7월 이후로 일본은 중국 침략 전쟁을 개시하게 되자, 당시 일제의 전시 통치 하에서 조선 혁명자들은 최대의 박해를 당하고 왔다. 따라서 그때로부터 8·15 이전까지의 조선 혁명자는 일제와의 투쟁이 투쟁 의식상 일종 시험기였다. 그러나 여 씨는 그 기간에 있어서 일제와의 투쟁 의식이 연약하였고 그의 태도는 정확하지 못하였다. 이제 그 실례를 든다면,

첫째, 여 씨는 1931년에 대전형무소에서 옥중 생활 시대에 敵(적)의 상장(償狀)을 타고, 형기를 마치기 전에 가출옥이 되어 나온 것.

둘째, 여 씨는 출옥 후 즉시 중앙신문사 사장의 직을 가지고 敵(적) 조선총독부와의 왕래가 빈번하여서 세상 사람들에게 혐의를 받은 것.

셋째, 여 씨는 1937년 중일전쟁이 개시된 후로 일본 래왕(來往)이 있을 뿐만 아니라 일본에 있는 「아세아협회」 특무기관 인물들과 접촉이 빈번하야 世人(세인)의 주목을 받은 것.

넷째, 독·소전쟁이 개시되고 태평양전쟁이 개시된 후, 여 씨는 공개적으로 일본 동경 대화숙(大和塾)에 가 있었고, 학도지원병 권고문을 발표한 것.

다섯째, 적(敵) 조선총독부와 밀접한 관계로 감옥에 있는 사회주의자의 전향적 석방 운동을 감행하야 투쟁의 시기의 미약한 혁명자를 타락적 경향에 빠지게 한 것(例(예)하면, 金台俊(김태준) 등도 여 씨가 주선하야 전향 가출옥한 것.)

여섯째, 여 씨는 총□회(註: 국민총력조선연맹인듯함)의 고문이며, 또 그의 아우[實弟] 여운홍은, 1919년 이후로 敵(적) 조선총독부의 비밀 특무로 혐의를 받고 온 것 등등.

이상 諸種(제종 : 여러 가지) 사실로 인하야 여 씨의 혁명자적 신분을 누구나 없이 확보할 수 없으며, 동시에 세상에서 여 씨를 친일분자라고 하는 문제에 대하야 누구나 없이 변명할 이유가 없다. 그런 까닭에 여 씨의 정체를 論定(논정)하기는 퍽 곤란한 문제로 제기되고 있다."*

위 문건에 나타난 바, 조선공산당이 여운형을 친일분자로 분류하고 있다는 사실을 미루어 볼 때, 여운형 전력에 대한 시비를 단순히 반공 우익 세력의 음모로만 간주하는 것은 문제가 있습니다. 북한과 소련은 여운형의 정치적 비중을 높이 평가하고 그를 끌어들이기 위해 부단한 노력을 한 반면에, 실제 내심(內心)으로는 국가 건설에 참여할 중심 인물로서 부적합하다며 X표를 그리고 있었습니다. 그냥 이용한 것이죠.

박헌영이 미제 스파이, 종파주의자, 일제 말 변절 혐의 등의 죄목으로 6·25 이후 북에서 숙청당한 사실을 보았을 때, 만약 여운형이 암살되지 않고 끝까지 살아남았더라면 그와 비슷한 말로를 걸었을 것이라 예상하기는 어렵지 않아 보입니다.

여운형의 친일협력에 대한 시비는 그가 해방 정국에서 조선총독부와 결탁한 부분에서 백미(白眉)를 이룹니다. 물론 나무위키를 비롯 속칭 웹사전에

---

*『朝鮮共産黨文件資料集 :1945~46』, 翰林大學校 아시아文化硏究所, p.227

기술된 내용을 보면 여운형을 옹호하는 분들의 방어 논리가 상당히 보이는 데, 참 지극 정성이 아닐 수 없습니다. 그런 논리라면 일제 시대의 친일, 부일 협력한 혐의가 있으나 해명 한 마디 하지 못한 채 친일파 인명록에 등재된 분들도 전부 삭제해야 맞지 않을까요? 네 편 내 편에 따라 달라지는 잣대가 과연 누구를 위한 것인지 모르겠습니다.

자, 어쨌든 일본의 항복이 임박할 시점에 조선총독부 아베 노부유키[阿部信行] 총독은 고민이 깊어집니다. 연합군의 일원으로서 소련군이 진주하기 때문이기도 하거니와, 그들이 동유럽 점령지에서 벌인 약탈과 살인, 강간 등 패악질을 고려해볼 때 자국민의 안전을 고려해야 해야만 했죠. 아베 총독은 엔도[遠藤柳作] 정무총감을 앞세워 중간에서 바람막이를 해 줄 한국의 지도자급 인물을 섭외합니다.

그 중 비교적 온건하면서도 국민적 신망이 높은 송진우, 여운형, 안재홍 세 사람이 꼽혔는데, 송진우를 우선 협상자로 하여 섭외를 시도하죠. 하지만 비시공화국의 페탱과 같은 앞잡이가 될 것을 두려워한 송진우가 세 차례 이상의 면담에서 한사코 거부하였기 때문에, 두 번째로 여운형에게 접근합니다. 다행히 여운형과는 말이 잘 되었죠. 정치범 석방이나 치안권 이양에 대해서도 순조롭게 협의가 됩니다.

이 협의를 맨입으로 했을까요? 아닙니다. 여러 가지 학설이 있지만, 그 대가로 정치 자금이 제공됩니다. 신복룡의 경우 2,000만 엔을 제공했다고도 하고, 최하영의 증언에 따르면 450만 달러, 이원설은 45만 달러, 그레고리 헨더슨(Gregory Henderson)의 경우 70만 달러를 제공했다고도 합니다. 비밀리에 주고받은 돈이라 어느 쪽이 맞는지 여기서 입증하는 것은 무의미합니다만, 어쨌든 상당한 돈이 여운형에게 제공된 것만은 사실이죠. 그게 아니라면, 전국에 145개 조직과 중앙에 12부 1국을 거느린 건국준비위원회를 무슨 돈으로 운영했겠습니까?

여운형이 아베 총독에게 수수한 정치 자금은 해방 후 두고두고 반대 정파의 시비거리가 됩니다. 물론 여운형은 받은 적 없다면서 송진우 측의 모략이라 딱 잡아떼지만, 글쎄요? 여운형은 8월 16일 휘문중학교 연설이나 서대문형무소 연설 등 기회가 있을 때마다 "조·일 양 민족 간의 충돌과 보복은 절대 피해야 한다"라면서 마치 건준 결성 목적의 하나처럼 극구 강조한 점은 우연의 일치가 아닐 것으로 보입니다.[*]

김규식은 미국에 이용당하고, 여운형은 일본과 김일성에 이용당하고, 김구는 미국과 김일성에게 동시에 이용당한 사실은 우리에게 무엇을 말해주고 있을까요? 중도주의 정치 노선이 명분 상으로는 그럴싸해 보일지는 몰라도 현실 정치 세계에서는 양쪽에서 호구로 이용당하기 십상이며 얼마나 무기력한 존재였는지 여실히 보여주는 사례가 아닐까 생각합니다.

---

[*] 김영택, 8·15 해방 당시 조선총독부가 여운형을 선택한 배경과 담판 내용, 한국학논총 제29권 2007, p. 436

20.
희생자로 둔갑한
공산주의자,
조봉암

　　한국독립운동사 정보시스템을 검색해보니 지금까지 독립운동과 관련하여 서훈이 수여된 사람은 2020년 11월 현재 16,410명으로 조사됩니다. 결코 적지 않은 숫자입니다. 이렇게 많은 애국자가 계셨는데, 왜 우리는 그 시절 친일 부역이 일상인 상태로 있다가 남의 손에 의해 해방이 되었을까요? 이런 저런 이유로 서훈을 받지 못한 사람들까지 포함하면 우리 사회에 소위 '독립운동가'로 명명될 인사가 얼마나 많을지 상상하기 어렵지 않습니다.

　존경할 만한 분이 많은 사회가 되는 데 반대할 사람은 없습니다. 이들에게 합당한 대우와 명예를 진작하는 것은 당연한 일이지만 근거 자료가 미흡한 상황에서 관계자들의 증언만 가지고는 공훈과 전력이 오도될 우려도 무시할 수 없겠죠. 가족이나 관련 단체들의 압력과 로비가 끊이지 않는 것도 어제 오늘이 아닙니다. 전·현직 정치인, 장관을 지낸 분들의 직계존속이 석연치 않은 과정을 거쳐 유공자로 둔갑한 사례는 우리에게 많은 시사점을 던져줍니다.

국내에서 활동했다는 소위 독립운동가들은 말년에 너나 할 것 없이 전향과 변절 의혹을 받고 있습니다. 여운형과 안재홍을 포함해 조만식과 조봉암, 김규식, 허헌, 홍명희 등은 적어도 이미 1943년에는 일제에 굴복했거나 소극적으로 저항한, 소위 지하로 숨어든 사람들입니다. 대한민국에 기생하고 있는 패션 진보주의자들은 정부가 좌익계 인사들에 대한 서훈 수여에 인색하다며 반발하고 있으나 그렇게 쉽게 판단할 일이 아니죠. 그 실례가 조봉암인데요, 반공주의가 국시였던 정권 하에서 조봉암에 대한 평가를 날조했을 것이라는 일반적인 인식과는 달리, 오히려 한때 동료였던 공산주의자들에 의해 혹독한 비판이 있었다는 것을 상기해야 합니다. '리승만 역도 패당'과 반공 우익의 무리가 그를 음해한 것이 아닙니다.

소련으로 보고된 남한정세보고서에 따르면, 박헌영과 여운형은 조봉암의 실체를 이렇게 보고하고 있습니다.

"조봉암은 1924~1926년 박헌영과 함께 공산청년동맹 조직에 참여했고, 공산청년동맹 중앙위원이 되었다. 그 후 그는 모스크바 소재 코민테른에 공산당 대표로 파견되었다. 조선공산당이 해산된 이후 조봉암은 혁명 활동을 그만두고 비조직적으로 처신하였다.

이러한 그의 행동과 관련하여 이미 1932~1933년 박헌영과 다른 공산주의자들은 그와 어떠한 접촉도 가지지 않았다. 1938~1941년 박헌영은 인천에서 지하 활동을 했는데, 당시 거기에 살고 있던 조봉암에게 이 사실을 비밀로 하지 않으면 안되었다. 왜냐하면 조봉암은 일본인들의 비호를 받고 있었고, 경찰의 보호 하에 있었기 때문이다.

조선 독립 이후 그는 스스로를 공산주의자로 사칭하고 적극적인 활동을 했다. 이를 통해 인천의 당 조직을 기만하고 조직의 지도자 자리에 오르게 되었다. 중앙위원회는 인천 조직의 이러한 오류를 지적하고, 혁명 활동을 포기하고 일제 당국의 비호 하에 있었던 조봉암을 직위 해제하였다."[*]

이 소련 정세보고서의 내용은 해방 후 조봉암을 향해 쏟아진 숱한 비난 중 일부로, 조봉암이 작성한 '존경하는 박헌영 동무에게'라는 제목의 편지에서 간접적으로 확인할 수 있습니다. 조봉암은 이 글에서 ML당의 지령을 받고 한커우[漢口]로 출발할 때 국제적색구원회(Mopr, モツプル)에서 보내온 돈을 개인적으로 유용한 것은 인정하면서도, 변절 의혹과 축첩, 강도, 이권 사업 관계 등 대부분의 의혹은 철저히 부정합니다.[**]

하지만 여기에서는 여러 가지 석연치 않은 변명의 흔적을 볼 수 있습니다. 예컨대, 강도 사건의 경우 조봉암은 본인이 상하이 당부 책임자로 있을 때 당원 중에서 그런 놈이 있었고 주민에게 민폐를 끼쳤다는 사실을 알지만 단지 책임자로서의 과오는 인정한다는 식으로 말하면서 자신은 본질에서 비켜 가려 합니다.

그런데 일제의 쇼와6년(1931년) 11월 15일 상하이 영사관보고서에 따르면, 공산파 조선인들이 상하이 세관에서 근무하던 조선인 정윤교(鄭允教)의 집을 습격하여 현금과 귀금속 등 3,000여 원을 강탈한 사건이 있었습니다. 이는 조봉암의 사주에 의한 것으로 판명이 되었으니 프랑스 조계 당국의 조선인 형사였던 엄항섭으로 하여금 이 자를 검거케 해달라는 요청이 보입니다.[***]

그 당시 조봉암은 여운형의 집에서 식객으로 머물고 있었는데, 훗날 여운형은 조봉암에 대해 악평을 서슴지 않았습니다. 여운형이 주장하기를, 자신

---

[*] 소련군정문서, 남조선 정세 보고서: 1946~1947: 러시아연방국방성중앙문서보관소, 국사편찬위원회, 2003, p. 114

[**] 박태균, "조봉암 연구(한국현대인물연구 4)" 창작과비평사, 1995년, p.117

[***] 시국에 관한 在상해 불령선인 등의 행동의 건, 1931년 11월 15일, 在上海 村井總領事 報告要旨, 한국독립운동사 자료 3권 임정편III, 국사편찬위원회 한국사데이터베이스)

은 상하이 활동 시절부터 조봉암을 개인적으로 알고 지냈는데, 조봉암은 거기서 돈을 훔쳤고 강도질을 했으며 이로 인해 감옥살이를 했다면서, 이런 사람은 당에서 제명시켜야 한다고 했습니다.[*]

또한 조봉암은 후배인 동덕여학교 출신 김조이와 결혼했지만, 그녀가 모스크바공산대학으로 유학을 떠난 사이 첫사랑이었던 김이옥을 상하이에서 만나 동거하고 딸까지 낳습니다. 이를 공산주의자들이 좋게 볼 리가 없었겠죠. 조봉암도 이에 대해 구구한 설명을 하기 싫다면서 회피합니다.

조봉암은 한국 공산주의운동사에서 선구적 역할을 한 사람이지만, 줄을 잘못 섰는지 영 되는 일이 없다가 사상범으로 투옥된 이후 그때부터 변절 의혹을 받습니다. 조봉암의 변절 의혹은 공산당 내부로부터 제기됩니다. 1938년 일제의 사상범 전향 실태 보고를 보면, 조봉암이 수감되었던 신의주 형무소 사상범 52명 중 전향자가 38명이고, 심경불명자가 14명인데, 명백히 비전향자로 분류된 사람은 한 사람도 없는 것으로 조사되었습니다. 이 얘기는 곧 조봉암이 최소 비전향자는 아니라는 의미입니다.[**]

그렇다면 조봉암의 만기 전 출소 사유가 그의 말 대로 순수하게 일본 황태자 출생에 따른 모범사상범 특별 사면이었을 확률은 매우 적어집니다. 비전향자에게 모범사상범 대우를 해줄 수는 없기 때문이죠. 오히려 그의 비판자들이 의심하듯이 전향 성명을 내고 가출옥했을 확률이 더 많다고 보아야 합니다. 실제로 조봉암은 시국대응전선사상보국연맹의 인천지부 간사 명단에 있는 것으로 확인되었습니다.[***] 이 단체는 주지하다시피 사상 전향자들이

---

[*] 소련군정문서, 남조선 정세 보고서: 1946~1947: 러시아연방국방성중앙문서보관소, 국사편찬위원회, 2003, p. 118

[**] 박태균, 앞의 책, p. 95참조. 박태균은 사상휘보의 사상자 전향 통계표를 인용하면서 조봉암의 전향 가능성을 언급하기는 하지만, 지도자급이었던 조봉암 명의의 전향문이 발견된 사실이 없으므로 전향을 단정하기에는 어렵다는 결론을 내리고 있다. 하지만 일제는 공산주의자들을 감시할 목적으로 조봉암의 전향 사실을 숨겨야 했기 때문에, 전향문이 없다고 전향을 부정하는 것은 성급한 결론이다.

[***] 친일반민족행위진상규명위원회, 친일반민족행위관계사료집 IX, 2009, p.503 시국대응전선사상보국연맹 각 지부 임원 명단(1940년)

시국대응전선사상보국연맹 경성지부 임원 명단

직책		임원명
지부장		장우식(張友植)
부지부장		야마시타 히데키[山下秀樹]
상임간사		구리타 세이조[栗田 造], 요코타 고이치[田伍一], 미야모토 구니타다[宮本國忠], 혼다 분에이[本多文映], 김두정, 갈홍기, 한상건, 최현배, 박영희
간사	경성	이와쿠마[岩熊正義], 한국동(韓國東), 이종오(李種澳), 김봉희(金鳳喜), 김용제(金龍濟), 최순주(崔淳周), 김흥제(金興濟), 안기석(安基錫,), 박상근(朴商根), 이강명(李康明), 황순봉(黃舜鳳), 이오남(李五男), 이평산(李平山), 김세환(金世煥), 최봉칙(崔鳳則), 김현제(金顯濟), 정기환(鄭箕桓), 서중석 (徐重錫), 염용섭(廉龍燮), 홍승유(洪承裕)
	인천	조봉암(曺奉岩), 신수복(愼壽福), 고희선(高義璇)
	수원	차도순(車道舜), 박승극(朴勝極)
	청주	박인섭(朴仁燮), 안철수(安喆洙)
	대전	이봉수(李鳳洙), 권경득(權庚得), 오바 산구로[大庭三九郞]

결성한 친일 단체입니다.

사상 전향만 한 것이 아니라, 출옥 후 일제가 여러 가지 편의를 봐주었다는 얘기가 있습니다. 매일신보 1941년 12월 23일자에는 '적성의 헌금과 헌품' 제하에, "인천부 서경정(町) 조봉암 씨는 해군 부대의 혁혁한 전과를 듣고 감격하야 지난 20일 휼병금(恤兵金)으로 금 백오십 원을 인천서를 경유하여 수습하였고⋯"라는 기사가 실려 있습니다. 이것은 일제와 조봉암 간의 어떤 협조 체계가 구축되어 있었음을 암시합니다.

해방 후 박헌영 재건파와 극심하게 대립했던 조봉암은 "일제 말기 감옥 중에서 전향 성명을 하고 상표를 타서 가출옥을 했다"라는 비난에 시달려왔습니다. 조봉암은 1939년 7월경 신의주형무소에서 출감하여 곧바로 인천으로 돌아갔는데 고향이 강화도였던 사실로 미루어 보아 그의 인천행은 사실 '낙

조봉암이 일제에 휼병금 헌납한 사실을 보도한 1941년 12월 23일자 매일신문 기사

향'과 '은둔'의 성격을 지녔을 것으로 보입니다.

결국 수세에 몰리던 그는 미소공위 재개를 위한 인천시민대회장에서 민전 인천지부 의장 자격으로 나와 갑자기 전향성명서를 발표하면서 조선공산당의 얼굴에 먹칠을 해버립니다. 이에 조선공산당은 격분하여 조봉암에 대해 3년간 정권 처분을 내렸다가 출당시켜버리죠.

일제 말 사상 전향을 하여 일신의 안녕을 보전하고, 해방 후에는 미군정 CIC에 포섭되어 전향성명서를 발표하는 등 두 차례나 변절한 조봉암을 우리는 이승만과 맞서 싸우다 서거한 의인으로 평가합니다. 역사의 아이러니가 아닐 수 없습니다. 2011년 우리 대법원에서는, 이승만 정권 하에서 단행되었던 조봉암 사건에 대해 재심 판결을 내려 조봉암의 간첩 혐의에 대해 성급하게도 무죄를 선고하였습니다.

　하지만 2020년에 표도르 체르치즈스키(한국명 이휘성) 국민대 선임연구위원이 러시아연방 국가문서보관소에 보관 중이던 옛 소련 외교 문서를 발굴하면서 원점으로 돌아갔습니다. 이 문서는 1968년 9월 북한을 방문한 드미트리 폴랸스키 소련 공산당 정치국원 겸 내각 부의장과 김일성이 나눈 대화를 기록한 것입니다. 이 문서에 따르면 김일성은 1956년 한국 대선에 개입하였는데요, 당시 조봉암 후보는 북한에 도와달라 요청했고, 김일성은 노동당 정치국 회의를 소집해 진보당 설립과 조봉암의 정치 자금을 지원했다고 합니다.[*] 이는 명백한 이적 행위이며 적의 수괴와 내통한 사건이므로 이승만 시기 사법부의 판단이 옳았다고 봐야 합니다.

　이 문서의 내용에 입각하여 대법원의 재심은 도로 물려야 하는 상황이 되었습니다. 그러나 일만 벌여 놓고 그 누구도 이를 바로잡으려는 사람이 보이지 않습니다. 참으로 비겁하기 짝이 없는 현실입니다. 사법부가 역사 해석의 전면에 나서서 어줍지 않은 감정적이고 온정적인 판결로 기왕의 판결을 뒤집을 때는 그에 응당한 책임도 뒤따라야 할 것입니다.

---

[*] 「52년 만에 공개된 김일성의 고백 "1956년 조봉암 대선 자금 지원했다"」, 주간조선, 2020년 5월 18일 (2608호)

21.
취직하러 왔다가
폭탄 들고 떠난 주색꾼,
이봉창

독립운동가로 일제에 맞서 투쟁해오다 이역만리에서 순국하신 분이 많습니다. 나라가 멸망하자 안분지족의 삶을 버리고 민족의 독립이라는 신념을 위해 초개같이 자신을 희생한 분들입니다. 그런데 만약 독립운동 중 일제에 붙잡혀 옥중 고초를 당하다 살고 싶어 변절하거나, 동지를 밀고하거나, 전향했다면 우리는 그를 존경할 수 있을까요? 아마 그렇다고 말하는 사람은 별로 없을 것입니다.

 불행하게도 우리는 일제 36년의 지배를 받으면서 국내에서 전향하지 않은 인사가 드물었고, 외국으로 망명하신 분들 중에도 뛰어난 업적을 남긴 분이 의외로 적었습니다. 신념은 있었지만 염불보다 잿밥에 눈이 어두웠던 분이 많기 때문이죠. 오늘날 '의사'로 호칭되는 이봉창 역시 그런 관점에서 냉정한 평가가 필요할 것 같습니다. 애초에 그는 독립운동가로서 자질이나 신념 따위는 없었던 인물입니다. 거사 과정이나 인물평으로 시비할 것 없이, 결과적으로 일제에 유의미한 타격을 줬으니, 어쨌든 의거이고 의사인 것일까요?

일제의 신문 기록과 공판 조서가 세간에 널리 알려지기 전까지는 우리는 아무도 그의 '의거'와 '애국심'에 대해 의심할 여지가 없었습니다. 그는 참 훌륭한 인물이었죠. 관병식을 마치고 돌아오는 일본 황제의 마차에 대범하게도 폭탄을 투척하고, 비록 거사는 실패했지만 조선 남아의 기개와 저항 정신을 전 세계에 알린 분이었으니까요.

하지만 이봉창은 애초에 어떤 의협심이나 애국적 열망이 바탕이 되어 거사를 감행한 것은 아니었습니다. 그는 상하이에서 김구를 만나기 전까지만 해도 그럴 마음이 전혀 없었고, 조국의 독립이라는 원대한 목표 따위를 생각해 본 적도 없었던 그냥 평범한 사람이었습니다. 끈기가 없어 한 가지 일을 오래 하는 법이 없으며, 곧잘 싫증을 내고 수시로 직장을 바꾸기 일쑤였고, 수금한 돈을 횡령하여 술 마시고 여자를 사서 오입질하는 데 써버리는, 조금 모자란 사람이었습니다. 오죽했으면 일제는 이봉창을 체포한 뒤, 5차 신문에서 이봉창 본인과 친척 중에 정신병 전력이 있는지 물어봅니다.

조선인으로 살기에 차별을 받는다는 인식은 했지만, 이를 타개할 방편으로 목숨 건 투쟁이 아닌, 오히려 더욱 일본인처럼 행세하고자 노력했던 사람이었습니다. 그래서 이름과 옷을 일본인처럼 하고 다니며 조선인들과는 일체 거리를 뒀습니다. 그럼에도 불구하고 신원 보증 단계에서 번번이 들통 나는 바람에 한 곳에서 오래 정착하지 못하고, 고베와 오사카, 도쿄를 전전하며 변변치 않은 생활을 이어가죠. 그는 한 마디로 미래가 없는 청년이었습니다.

그러다가 상하이에서는 조선인을 우대한다는 얘기를 듣고 일본을 떠나게 됩니다. 일본인처럼 행세하고 다니는 것도 지쳤기 때문입니다. 독립운동의 뜻이 있어서 상하이로 간 게 아니고 좋은 직장에서 대우받고 안락하게 사는 것이 꿈이었던 것이죠.

하지만 상하이에서 김구를 만나면서 그의 인생이 180도 달라지게 됩니다.

취업의 꿈을 안고 상하이로 왔지만 생각만큼 취직이 잘되지는 않았습니다. 중국어와 영어가 모두 능통해야 쥐업이 가능했죠. 일자무식이었던 이봉창에게는 너무도 높은 벽이었습니다. 낙담한 그는 더 이상 열심히 살고 싶은 의욕이 사라졌습니다. 그러던 그가 백정선이라는 민단 관계자를 만나는데, 그가 바로 김구입니다. 하지만 이봉창은 그 양반이 누구인지 알 수가 없었죠.

1921년에 이동휘, 김규식, 안창호 등의 주요 인사들이 임시정부를 탈퇴하고, 1923년에는 국민대표회의가 무산되면서 임시정부는 껍데기만 남은 채로 김구의 사당(私黨)처럼 쇠퇴했습니다. 김구는 그 당시 돈이 몹시 궁했습니다. 1930년의 임시정부 예결산을 보면 연락 사환도 둘 수 없었는가 하면 집세도 낼 수 없는 형편이었습니다. 때마침 중국에서는 만보산 사건으로 반일 여론이 고조된 상태였는데, 이때를 기회로 세간의 이목을 끌 만한 테러를 감행하면 중국 내의 반일 단체로부터 지원을 받을 수가 있겠다는 생각을 하게 된 것이죠.

그리하여 임정 내에서는 특무대를 조직하여 우치다 고사이[內田康哉] 만철 총재와 같은 일본 내 주요 정객이나 요인들을 암살하려는 계획을 세웠습니다. 그런데 임정 지도자들은 저마다 꿍꿍이가 달랐기 때문에, 크게 한 건 해서 세간의 주목을 받고자 자기 조직을 경쟁적으로 챙기고 있었습니다. 예컨대 외교부장이었던 조소앙은 중국 국민당 정부로부터 5,000달러의 활동 자금을 받았으면서, 이를 특무대장 김구에게 절반만 전달하고 나머지 반은 자신의 활동 자금으로 사용하기 위해 숨겨둡니다. 그리고 그 돈으로 김구의 측근이었던 박창세, 김철 등을 규합하여 김동우, 이덕주 등 암살 전문가들과 함께 한국의용대를 만들고자 임시정부에 재가를 요청했습니다.*

김구가 이를 두고 보진 않았겠죠. 본인의 특무대가 엄연히 존재하는데 별

* 不逞鮮人金晳ノ檢擧, 外務省特殊調査文書 26권, 高麗書林, 1989, p.716 조소앙이 받은 활동 자금 5,000달러는 중국국민당 진립부에게서 수령한 것이다. 京高特秘第305호, 1934년 2월 13일

도의 특공대를 조직하여 분파적 행동을 보이려는 조소앙의 요구에 반대하며 완강히 거절하게 됩니다. 이 당시 김구는 독자적으로 테러 암살 계획을 실현하기 위해, 상하이 프랑스 조계의 병공창에서 근무하고 있는 한국인 왕웅(王雄)으로부터 네 개의 폭탄을 입수하고 이를 결행할 인물을 찾고 있었습니다. 처음에는 병인의용대를 찾아갔으나 희생만 크고 그다지 효과를 볼 것 같지가 않다는 이유로 번번이 거절을 당하고 말았습니다. 그런데 마침 연고도 없고 혈기왕성한 이봉창이란 자가 제 발로 찾아와 일자리를 청하므로, 김구는 이봉창에게 나라를 위해 희생해볼 생각이 없냐며 간을 부풀려 놓습니다.[*]

이봉창은 거듭되는 구직 실패로 삶의 의욕을 상실한 상태였으므로 이름이나 남기고 죽자는 생각에 김구의 제안을 받아들입니다. 중국인 식당에서 폭탄을 수령한 뒤 기념 사진까지 찍습니다. 김구로부터 중국 돈 300원이라는 거금을 공작금으로 받은 이봉창은, 그 즉시 유흥비와 선물 구입비로 50원을 써버립니다.

그리고 마침내 상하이에서 히카와마루[氷川丸] 호를 타고 고베에 도착한 그는 오사카로 이동해서 다시 기녀를 사고 술 마시고 밥 사 먹는 데 50원을 또 씁니다. 거사를 위해 도쿄로 간 뒤에도 이봉창은 그렇게 먹고 마시는 유흥비로 70원을 소비하고 김구에게 받은 공작금을 모두 탕진해버립니다. 돈이 떨어진 이봉창은 김구에게 돈을 부치라고 전보를 보냅니다. 돈이 올 때까지 버텨야 했으므로 여름용 속옷을 저당 잡히고 소액의 돈을 빌렸습니다.

김구에게 몇 번의 독촉 전보를 보낸 뒤에야 정금(正金)은행에서 은행환으로 100원의 공작금을 수령한 이봉창은 다시 기녀를 사고 술을 마시는 데 이 돈을 써버립니다. 그러던 중 쇼와7년(1932년) 1월 8일 시외 요요기[代代木]

* 機密 第262호, 櫻田門外不祥事件犯人ニ關ツ當地ニ於ケル捜査狀況續報ノ件, 1932년 3월 17일, 外務省外交史料館

연병장에서 일본 천황이 관병식 행사에 행차한다는 기사를 신문에서 보게 되었습니다. 이봉창은 이 기회를 놓치면 안된다 생각하고 미리 답사를 가는 등 거사에 돌입할 준비를 합니다.

이 폭탄을 들고 웃고있는 사진은 원본이 아니라, 합성된 사진이다.
머리 모양도 실제보다 크고, 태극기와 수류탄은 그림으로 그린 흔적이 역력하다.
목에 건 선서문도 이봉창의 필체가 아닌, 누군가가 새로 써붙인 것이다.
- 배경식 "기노시타 쇼조, 천황에게 폭탄을 던지다" (너머북스) 참조

거사 전날, 이봉창은 색주가에서 기녀와 함께 하룻밤을 보낸 뒤 거사 장소로 낙점한 하라주쿠[原宿] 역의 어느 식당에서 기다리고 있었습니다. 이때 형사로 보이는 이들이 들어오자 이봉창은 괜히 불안을 느껴 자리를 뜨는 바람에 당초 준비했던 거사 계획들이 모두 헝클어져버립니다. 이미 타이밍을 놓쳤으므로 천황이 행사를 마치고 돌아가는 길을 선택한 이봉창은 서둘러서 도쿄 시내의 아카사카미츠케[赤坂見附]로 갔지만, 천황이 이미 이곳을 지난 뒤였습니다. 다시 황급히 자동차를 타고 경시청 앞으로 허둥지둥 달려갑니다. 그리고 천황 행렬에 절하려는 참배객들을 밀치며 앞으로 나아간 뒤 기회를 엿보다가 천황 행렬이 다가오자 두 번째 마차를 노려 힘껏 폭탄을 던졌습니다.

하지만 김구가 폭탄의 성능과 위력에 관한 한 걱정하지 말라며 수시로 안심시켰던 것과는 달리, 폭탄은 불량품이었습니다. 우렁찬 소리에 비해 마차에 구멍을 내고 하부의 외관이 다소 긁히는 정도의 경미한 피해를 냈을 뿐입니다. 게다가 그 두 번째 마차에는 천황이 타고 있지도 않았죠. 이봉창은 거사가 완전 실패라는 것을 체포된 이후에 알게 되었습니다. 그리고 김구를 매우 원망하게 되었죠. 사실 김구는 『백범일지』에서 이봉창을 애국 청년으로 극찬하긴 했지만, 이봉창을 믿지 않았던 김구는 백정선이라는 가명 외에 본인 정보를 일절 알려주지 않았습니다. 또한 민단이나 임시정부에 대해서도 전혀 힌트를 주지 않았죠.

김구가 이봉창에게 한 일은, 폭탄과 거사 자금을 제공하고 그를 사진관으로 데려가 인증샷을 찍게 한 것 말고는 아무것도 없습니다. 폭탄 거사는 모두 이봉창이 자체적으로 계획하고 실행에 옮긴 것입니다. 그렇기 때문에 계획이 무모하고 허술했으며, 성공할 가능성이 애당초 없었습니다. 김구는 과격한 테러리즘을 통하여 중국 국민당과 반일 단체의 주목을 끈 뒤 이들에게 환심을 사 자금 지원을 얻어내려는 목적이 우선이었기 때문에, 이 거사의 성공 여부에는 큰 관심이 없었습니다. 이봉창에게 준 폭탄도 소리만 크고 파괴력은 미미한 불량품이었습니다.

이런 테러리즘으로 중국 측의 지원을 기대했던 김구의 의도는 맞아떨어져 중국 국민당 및 반일 단체로부터 김구의 명망은 높아져 갔습니다. 이봉창의 폭탄 거사는 김구가 이봉창을 포섭하고 자금 조달도 단독으로 진행한 건으로 임시정부에게는 사후 승인을 구했을 뿐, 임시정부와는 아무 관련이 없습니다.[*] 오히려 조소앙 등 임시정부 인사들은 공연히 비용만 들어갈 뿐 성공할 가망이 없다며 거사를 반대했죠.[**]

하지만 윤봉길, 이봉창의 폭탄 거사가 연이어 터지자 재미 동포 단체나 중국 측으로부터 각종 지원이 급증하게 됩니다. 김구에게 지원금이 몰리는 것을 불만으로 생각했던 사람들이 저마다 테러 능력자임을 자처하고 백방으로 자금줄을 끌어오는 바람에, 상하이 임정은 김구, 이유필, 김철 3개의 파벌이 이합집산을 벌이며 추한 돈 싸움을 하게 됩니다. 쫄쫄 굶다가 막대한 돈이 생기니 독립운동의 본질은 간데없고 잿밥에만 눈이 어두워 항저우 사건 같은 추태가 벌어진 겁니다.[***]

어쨌거나 김구에게 이용당한 것을 깨달은 이봉창은 9회차 신문에서 김구의 부추김에 놀아난 자신의 어리석음을 원망한다는 진술을 합니다. 그리고 조선인은 생활 상태나 문화의 정도가 내지인의 수준에 이르지 못하니 일본의 종교로 조선인을 이끌고 정신 수양과 인격을 양성시키면 조선인들도 내

* 폭탄 사건 후에 있어서의 金九 일파의 기타 동정 보고, 1932년 11월 10일, 대한민국임시정부자료집 28권 한인애국단(활동 관련 자료), 국사편찬위원회 한국사데이터베이스

** 不逞鮮人金晳ノ檢擧〈 五. 各種事件ニ關한 供述槪要〈 (一) 東京櫻田門外 爆彈事件, 1934년 1월 14일, 한국독립운동사 자료 2권 임정편II, 국사편찬위원회 한국사데이터베이스

*** 폭탄 사건 후에 있어서의 金九 일파의 기타 동정 보고, 1932년 11월 10일, 대한민국임시정부자료집 28권 한인애국단(활동 관련 자료), 국사편찬위원회 한국사데이터베이스

지인과 서로 이해하고 융화하는 수준으로 발전하게 될 것이라는, 일선융화론의 의사를 피력하죠. 이봉창은 몇 번이고 후회한다는 뜻을 내비쳤는데, 그럼에도 불구하고 일본 재판정은 이봉창에게 사형을 언도합니다. 천황을 살해하려는 대역 불경죄의 경우 유죄 판결을 받게 되면 당시에는 무조건 사형이었습니다.[*]

그에 대한 후대의 평가가 극찬 일색인 것과는 달리, 그 이면에는 아무것도 모르는 조선 청년 하나가 김구의 야욕을 채우기 위해 무의미하게 희생되었다는 양면성을 우리는 간과하고 있는지도 모릅니다.

---

[*] 단국대학교 동양학연구소, 이봉창 의사 재판 관련 자료집, 단국대학교출판부, 2004년, p. 387~552
이봉창의 생애, 폭탄 사건의 전말, 심경과 관련하여서는 모두 이봉창의 신문 자료와 공판 기록을 참고한 것이다.

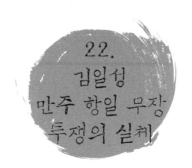

22.
김일성
만주 항일 무장
투쟁의 실체

　우리나라 사람들이 만주로 건너가 살기 시작한 것은 조선 말부터입니다. 사연이야 가지각색이겠지만, 대부분은 재해를 당해 터전을 잃었거나 먹고살 게 없어서 빈 땅이 많은 만주 지역으로 이주한 경우입니다. 만주 지역 중 우리 국경과 맞닿은 두만강 북부의 4개 현(연변, 훈춘, 화룡, 왕청)에 특히 많이 살았는데, 우리가 흔히 북만주나 간도라면 이 지역을 말합니다. 두만강 서쪽부터 압록강 북안은 대체로 서간도라고 부르죠.

　자료에 따르면 1907년에 간도 지방 유이민은 73,000명이었다가 계속 증가해 1926년쯤에는 356,016명으로, 20년 사이에 약 다섯 배 가까이 늘어나게 됩니다. [*] 이주 한인들이 늘어날수록 당연히 토착 중국인들과 갈등은 심해졌는데, 1909년 9월 간도협약 이후 한인들은 일본 간도영사관의 보호를 받는 제2의 일본인이자 대륙 침략의 앞잡이로 간주되었습니다. 1931년에 발생한 만보산 사건도 이런 갈등 때문에 생긴 것입니다.

---

[*] 間島問題調書, 昭和 6 年 4 月調, 1931년, 外務省外交史料館, 간도 지역 한인 인구 추이는 자료마다 대동소이 하다.

이주 초기에는 한·중 양측 국가가 이를 금하거나 처벌하는 강경책을 썼지만, 그럼에도 불구하고 이주민이 계속 늘어가자 청나라는 치밭역복하고 귀화한 한인들에게는 토지의 소유권을 인정하는 쪽으로 정책을 바꿨습니다. 하지만 실제 귀화한 사람은 많지 않았죠.

이 지역은 주민 대부분이 농민으로, 물자를 징발하기가 상대적으로 쉬웠으며 또한 대부분 아편을 재배하였던 까닭에 뜯어먹을 게 많았던지 수시로 크고 작은 마적들이 출몰하였습니다. 게다가 우후죽순 격으로 들어선 한인 독립운동 세력 간 영역 쟁탈이 치열했습니다. 1920년 중반까지는 민족주의 계열에 속했던 한인 조직들이 타협적 노선을 견지하면서 만주의 군벌과 공생 관계를 어느 정도 유지했기 때문에 비교적 안정을 누릴 수 있었습니다.

알려진 바와 같이 9·18 만주사변 이전 만주 동북부는 장쭤린이라는 군벌이 득세하여 그 지역을 장악하고 있었습니다. 장쭤린은 배포가 큰 야심가이긴 하지만, 불리하면 머리 조아리고 뒤돌아서면 배신하는, 전형적인 양아치 근성을 가진 인물입니다. 조상의 묏자리를 잘 써서 그런지 고비마다 운칠기삼(運七技三)의 행운이 따랐습니다. 그 덕분에, 한때 마적을 전전하다 세를 늘려 나중에는 위안스카이[袁世凱]도 함부로 대하지 못할 정도의 막강한 군벌로 성장하죠.

어쨌든 중국 내의 군벌들이 합종연횡과 배신을 반복하며 권력을 장악하기 위해 치열하게 싸우는 와중에 두 차례의 봉직 전쟁이 일어납니다. 이 과정에서 만주 지역의 양아치, 백수, 건달, 몰락한 농민 다수가 군벌의 군대에 합류하게 됩니다. 만주 동북 3성 내에서 군인 아닌 남자가 없을 지경이었죠. 그 시절의 군대라는 게 그렇지 않아요? 조국에 충성, 군인으로서 명예와 사명 따위가 있을 리 없는 데다 밥 먹여주고 재워주는 자를 따라서 탈영도 하고, 어제는 이쪽 군대로 싸웠는데 그 다음 날은 상여금을 좀 더 많이 주는 저쪽 군대로 가서 싸우기도 하고 했죠.

그러다가 1931년 9월 18일 만주사변이 발발하면서 군벌은 몰락하고 만주국이라는 근대 국가가 들어섭니다. 만주 군벌이 해체되자 그 밑에서 빌붙어 밥 벌어먹던 동북군 출신들은 갈 곳이 없어진 거예요. 일부는 국가 조직인 만주국군이나 경찰, 산림대로 가기도 했지만 이를 거부하고 저항하다 산으로 들어간 사람이 많았죠. 입산한 무리는 '태평천국의 난' 이래 유구한 역사를 지닌 마적 떼가 되거나, 구국을 빙자하여 군 출신들끼리 무장단을 만들고 리더의 이름이나 상징을 따서 ○○회, △△군, ◇◇단 같은 걸 만듭니다. 그 종류와 수가 얼마나 많은지 다 헤아릴 수가 없습니다. 이 사람들을 일제는 비적의 일종인 병비(兵匪)로 분류했습니다.

만주국은 일본의 대리 국가, 말하자면 괴뢰국이고 사실상 대륙 침략의 전초 기지나 마찬가지였기 때문에, 수시로 민가와 관공서를 습격하고 기간 시설을 파괴하는 비적들을 소탕하기 위해 소위 치안 숙정이라는 대대적인 토벌전을 전개하게 됩니다. 하지만 신생 만주국의 군대나 경찰은 아직 체계를 갖추지 않은 데다, 곧잘 반란을 일으켜 비적들과 부화뇌동하기 일쑤였습니다. 그래서 일본은 1932년 4월 나남의 19사단에서 보병 75연대본부와 보병 2개 대대, 경원수비대를 근간으로 임시 파견대를 편성하여 간도에 투입하게 되죠. 일본이 월등한 무기와 전력으로 만주의 산간 지역을 누비며 군벌 잔당들을 토벌하기 시작하자, "우리 밥그릇 빼앗아간 만주국 인정 못해", "쪽바리와 그 주구를 타도하자!!" 같은 기치를 내걸고 싸운 것을 두고 우리의 역사가들은 반만 항일군이라 말하는 것입니다.

그러면 이 반만 항일군이 일제의 토벌에 맞섰다는 이유만으로 의로운 집단이냐면, 그건 아니죠. 이 사람들은 항일 구국과 실지(失地) 회복을 명분으로 내세웠지만 실은 자신들의 기득권을 되찾고 싶었던 것입니다. 또 기본적으로는 마적화가 진행되어 부락을 습격하고 약탈하는 짓을 기본적인 생존 수단으로 인식하고 있었습니다. 특히 한인들에 대한 오랜 반감이 누적되어 일본의 비호를 받는 집단, 대륙 침략의 앞잡이 정도로 여겼기 때문에 한인 부락 하나쯤 쑥대밭 만드는 건 일도 아니었습니다.

다음의 〈표〉에서 보듯 비적들의 출몰 건수는, 다이쇼12년(1923년)부터 일정한 수준을 유지하다 만주사변이 발발한 직후인 쇼와 7년(1932년)에는 종전 평균의 열한 배 이상 폭증합니다. 한인들의 인명 피해도 이전 기간 평균 대비 50배 이상에 달하는 등 만주 지역은 더 이상 사람이 살 수 없는 곳이 되어, 생활 터전을 버리고 영사관이 보호하는 피난수용소나 집단부락에 임시 거처한 한인 이재민이 수만 명에 이르게 됩니다.

1923~1932년간 마·비적 출몰 정황표[*]

년도	출몰횟수(건)	납치(명)		살해(명)		상해(명)		피해액(원)	
		만주인	조선인	만주인	조선인	만주인	조선인	만주인	조선인
1923년	307	48	118	5	3	13	13	18,537	14,075
1924년	190	34	53	7	8	13	10	33,108	15,336
1925년	170	19	30	2	8	4	12	1,266	7,169
1926년	210	18	33	4	6	2	3	4,226	4,506
1927년	185	16	42	3	3	5	3	16,357	10,515
1928년	120	12	19	-	6	4	1	10,257	2,652
1929년	144	24	18	4	1	7	4	9,369	1,819
1930년	137	17	9	18	1	10	6	13,869	3,715
1931년	66	9	5	12	-	3	3	5,104	1,832
1932년	1,952	778	1,996	107	272	79	121	103,858	76,173

그런데 우리 역사가들은 1930년대 만주의 독립운동가들이 이런 깡패 조직

---

[*] 昭和七年中間島(琿春包含)及接壤地方治安槪況, 1932년, 京城地方法院 檢査局, 고려대학교 아세아문제연구소.

과 연대했다는 이유를 들어 한중연합 항일무장투쟁이라고 높여 부릅니다. 깡패들의 비호를 받자고 그들 밑에서 부하가 된 것을 연합이라고 부르는 것도 우습지만, 강도 떼들에게 부화뇌동한 것이 독립운동으로 둔갑한 것도 한심한 일입니다.

만주 한인 사회를 이끌던 민족주의 세력들은 종교와 정치 사상, 출신 지역에 따라 노선이 달랐습니다. 그래서 이리저리 분열되어 저마다 무장을 하고, 서로 반목하다가 자기들끼리 죽고 죽이는 일이 빈번했습니다. 경신토벌과 자유시참변 이후에는 무장 단체가 거의 와해된 데다, 한인들의 무장을 탐탁지 않게 생각한 중국 군벌의 감시와 탄압을 받았기 때문에 1920년 중반부터는 사실상 무장 항일 투쟁보다 교민 보호나 자치 활동을 중심으로 노선을 전환할 수밖에 없었습니다.

신민부, 정의부, 참의부라 해서 만주 지역에 소위 3부가 들어선 시기, 그리고 군정파와 민정파가 나뉘어 반목하던 시기, 한족총연합회와 국민부로 다시 헤쳐 모인 시기, 시기마다 서로 의견 합치를 보는 것이 불가능했습니다. 그때마다 파벌 간에 무장 충돌이 발생해 사람을 폭행하거나 죽여버리는 일이 비일비재했기 때문에 여기서 그 사례를 일일이 다 거론할 수가 없을 지경입니다.[*] 그런데 우리 아이들이 공부하는 역사책을 보면, 이 시기 간도 한인 단체와 조직을 구축하는 모든 과정이 독립운동의 일환으로 이루어진 자랑스러운 업적으로 소개되었더군요. 본질은 그게 아니라구요? 목적이 정당하면 방법이나 과정은 아무렇지도 않다는 얘기로 들립니다.

그런데 하필이면 이 소란스러운 시기에 맞춰 만주 지역에는 공산주의자들이 진출하였습니다. 한인 공산주의자들은 1926년부터 만주총국을, 그리고 중국 공산주의자들은 1927년에 만주성위를 세우고 점차 그 세력을 확대했

---

* 박창욱, 1920~1930년대 재만 민족주의 계열의 반일 민족 운동, 역사비평 1994년 11월호, 역사비평사, p. 245~247

습니다. 그동안 한인 사회를 주름잡았던 민족주의 계열 단체들은 자기들끼리 치고 박고 싸우다 내부에 잠입한 공산주의자들과도 치열한 노선 투쟁을 겪어야 했습니다. 한인 조직마다 공산주의자들 세력이 확대하는 것을 막기 위해 만주 군경의 비호 아래 테러와 살인이 자행되었고 더 이상 그들은 한 배에서 존립할 수 없는 원수지간이 된 것이죠. 이렇게 사분오열 갈라진 민족주의 계열 한인 단체는 더 이상 예전 같은 영향력을 발휘하지 못하고 쇠퇴하기 시작했습니다. 반면에 공산주의자들은 총국을 중심으로 일사불란한 조직세를 과시하면서 농민들이 다수였던 간도 지방을 대부분 휩쓸어버리게 되죠.

그렇다고 해서 한인 공산주의자들이 매번 잘 나갔던 건 아닙니다. 일단 만주 군벌이 친소비에트적 성향을 보인 공산주의자들을 탄압했던 데다, 지도부에 대한 일제의 검거 선풍이 불면서 잠시도 조직이 안정되었던 적이 없습니다. 게다가 한인 공산주의자들끼리도 내부적으로 화요파와 ML파, 서상파 간에 내부 분열이 극심하였던 터라, 1927년에 재건되었을 당시에는 각 파벌끼리 지도부가 따로 분립했을 정도였습니다. 그래서 코민테른은 1928년 12월 테제를 통해 파벌 투쟁이 극심했던 만주의 조선공산당 지부 승인을 취소하고 재건을 지령합니다. 이후 계속해서 1930년 3월에는 아예 1국1당주의 원칙 하에 중국공산당 외에는 존재할 수 없도록 원천 봉쇄해버립니다.[*]

한인공산주의자들이 독자적인 조직 밑에서 활동할 때는 만주를 조선의 연장선상으로 생각하여 민족의 독립이나 조국 해방 같은 당면 문제를 함께 모색할 여지가 있었습니다. 하지만 중공당으로 흡수된 이상 이런 연장주의 방침은 사실상 포기된 것이며, 민족 문제를 거론한다는 자체가 종파주의로 몰리기 십상이었습니다.[**] 이때부터 한인 공산주의자들은 독립운동과는 무관

* 김창순/김준엽 共著, 韓國共産主義運動史 제4권, 청계연구소, 1986년, p. 416~417
** 신주백, 만주 지역 한인의 민족운동사 1920~1945, 아세아문화사, 1999, p. 19

한 철저히 중공에 예속된 형태를 띠게 됩니다. 우리 학자들은 이 시기의 만주 한인 공산주의자들의 활동을 항일 운동의 일환으로 평가하고 독립운동사를 다룰 때 하나의 챕터로 다루지만 실상은 전혀 그렇지 않은 이유도 여기에 있습니다.

비록 일제의 탄압은 있었지만, 한인 공산주의자들이 1926년 만주총국을 세운 이래로 중국은 사람 수로나 규모로나 우리의 경쟁 상대가 되지 않았습니다. 그러나 4년 뒤 코민테른의 지시 하에 중공당에 흡수당하면서 당원들은 중공 만주성위의 개별 입당 심사를 거쳐 다시 밑바닥부터 시작해야 했습니다. 중공은 당시 한인들을 제2의 일본인으로 간주하고 있었으므로, 종파주의와 민족주의를 일소한다는 명분 하에 1930년 5월 30일 간도폭동을 일으키도록 사주했습니다. 높은 전투력과 당성을 보여줘야 입당이 가능했던 한인들은 이때 바보같이 연루되어 190명이 사살당하고 3,168명이 체포되는 불상사를 겪습니다.[*]

5·30 간도폭동 당시 많은 한인 공산주의자가 체포되는 사태를 두고 대단한 항일 의거인 것처럼 설명하는 학자가 많습니다. 중공당 만주성위가 배후에서 조종하고 한인 공산주의자들이 앞장섰던 간도폭동으로 말미암아 극심한 타격을 받은 대상은 일제가 아닌, 지역의 한인들입니다. 일적주구(日賊走狗) 처단이라는 미명 하에 희생당한 것이죠.

그들이 말하는 반동과 일적주구란 누구일까요? 간도폭동 당시 선전문을 보면, '일본 제국주의 타도!!' 같은 구호도 있지만, 한족연합회, 정의부, 신간회, 근우회를 타도하자는 구호도 나옵니다.[**] 즉, 이들은 같은 민족의 독립

---

[*] 申一澈, 중국의 "조선족항일열사전" 연구: 동북항일연군에서의 한인들을 중심으로, 한국독립운동사연구 제2권, 독립기념관 한국독립운동사연구소, 1988년, p. 555

[**] 機密公제375호, 鮮人共產主義團體ノ五三十事件五周年記念檄文配布ニ關スル件, 昭和5年(1930년) 5月28日 在吉林總領事石射猪太郎

운동 단체조차도 적으로 규정하고 공격의 대상으로 삼았던 것입니다. 이것은 우리가 생각하는 독립운동의 범주와는 한참 거리가 먼 것입니다.

간도폭동은 용정 지역에서 발화되어, 연길, 두도구(頭道溝), 대랍자(大拉子), 개산둔(開山屯), 합마당(蛤蟆塘) 일대의 도시와 농촌까지 확대되었습니다. 중공당은 이러한 폭력 파괴 투쟁으로 표방되는 세칭 이립삼(李立三) 노선을 강화하여 더욱더 많은 한인의 피와 희생을 요구했습니다.

시간이 지나자 폭동 상황은 서간도 지역으로 번져 돈화(敦化), 액목(額穆) 지방을 중심으로 소위 8·1 길돈(吉敦)폭동이 격화되면서 한인들의 피해는 눈덩이처럼 불어났습니다. 이러한 폭동 상황은 중공당이 간도 장악력을 강화하기 위해 한인 공산주의자들을 총알받이로 내세운 것으로, 그 대가는 온전히 한인들의 피해로 돌아가야 했습니다. 중국 정부의 조사 자료에 의하면, 간도폭동은 1930년 5월 30일 이래로 1931년 9월 18일 만주사변 직전인 8월 말까지 지속되었는데, 폭동 사건 684건, 조선인 피살자 116명, 중국인 피살자 47명, 조선인 부상자 46명, 중국인 부상자 27명, 방화 훼소 가옥 253개, 방화 훼소 학교 34개, 전신 전화 시설 피해 41건으로 그 피해가 한인들에게 집중되었던 것이죠.[*]

이처럼 폭동을 통해서 만주국 공권력이 무력화된 지역을 중심으로 중공당은 무장 유격대를 창설하고 본격적으로 인민 혁명 정권을 세우고자 했습니다. 만주국과 일본군은 이들을 비적의 일종인 공비(共匪)로 규정하고 대대적인 토벌에 들어갑니다. 문제는 간도 지역 한인 사회에서 망해가던 민족주의 계열 단체들이 만주국 반공 정책에 부화뇌동하면서 중국 공산주의자들

---

[*] 김창순/김준엽 共著, 앞의 책 p.438

의 '반한 감정'을 더욱 심화시켰다는 것입니다.[*] 1931년 9·18 만주사변 이후에는 그동안 한인 자치와 한족 사회의 안녕 질서를 추구했던 민족 단체들이 소멸되고 뒤를 이어 민생단이라는 조직이 등장합니다.

민생단은 일본의 만주 정책에 적극 부응하는 동시에 한인들의 자치와 생존권 확보, 자위권을 청원하려는 목적으로 1932년 2월에 탄생했습니다. 단체의 설립을 주도한 사람들이 갑자구락부 이사 조병상이나 매일신보 부사장 박석윤과 같은 친일적 성향의 인사들이었기 때문에, 후세의 평가로는 민생단을 친일 단체로 보는 것이 일반적입니다. 심지어는 정보 기관이라든가 밀정 단체로 보는 사람들도 있습니다. 민생단은 민족주의와 자치 독립을 지나치게 강조했다는 이유로 일제의 최종 승인을 받지 못하였기 때문에 별다른 활동을 해보지도 못하고 5개월 만에 해산되었습니다.

문제는 민생단의 설립 목적, 활동 내용이 다분히 친일적인 데다 일제와 만주국의 반공주의 정책, 토벌 방침에 부응하는 활동을 했다는 것입니다. 그래서 중공당의 눈엣가시였을 뿐만 아니라, 이들이 언제든지 한인 공산주의자 사이에 밀정으로 잠입할 가능성이 있었기 때문에 바짝 긴장을 해야 했습니다. 그러던 와중에 발생한 것이 송 노인 사건입니다. 송 노인은 실제 노인이 아니지만 수염을 기르고 다녔기 때문에 얻은 별명이라고 합니다.

1932년 8월에 송노인이 일본 헌병대에 붙잡혔다가 일주일만에 풀려납니다. 이를 수상쩍게 생각한 상급 단체 현 위원회에서 송 노인을 의심하던 중에, 하필이면 연길현유격대 근거지로 일본군이 접근하다가 두 명은 사살당하고 한 명이 유격대에 생포 당하는 일이 생깁니다. 그때 생포당한 애가 신

---

[*] 예를 들어 1933년 10월 초 국민부에서는 본격적으로 공산주의 세력을 탄압하기 위해 김학규를 봉천성 당국에 파견 그들과 반공 토벌 계획을 토의하였다. 이 때문에 반국민부파의 공산주의자들은 국민부 본부를 습격하였는데, 왕청문에 쳐들어와 남만학원을 짓부수고 김문거를 사살하였다. 국민부에서도 중국 군경을 출동시켜 폭도들을 진압하고 영릉가에 있는 이진탁 부대를 습격하여 이진탁을 격살한 뒤 부대를 해산시켰다. 박창욱, 앞의 책, p. 247 참조

문 과정에서 송 노인을 통해 위치를 알았다고 실토를 하는 바람에 현 위원회에서 송 노인을 붙잡아 고문을 했습니다. 송 노인은 고문을 견디기 힘드니까 동만특위 하부 조직에 민생단 첩자들이 들어가 있다면서 자기가 알고 있는 한인들을 민생단원이라며 마구 말해버렸습니다. 이렇게 하여 사건이 엄청 커져버린 것이죠.

붙잡힌 사람들은 살기 위해 저마다 알고 있는 주변 사람들을 엮어댔으므로 간도 지역에 있던 한인들은 누구든 민생단 혐의에서 자유로울 수 없습니다. 김일성의 회고록에 따르면 밥을 설익게 짓거나 돌이 섞여도 민생단, 한숨을 쉬어도 민생단, 설사를 해도 민생단이라는 누명을 씌웠기 때문에, 특히 동만특위 조직의 간부들과 유격대원들은 거의 다 처형당했다 합니다.[*] 여기서 민생단 사건의 전개와 양상을 다 설명할 순 없지만, 민족주의적 기질이 농후했던 한인들과 이를 못마땅하게 생각했던 중공당 간에 해묵은 갈등이 폭발한 것으로, 주도권을 쥔 중공당이 민생단 색출을 명분으로 인종청소하듯 한인들을 체포하여, 고문, 학살, 숙청한 비극적 사건이었습니다. 이를 우리는 민생단 사건이라 하고 중국은 가해자의 입장에서 반민생단 투쟁이라고 합니다.

이 민생단 사건의 영향은 엄청났습니다. 특히 간도 지역에서 중국인들에 비해 수적으로 압도적 우위를 보였던 한인 당원과 간부가 거의 멸절되다시피 했습니다. 1930~1936년의 '중공동만특위(東滿特委) 소속 당원 정황표'에 따르면, 1932년 현재 당원 수가 1,516명이었던 것이 민생단 사건이 종결된 1936년에는 당원 수가 160명으로 89%나 감소되었는데, 1932년에 연길, 화룡, 왕청, 혼춘, 안도(安圖)현 5개의 현 위원회가 존재했던 것이 1936년에는

---

[*] 김성호, 1930년대 연변 민생단 사건 연구, 백산자료원, 1999년, p. 281~282

아예 사라지고 특별지부의 관할 하 4개의 구 위원회와 12개 지부만 존재하게 됩니다.

1931~1936년 중공동만특위 소속 조직 및 당원 정황표[*]

연도	연길현			화룡현			왕청현		
	區委	지부	당원	區委	지부	당원	區委	지부	당원
1931	8	33	439	4	35	306	5	21	272
1932	8	33	500	4	30	286	5	21	273
1933	8	33	580	4	21	208	5	18	260
1934	7	18	465	3	5	34	5	16	215
1935	1	3	52	2	3	20	1	3	154
1936							1	3	41

훈춘현			안도현			돈화현			합계		
區委	지부	당원	區委	지부	당원	區委	지부	당원	구위	지부	당원
4	22	220		3	26	1	3	60	22	117	1,323
6	35	432	1	3	25				24	122	1,516
6	27	350	1	1	25				24	100	1,423
3	5	210	1	3	47				19	47	971
1	2	57	1	3	47	3		50	9	14	380
			3	9	119				4	12	160

어찌나 깔끔히 숙청했는지 동만특위 조직 자체가 와해되면서 이를 이끌 간부가 하나도 남지 않게 되었습니다. 그 바람에 동만특위는 만주성위에 지도급 간부를 한두 명이라도 보내 달라 요청할 정도였습니다. 민생단 사건의 와중에 살아남은 극소수의 한인은 중국 국적을 보유하고 있거나, 반민생단

---

* 延邊朝鮮族自治州地方誌編纂委員會, 延邊朝鮮族自治州志 上卷, 中華書局, 1996년 p 359

투쟁 때 중공에 적극 협력한 자들뿐입니다. 그 살아남은 극소수 중 한 명이 김일성입니다. 이 사람들은 지도급 인재들이 숙청되고 무주공산이 된 동만 지역 조직에서 지휘관급으로 벼락 신분 상승하게 됩니다.

한인 동포와 유격대 동지가 이유도 없이 끌려가 개돼지처럼 죽어갈 때, 중공 조직에 붙어 승승장구하고 간부에 오른 김일성 본인도 한때 민생단 혐의를 받고 구금된 사실이 있습니다. 하지만 유창한 중국어 실력과 친화성, 그리고 중공당 간부들과의 인맥 덕분에 오래지 않아 풀려나죠. 이에 은혜라도 갚을 모양이었던지 그는 중공당에 더욱 충성했습니다. 이쯤에서 당시 항일 유격대로 무장 투쟁에 참여했던 김하윤의 증언을 살펴보기로 합니다. 1935년 3월경 민생단 이송일을 처단하기 위한 군중 심판대회가 열렸습니다. 이송일은 민생단원 숙청을 위해 조직된 숙반위원회 책임자였는데, 아이러니하게도 오히려 민생단의 수괴로 누명을 쓰고 처단된 것입니다. 이때 김일성은 이 군중대회에서 중국인 정위 웨이청민[魏拯民]의 연설을 통역하는 등 반민생단 투쟁에 적극 부역한 의혹이 있습니다.[*]

민생단 사건의 여파로 남만 지구 유격대와 쌍벽을 이뤘던 동만의 유격대 조직 자체가 궤멸되었기 때문에 이 사건을 주도했던 웨이청민은 곤란한 입장에 직면하게 됩니다. 그쯤에서 그만둘 법도 했는데 중공 만주성위는 그러지 않았습니다. 1935년 2월 대황외 회의를 열어 반민생단 투쟁으로 상황이 악화된 것에 대해 방법론상의 과오를 인정하면서도 오히려 민생단을 더욱 무정하게 진압하고 당(黨)과 군(軍)을 공고히 하는 것을 최대 임무로 설정했던 것입니다. 그리고 그 회의에 참석했던 한인들까지 모조리 민생단으로 몰아 죽여버리죠. 앞에 언급했던 이송일이 숙청의 대표적 예입니다.[**] 이런 짓을 우리는 흔히 '몽니'라고 하는데요, 아마도 민생단 사건을 주도했던 웨

[*] 서재진, 김일성 항일무장투쟁의 신화화 연구, 통일연구원, 2006년, p.188

[**] 신주백, 1932~1936년 시기 간도 지역에서 전개된 반'민생단' 투쟁 연구, 成大史林(제9집), 1994, p. 34

이청민은 코민테른의 질책과 책임 추궁이 두려워 자신의 무오류성을 입증하기 위해 더더욱 민생단 색출에 전념했다고밖에 볼 수 없습니다.

결국 코민테른과 중공 대표부는 1936년 3월 제7차 회의에서 지령을 내려 반민생단 투쟁을 중지시켰습니다. 아울러 만주 지역의 모든 반일 세력을 기존의 민족, 정파, 종교를 불문하고 하나로 규합하여 동북항일연군으로 확대 조직할 것을 지령하였습니다. 그런데 특이한 것은 한인들로만 구성된 조선인민혁명군(또는 조선독립혁명군)을 결성하라 요구했다는 점입니다.

이러한 코민테른의 지시를 이행하기 위해 중공은 남호두 회의를 거쳐 기존의 만주성위를 해체하고 이를 남만, 동만, 북만, 길동 등 4개 성위로 분할하였습니다. 이는 비록 표면상으로는 만주 지역 내 반일 세력의 규합에 총력을 기울이고자 하는 목적이었지만, 반민생단 투쟁으로 조직을 쑥대밭으로 만든 만주성위에 대한 문책도 겸한다고 보아야 합니다.

중공당 만주성위 입장에서 코민테른의 지시는 그다지 달갑지 않은 것이었습니다. 2년 반에 걸쳐 험한 꼴을 보며 기껏 한인 공산주의자들을 제거했는데 다시 한인들만의 독립 사단을 구성하라니 도저히 따를 수가 없었습니다. 그래서 자신들에게 협조적이었던 김일성, 안봉학 같은 부하들을 한인 대표로 해서 1936년 3월에 미혼진 회의를 개최합니다.

이 회의에서 중공당은, 코민테른에서 조선인민혁명군을 따로 만들어 주라는데 어떻게 생각하는지 김일성 등에게 물었습니다. 무식했지만 눈치 빠른 김일성은 "천부당만부당합니다. 지금 와서 따로 유격대를 운영하면 조·중 인민들의 항일 무장 역량과 투쟁 동력이 약화되고 말 것입니다"라고 중국 지도부가 흐뭇할 만한 모범 답안을 내놨습니다. 그래서 회의록에 "회의 결과 한인 지도부가 반대했음. 없던 얘기로 하겠음"이라 쓰여 코민테른에 보고되고 이 건은 유야무야 끝나버리고 맙니다.

그리하여 독립된 조선인민혁명군 창설은 물 건너가고, 고작 동북항일연군 제2군 산하의 1사와 3사에 한인 출신 사장(師長)을 각각 임명하게 되었습니다. 또 민생단 사건으로 구금되어 있다 풀려난 100여 명의 한인을 이들 밑에 배속시키는 정도에서 끝난 겁니다. 다시 말해 동북항일연군 내의 한인 부대는 반민생단 투쟁의 소용돌이 속에 한인 동포들의 피를 빨아먹고 탄생한 배신자들의 부대입니다.

중공당이 구색을 맞춰 한인 사장에게 부대 통솔을 맡긴 것은 사실이지만, 이들보다 상관인 1사의 정치위원에는 중국인 저우슈퉁[周樹東], 3사의 정치위원은 중국인 차오야판[曹亞范]을 임명합니다. 이들을 직접 통제하는 군부 최고 지도층인 2군 군장은 왕데타이[王德太], 정치위원은 웨이청민, 부주임은 리쉬중[李學忠], 참모장은 리우한싱[柳漢興] 등 모두 중국인이었습니다. 사실상 한인 부대는 없는 것이나 마찬가지였습니다. 중국인들과의 혼성이면서 한인들이 다소 많은 비율로 참여한 정도인데 일거수일투족 중국인들의 지휘를 받는 예속된 형태였기 때문입니다.[*]

명칭과 명분이야 어쨌든 이 동북항일연군은 반만 항일의 기치 아래 어중이떠중이 온갖 잡다한 인간들을 다 끌고 온 결과 어떤 사상적 구심점이 없는 갱단 카르텔이나 다름없는 양태를 하고 있습니다. 만주국의 조사에 따르면, 동북항일연군 제5군의 경우 각 부대 리더들의 성분은 구 동북군 및 군인 출신이 45.9%, 토비(마적) 출신이 37.5%로 생계형 건달들이거나 마적 출신들이 무려 83.4%에 달했습니다.[**]

이러한 근본 없는 비적단과 공산 유격대가 친화성을 갖는다는 의미는 동북항일연군이 비록 사상적으로 공산주의를 추종하며 인민 혁명 정권을 건설한다는 명분으로 창설되기는 했지만, 병참을 조달함에 있어 그 기반을 잃

---

[*] 미혼진 회의에서의 김일성의 처신 및 결과에 관해서는 이덕일의 논문 "民生團 사건이 東北抗日聯軍 2軍에 미친 영향, 韓國史研究 제91호, 한국사연구회, 1995, p.154~162"에서 요약 정리함.

[**] 滿洲國軍政部顧問部 編, 滿洲共産匪の研究 第1輯, 東京: 巖南堂書店, 1969, p. 277

게 되면 마적 떼와 다를 바가 없어지는 것을 뜻합니다. 사람을 납치한 뒤 금품을 내놓지 않으면 인질들의 귀를 자르고 그래도 불응하면 머리를 잘라 보내겠다든가,* 명시된 대로 곡식을 내놓지 않으면 가차 없이 징벌에 처하겠다든가 하는 그런 협박들이 존재할 수밖에 없었죠.**

실제로 동북항일연군이 출범한 1936년부터 1940년까지 조선일보와 동아일보에서 김일성이란 이름으로 검색해보면 총295건이 조회되는데요, 동명이인이나 동음이의어를 제외하면 197건이 실제 건수입니다. 이 중 탈취, 강탈, 약탈, 납거(拉去 : 납치), 폭행, 방화, 살해 등 부정적인 내용이 포함된 기사는 95건으로 전체의 48%에 해당합니다.*** 절반에 가까운 기사가 만주 지역이나 국경 지방 한인들을 약탈하고 살상한 내용인 것입니다.

이들을 추격하여 토벌하던 일본군과 맞서 싸운 것을 그래도 항일은 항일이니 독립운동의 수준으로 격상해야 한다고 보는 학자들은 다른 차원의 세상에서 살고 있는 것 같습니다. 이러한 어처구니없는 현상은 일본 학자 와다 하루키의 김일성 연구에 영향을 받은 국내 학자들이 진보 지식인으로 대접받고 있는 현실과 무관하지 않습니다.

당시의 만주 지역 한인들이 공산비의 준동으로 얼마나 극심한 피해와 공포 속에서 힘겹게 살았는지 우리는 단편적인 기사를 통해서도 확인할 수 있습니다. 동북항일연군 제2군이 조직된 지 불과 반 년밖에 되지 않았던 시기에 이런 일이 비일비재하게 발생했던 배경을 보건대, 애초에 이들의 머릿속에는 '민족 지상'이나 '조국 해방' 같은 궁극적 목표 따위가 아예 존재하지 않았음을 알 수 있습니다.

* 앞의 滿洲共産匪の硏究, p. 216~217
** 앞의 滿洲共産匪の硏究, p. 213
*** 네이버 뉴스라이브러리에서 1936년~1940년 해당 기간 동안의 조선일보, 동아일보의 기사를 검색하여 분석하였다.

"1936년 1월 이래 10월말까지 10개월 동안 공산군들이 대안(對岸) 장백현 내 동포촌을 습격한 회수는 428회로써 그 출몰 연인원 수는 실로 5,074명의 다수에 달한다. 그리고 동포들의 피해 인원도 2,204명의 놀랄 만한 숫자에 달하는데, 습격한 공산군은 그 8할 이상이 동북인민혁명군 제3사 김일성이라고 하는데, 더욱 놀랄 수밖에 없다고 한다. 다시 10월 한 달 중의 인명 피해만 33건에 204명이나 되는데, 그 중 납거가 201명이나 된다. 그리고 금품 피해도 105건에 3,342.5원으로 이주 동포들의 금년 추수는 거의 다 약탈당하고 울고 있는 현상이라고 한다."*

　"함남 경찰부에 도달한 정보에 의하면 함남 대안 장백현 내의 밀림 지대를 근거지로 하야 활동을 하고 있던 공비 계통의 林忠好(임충호)의 명의로써 28일 장백현 순천촌 이수구 什家長 高貴仲(십가장 고귀중)의 집에 다음과 같은 과격한 협박장이 날라왔으므로 동 부락 주민들은 전전긍긍하는 상태에 빠져 있다고 한다.
　즉, 아편 8백 량 백포목 두 필 양말 다섯 타스 백미 한 석을 부락에서 수집하야 2일까지 18도구 창차터우[昌岔頭] 치아모허[洽莫河]까지 가져오지 않으면 너희가 살고 있는 촌락 100여 호의 주민 노유남녀(老幼男女 : 남녀노소) 전부를 살해하겠다고 하는 내용의 것으로 주민들은 몹시도 가슴을 졸이며 근심하고 있다 한다. 그리고 지난 1일 십구도구 소서기동에 김일성의 일파 20여 명이 출현 이주 조선 동포 한춘산 등 여덟 명을 인질로 납치하였다고 한다."**

　이들은 기본적으로 무장이 열악한 데다 정규군이 아닌 관계로 현대전을 수행하기에 부적합한 무리였습니다. 그래서 그들의 유격 전술을 보면, 정면으로 적군과 맞상대하는 것을 삼가고 화정이령(化整爲零)이나 성동격서(聲

---

* 1936년 11월 19일 조선일보, "장백현 하의 공산군! 이주동포 곤경 不可(불가) 形言(형언)"
** 1937년 8월 4일 조선일보, 全洞殲滅(전동섬멸)의 협박, 산서기동(山西技洞) 주민 8명 납거, 전율하는 順天(순천)촌민

東擊西)와 같은 치고 빠지는 식의 게릴라 전술을 기본으로 하고 있습니다. 강한 상대와 맞서 싸워 이기기 위해서는 나이 어린 소년이나 여자 대원의 희생도 불사하는 비인간적인 전술도 보입니다.[*] 일본군이 노획한 '중국공산당유격전법' 문건에 의거 그 사례를 몇 개 들어보겠습니다.

- '미인계'란 여성 동지 투사 중 다수의 지식 여성을 선발, 특수 훈련을 받게 하여 창녀, 여학생 또는 여자 행상으로 가장 토벌군 소재지에 잠입시켜 선전, 정찰의 방법으로 적 내부에서 싸우게 만들거나(병변, 兵變) 또는 유괴 등을 벌이고 필요시 스스로 돌격대로 나서는 전술…(중략)
- '견벽청야(堅壁淸野)'란 토벌군이 올 경우, 홍군은 당해 지방의 가옥을 전부 방화하고 식량 기물을 휴대케 하여 전 주민을 데리고 깊은 산, 벽지에 숨어 깊은 산을 점령, 견고한 방어 진지를 구축하여 방어전을 펼치는 것이다. 이 전략은 토벌군에게 식량 결핍 공포심을 갖게 하고, 전투상 적에 대한 지방 인민의 협조, 지리 안내자를 절멸시킬 필요가 있을 때 쓰는 방법…(중략)
- '소선대(小先隊) 돌격'이란 소년 선봉대(연령 15~6세 이상 20세 이하 소년으로 조직)로 돌격 전술을 결행하는 것…(중략)
- '적화공포' 홍군이 점령한 지방에 수포대(搜捕隊)를 조직하여 지주 부호 기타 반동분자를 전부 총살하고 농민 적위대를 조직, 당해 지구를 굳게 지키며 15세 이상 50세 이하의 남녀를 전부 적위군으로 징집 가입시켜 군사 훈련을 받게 하여 영구적인 적색 근거지로 삼는 것…(중략)

공권력이 닿지 않는 만주의 오지에서 소비에트 해방구를 건설하고 공산주의 실험을 했던 사람들이 각 지역마다 유격대를 조직하였는데 이를 빨치산

---

[*] 機密第1062호, 中國共產黨遊擊戰法關係, 在間島總領事 永井淸, 1934년, 9월 25일, 日本外交史料館資料

의 시초로 봅니다. 또 이런 소비에트 해방구에 참여했던 다수의 한인을 우리는 만주 빨치산으로 부르고 있습니다. 이 사람들이 최종적으로는 중국 소비에트화의 전 단계로서 만주에 인민 혁명 정권을 수립할 것을 결의하고, 그때까지 과도기의 형태로 임시 군사 정부를 구성할 목적으로 만든 것이 동북항일연군입니다. 이러한 조직 하에서 중국인들의 수족이 되어 일만군과 싸운 것이 어떻게 우리 민족의 독립과 연결될 수 있다는 것입니까?

동북항일연군은 애초에 조선의 독립을 위한 항일 투쟁과는 전혀 관련 없었을 뿐더러, 우리 민족의 이익이나 미래 가치를 공유하지도 않았음은 물론 그럴 마음도 없었던, 철저히 중국을 위한 용병단체에 불과했습니다. 동북항일연군 창설 시 만들어진 조직 조례 제2조를 보면 더욱 명확합니다.

"동북항일연군에 참가한 부대는 다음 3개 조를 준수해야 한다. ① 항일 반만, 동북(東北)의 실지(失地) 회수, 중화 조국의 옹호, ② 일적주구(日敵走狗)의 재산 몰수, ③ 민중과 연합하여 항일 구(求)중국"

이게 다죠. 처음부터 끝까지 중국을 위해서 싸운다는 얘기밖에 없습니다. 동북(東北)의 실지 회복은 조선이 아니고 중국 땅 만주를 말하는 거고, 종국적으로는 중화 조국을 옹호해야 하며, 민중과 함께 항일해서 중국을 구하는 것, 그게 동북항일연군의 임무입니다. [*]

사정이 이러한데도 김일성이 만주에서 독립운동하다 북한 정권을 수립했다고 착각하는 부류가 너무 많습니다. 1990년 11월 자민통 사건으로 구속된 이들의 자술서를 보면, 역사 인식에 있어 심각한 왜곡과 편향성을 엿볼 수 있습니다. 예컨대 구속된 최모 씨의 진술을 보면, 북한의 지도 세력은

* 申一澈, 중국의 "조선족항일열사전" 연구: 동북항일연군에서의 한인들을 중심으로, 한국독립운동사연구 제2권, 독립기념관 한국독립운동사연구소, 1988년, p. 558

1930년대부터 항일 유격대를 결성하여 15년간 줄기찬 항일 무장 투쟁을 벌였으며, 보천보 전투 투쟁과 조국광복회를 결성하여 실제로 민족의 독립과 해방을 위해 투쟁한 세력이라고 극찬하였습니다. 반면, 남한은 친일 주구와 미제에 종속된 반역의 나라로 묘사합니다. 태어나서는 안 될 나라, 그것이 대한민국이고, 그래서 북한만이 정통성 있는 유일한 조국이라고 진술한 것이죠.[*] NL 운동권들의 머리에는 기본적으로 이러한 사고가 탑재되어 있습니다.

그러나 사실 이 자술서의 내용은 사실과 맞는 구석이 하나도 없습니다. 예컨대, 김일성이 이끌었다고 하는 항일 유격대는 결성된 직후부터 식량난에 직면하여 부락 습격과 약탈을 하다 일본 토벌대의 3차에 걸친 치안 숙정 공작으로 1940년부터는 거의 궤멸 상태에 이릅니다. 김일성은 "웨이청민을 반드시 보위해서 함께 소련으로 탈출하라"라는 중공당의 지시를 무시하고 만삭의 아내 김정숙을 혹한에 끌고 다니며 20여 명의 부하와 필사의 탈출을 감행했습니다. 이때까지 김일성 부대가 실질적으로 일본군 야부[野副昌德] 토벌대와 교전한 것은 겨우 3년에 불과합니다.

보천보 전투도 후방 교란을 목적으로 사실상 중국인 웨이청민이 작전을 영도했다고 봐야 합니다. 그나마 빈 마을에 들어가서 물자를 약탈하고 젖먹이와 총소리에 놀라 뛰쳐나온 민간인 한 명을 죽인 게 전부였죠. 조국광복회는 민족 혁명 역량을 강화하라는 코민테른의 지시 하에 웨이청민이 지도로 만들어진 것이고 조국광복회 선언문과 10대 강령은 오성륜이 작성한 것입니다. 거기서 김일성이 실질적으로 한 건 아무것도 없습니다.

그럼에도 우리나라에서는 아이들이 보는 역사책에서조차 김일성의 만주 빨치산 경력에 대해 항일 독립운동으로 미화 찬양하는 경우를 자주 봅니

---

[*] "전대협 배후 친북 조직 자민통의 실체" 중 최○○의 진술서, 국가안전기획부, 1990, p. 235

다.[*] 저자들의 면면을 보면 다들 걸출한 대학교에서 사학을 전공하고 학교에서 교편을 잡고 있거나, 중고등학생용 역사 교과서를 집필한 사람들이라 문제가 더욱 심각한 편입니다.

일본에 저항했다고 다 정의로운 행동은 아닙니다. 앞에서도 여러 번 언급했지만, 장쉐량 잔당도 항일을 했고, 마적 떼 토비들도 먹고 살아야 하니 항일을 했습니다. 어렵게 사는 동포 사회를 약탈하고 짓밟아도 항일이니까 그들의 행동을 기리고 새겨줘야 합니까? 김일성은 그냥 중국의 공산화를 위해 초개같이 몸을 던져서 그들의 용병이 되어 싸운 것이지, 조국의 독립과 해방을 위해 싸운 건 절대 아니었습니다. 이탈리아 시칠리아 마피아도 원래 처음에는 시칠리아 반군 세력이었듯이, 탈레반 및 IS도 저러다가 변질되었다는 것을 우리는 알아야 합니다. 모든 테러에는 다 명분이 있습니다.

---

[*] 주니어 김영사에서 출판한 『개념 잡는 초등한국사 사전』에는 김일성이 1932년부터 항일 운동을 했고, 조국광복회를 만들었다면서, 전반적으로 일제 시대의 김일성의 행적을 미화하는 기술로 일관하고 있다. 그러나 김일성이 중공 공산당 가입 시점은 1931년 이후의 일로, 1932년 이후에는 민생단 사건에 휘말려 정치위원에서 철직당한 후 감금된 상태에 있다가 1935년에 이르러서야 유격대에 복귀하였다.

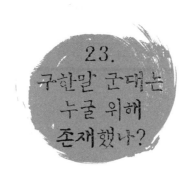

23.
구한말 군대는
누굴 위해
존재했나?

　어느 나라를 막론하고 국민의 안전을 지키고 국체를 보존하기 위해 군대를 둡니다. 군대를 유지하기 위해서는 사람 수를 채울 수 있는 인적 자원이 있어야 하고, 이 많은 군사를 먹이고, 입히고, 무기를 댈 수 있는 튼튼한 재정이 뒷받침되어야 합니다. 조선은 양반이라는 특권 계급이 국가의 부를 독점하고 상업을 천시한 관계로 재정이 항상 허약하여, 막대한 예산이 소요되는 군대를 유지할 능력이 없었습니다.

　그래서 편법으로 존재했던 대립제와 방군수포제*를 조금씩 허용하더니, 나중에는 이게 없으면 군대의 유지가 안될 정도로 만연하게 되었습니다. 게다가 중간에서 돈이나 물품을 빼돌리는 경우가 많았고 브로커까지 개입하게 되면서, 양민들이 군역을 면제받기 위해 납부해야 하는 부담이 눈덩이처럼 커졌습니다. 그럼에도 국가는 늘 군대를 운영할 재원이 모자라 허덕이게 됩니다.

　더구나 조선은 유교적 문치주의를 숭상했던 탓에, 일본과 달리 전문 무사

---

* 대립제는 사람을 사서 병역의 의무를 대신하게 하는 것이고, 방군수포제는 '베' 옷감을 납부함으로써 군역을 면하는 제도이다.

집단이 존재하지 않았습니다. 그런 까닭에 군역과 생업을 동시에 부담해야 했던 번상제도는 유명무실해지고, 훈련 한 번 해보지 못한 명부상의 군대로만 남게 되어 도저히 군대라고 부르기에도 뭣한 지경에 이르게 되었습니다. 왜란과 호란을 연이어 겪은 뒤에도 이런 사정은 나아지지 않았습니다. 조선 후기에 이르러 속오군 체제로 변화를 주지만, 제도가 문제가 아니라 이를 유지할 의지와 재정, 사람이 문제였습니다.

정약용은 유명무실 허약해진 나라의 군대를 탄식하며 이렇게 비판합니다.

"지금의 이른바 속오(束伍)는 사노(私奴)와 천민들로 구차하게 그 숫자만 채운 것이라 어린아이와 늙은이들뿐이다. 그들의 전립은 썩은 박처럼 찌그러졌고 전복(戰服)은 칡넝쿨처럼 난잡했으며, 백 년이나 묵은 칼은 자루만 남아 있고, 3대를 내려온 낡은 총은 화약을 넣어 불을 붙여도 소리가 나지 않는다. 게다가 대오가 오래 비어 있어 사람과 귀신이 섞여 있으므로 임시로 사람을 사서 하루의 병역에 응하도록 한다. 이런 상태는 지금에 와서 그렇게 된 것이 아니라 애초 법을 세울 때부터 쇠퇴하기가 이와 같았다. 이른바 기병(騎兵)이 있어 설립하던 처음에는 관에서 말 한 필을 주었으나 세월이 지나는 동안에 흩어져 없어지고 백에 하나도 남아 있는 것이 없다. 조련할 때마다 말을 세내기 위하여 사방으로 나가는데 그것도 약빠른 사람이 먼저 얻어간다. 말 역시 큰 것이라야 겨우 당나귀 새끼만 하고 작은 것은 쥐만 하다."*

정약용이『목민심서』를 저술한 시기는 1818년(순조 18년) 경입니다. 적어도 대학자가 이런 지적을 했다면 사대부나 조정 관료 중 누구든 이를 바로 잡으려 했어야 했는데, 그 시기는 세도정치가 횡행하던 때라 나라의 발전을 위해 고뇌를 하는 자는 간 데 없었습니다. 다만 세도가 밑에 줄을 대고 아첨

---

* 정약용, 목민심서 병전(兵典) 6조 / 제2조 연졸(練卒)편

하기 바쁜 사람들로 가득했죠. 그런 상태로 90여 년이 지나 왕실 하나 지킬 수 없던 껍데기뿐인 군대는 해산되고 타국의 군대가 진주하여 나라의 운명을 좌지우지하게 됩니다.

그런 있으나 마나 한 군대가 해산되었다고 해서 우리가 분노하거나 가슴 아파해야 할 이유가 없습니다. 그들은 낭인 수십 명이 나라의 수도, 왕이 거처하는 궁궐에 난입하여 왕비를 시해하는 것도 막지 못한 수수깡 같은 존재들이었습니다. 우리 역사에서는 임오군란과 그 뒤 군대 해산, 정미의병, 을사조약에 이르기까지 한국 군대의 역할을 대단히 중요하게 다룹니다. 무슨 애국자 집단인 것처럼 써 놨죠.

그러나 실은 임오군란도 훈련 한 번 안 하고 무위도식하던 구식 군인들의 폭동이었고, 민비 시해도 따지고 보면 훈련대 출신들이 가담한 반역 사건이며, 군대 해산 후 발발한 정미의병 역시 생계를 잃은 직업 군인들이 떠돌며 무장 봉기한 것일 뿐입니다. 그들에겐 애초에 애국심이라는 게 없었습니다.

조선 말기 한국 군대는 나라를 지키는 존재가 아니라, 무리지어 몰려다니며 돈이나 뜯어내는 마피아 집단 같았습니다. 1899년 4월 30일에는 친위대와 한성에 주둔하는 평양 진위대 병사 간 패싸움이 벌어져 10여 명의 부상자가 발생하기도 했으며, 병사들이 술을 마시고 민간인과 순검에게 행패를 부리는 사례도 자주 발생하였습니다. 심지어 지방대의 병사들이 민간인으로부터 세를 받거나 구타하는 일도 벌어졌을 정도로 군기가 문란한 상황이 계속되었습니다.[*]

황현은『매천야록』에서 지적합니다.

"각도에서 진위대를 창설한 뒤로 도적이 연이어 발생했으나 막지 못했으며, 군

---

[*] 이승희, 메이지유신[明治維新]과 대한제국의 군제 개혁, 한일관계사연구63호, 한일관계사학회, 2019, p. 135

사들이 술을 퍼마시고 교만을 부리며 백성들을 착취하였다. 그러므로 지방에서는 그들을 두려워하기를 마치 이리나 호랑이 보듯 했고, 미워하기를 원수와 같이 하였다. 그 군대가 해산됨에 이르러 무지한 백성들은 손을 들고 좋아하였으나, 얼마 안 있어 의병들이 뒤따라 일어나 일본군과 싸움을 벌여 죽거나 다쳐 낭패를 보는 자가 수천 수만을 헤아리게 되니, 또 군대를 창설할 때보다 못하였다."*

이러한 상황은 윤치호의 일기에도 엿볼 수 있습니다.

"평양에 있는 군인 숫자는 올해 3,000명으로 늘어났다. 처음에는 400명이었다. 규율이 없기 때문에 군인들은 아주 난폭하게 행동한다. 경찰은 군인이 두려워서 감히 평양 도로에 모습을 나타내지 않는다. 전직 노동자나 재소자 출신인 군인들은 신발을 신고 감리서나 군수 집무실에 곧장 들어오고, 연회 도중에 무희를 데리고 나간다. 군인들과 그의 친구나 친척들은 범죄를 저질러도 처벌받지 않는다. 감히 법이 군인을 건드리지 않기 때문이다. 조선의 군대가 있는 곳에서는 어디서든 같은 일이 일어나고 있다. 군인들이 밤낮으로 경비를 서고 있는 서울에서 사람들은 밤에 감히 돌아다니지 못한다. 군인이 도둑으로 변하기 때문이다. 조선의 다음 전염병은 제멋대로인 군인이 될 것이다."**

이런 상황에서 을사보호조약이 체결됩니다. 통감이었던 이토 히로부미가 보기에 한국의 군대라는 것은 국가의 막대한 재정을 소모하면서 전투력은 전혀 없고, 권세가들의 이해 관계에 부역하는 집단으로 보였던 것입니다. 그는 통감에 취임한 직후 시정 개선에 관한 협의회에서 다음과 같은 발언을

---

* 梅泉野錄(한국사료총서 제1집) 〉 梅泉野錄卷之五 〉 光武11年丁未 〉 30. 鑪衛隊의 해산, 국사편찬위원회 한국사데이터베이스
** 윤치호 일기 제5권, 1901. 3. 7. p. 284 한국사료총서 19집, 국사편찬위원회 한국사데이터베이스

합니다.

"지금 귀국의 병사를 보건대 군인으로 충분한 능력도 없고 훈련 또한 의심스러운 바가 있소. 듣는 바와 같다면 병졸 중에는 국가에 유사 사태가 발생하는 날에 국가를 지켜야 할 탄약, 도검 등을 입질(入質 : 저당 잡히고 돈을 빌리는 일)하는 자가 있는 모양이고, 징병 제도와 같은 것을 황제 폐하께서 실시하고 싶어 하신다는 희망을 들었지만 징병을 실시하기 위해서는 먼저 호적 제도를 정리하지 않으면 안 되고, 교육이 시급하여 학문상의 소요를 진작하지 않으면 안 되기 때문에 징병은 쉽사리 행할 수 없소."[*]

군대가 훈련은 아니하고 총을 저당 잡혀 돈을 빌려 쓰는 수준에 이르렀다면, 보통 심각한 문제가 아닙니다. 이선근도 회고하기를 "병사들은 아침 점호만을 마치고 총을 들고 나와 전당포에 맡긴 뒤 떡을 사 먹었고, 퇴근 시간까지 돈을 어렵게 마련하여 다시 총을 찾아 놓고 퇴근하는 경우도 있었다. 그러나 이에 비해 별기군은 새로운 제복을 받고 급료도 좋았기에 구식군의 불만과 원성이 대단히 높았다"고 했습니다.[**]

1904년 러일전쟁을 일으킨 일본은 2월 9일에 서울을 점령하였고 한일의정서를 체결 후 우리 측에게 군축을 요구하여 그 결과 1905년 4월 16일에 대한제국 진위대의 병력이 크게 감축됩니다. 우리 역사서는 이것이 오로지 일본의 제국주의적 야욕에 의해 일방 강압적으로 추진된 것인 양 선동하죠. 하지만 군대를 감축시킨 것은 그 이유가 있었습니다. 우선 앞에서 언급했다시피 한국의 군대는 뭐 하나 제대로 하는 것 없이 유명무실하면서 재정을 축내고 있었습니다.

---

[*] 韓國施政改善ニ關スル協議會 第一回 會議錄, 1906년 3월 13일
[**] 이선근, 민족의 섬광 민중서관, 1963, p. 77

광무8년(1904년) 일본 측에서 한국 재정을 분석한 자료에 따르면, 한국의
세입은 주로 농사의 경영에서 징수한 지조(地租)에 의존하고 그 외의 세원
은 희박한데, 지출은 그 4할이 군사를 위해 쓰이고 교육이나 산업 등 중요한
부문에 쓰는 바가 아주 적어, 생산적인 조세 운용이 어렵다는 점을 지적합
니다.* 따라서 군비가 많이 소모되는 용병 제도를 폐하고 징병 제도로 가면
같은 병사의 수를 유지하면서도 군사비를 절감할 수 있을 것이라 분석했습
니다.*

이 점은 한국 정부와 고종의 뜻과 일치하여,** 징병제를 실시할 의도로 일
부 황실 근위대를 제외한 기존의 군대를 해산하기로 하고 1907년 7월 31일
을 조칙을 발표합니다. 이토 히로부미의 통감부가 압력을 행사하여 군대 해
산을 종용해 놓고, 단지 한국 황제의 이름만 빌어 발표한 것이라는 주장이
우리 사학계의 다수 의견인데, 그렇지 않습니다. 군대 해산이 논의되기 전
인 1903년 고종의 징병령 시행 조칙을 읽어보면 더욱 명확하게 알 수 있습
니다. 이 조칙에 따르면, 모병 위주의 군대를 해산하고 징병제를 근간으로
한 군제의 개혁을 단행하려는 고종의 의지를 확인할 수 있습니다.

"옛 법이 유명무실해져, 매양 조발(調發 : 군대의 징발)이 있으면 선뜻 소요를
일으켰고 또 홀연히 소집이라도 하면 마치 장꾼들을 몰아세운 듯하니 어떻게 병
사로 쓸 수 있었겠는가? 이는 나라에 병(兵)이 없는 것이고, 나라에 병(兵)이 없

---

* 韓國ノ財政一班. 駐韓日本公使館記錄 14권, 국사편찬위원회 한국사데이터베이스 참조, 광무7년
의 예산보고도 이와 비슷한 결론을 내리고 있다. 機密第27호, 光武七年度歲計豫算表送付ノ件, 1903
년 02월 26일을 보면, 세입액 300여만 원 중 육군 군대의 확장에 130만여 원, 警務廳의 확장을 위해
10만 원, 황실비 증가 및 耆老所新設에 20만 5,000원, 즉 합계 160만 5,000원을 지출하고 그 일부는
예비금의 증가로서 40여만 원, 국채상환금으로서 98만원이 할당된 것으로 보고하고 있다. 이 중에는
군함(양무호) 구입과 같은 비용도 계상되어 있다. 고종의 군함 구입 건은 쓸모 없는 고물 상선을 군
함으로 개조, 수리하기 위해 엄청난 비용을 지출, 국방 예산의 26%가 투입되는 등 왕의 무능과 허세
가 극에 달했다.
** 遣韓大使 復命追加書, 駐韓日本公使館記錄 25권, 국사편찬위원회 한국사데이터베이스

으면 나라가 나라다울 수 없는 것이다. 짐(朕)은 방비하는 조치에 유념한 지 몇 해가 되었다."

썩어 빠진 군대를 해산시키고 징병제의 장점을 취하려 했던 당시의 시대적 상황을 도외시하고, 오로지 일본의 그 가해적 시도에서 흥망의 원인을 찾는 것은 참으로 졸렬한 짓입니다. 고종은 군대의 일신을 기하고자 했습니다. 하지만 나라가 워낙 망가져 있었고 군사의 징집과 육성에 필요한 호적제도의 정비, 세제의 개혁 등 국가적 인프라를 갖추는 일은 하루아침에 이루어지는 것이 아니었습니다. 그래서 차일피일 시간만 허비하다 패망의 길로 접어든 것입니다.

24.
임정이 날조한
대전자(大甸子)령
전투

　우리의 무장독립운동사를 보면 1920년의 청산리 전투를 끝으로 주력 부대들이 자유시로 이동하였기 때문에, 북만에서는 거의 맥이 끊기고 잔류 부대들만 힘겹게 생존하게 되었습니다. 더구나 1932년에 만주국이 들어서지 않습니까? 만주국에 일본의 지원과 최신 무기로 무장한 현대식 국군이 생기면서, 거기서 무슨 독자적인 무장 활동을 한다는 자체가 현실적으로 불가능한 상황이 됩니다. 물론 이 시기에도 양세봉의 조선혁명군이 남만주에서 활동하고 있었지만 그리 오래가지 못하고 와해되고 말죠.

　그런데 우리 사학계는 이 시기에도 북만에서 우리 독립군이 활발한 무장 투쟁을 전개했다고 허풍을 칩니다. 1930년대 초의 이청천 부대(한국독립군)의 활약상을 크게 부각하면서, 사료로 삼기에 뭔가 문제가 많아 보이는 오류 투성이의 개인 회고록을 바탕으로 무협지에서나 봄 직한 수준의 가공할 전과를 만들어 극찬하기에 바쁩니다. 문제는 이러한 시각이 오래전부터 우리나라의 학생들이 보는 교과서에 그대로 실려 국정에서 검인정 체제로 전환된 아직까지도 글자만 몇 개 바뀐 채 답습되고 있다는 것입니다.

"1931년 일제는 만주사변을 일으켜 이듬해에 만주국을 건설하였다. 이에 조선혁명군 총사령관인 양세봉은 중국 의용군과 함께 한·중 연합군을 편성하여 영릉가 전투와 흥경성 전투에서 일본군을 격파하였다. 또한, 한국독립군 총사령관인 지청천(=이청천)은 중국 호로군과 연합하여 쌍성보 전투, 대전자령 전투 등에서 일본군을 상대로 대승을 거두었다"[*]

금성출판사 한국사 교과서는 전면 개정된 2015년판에서 위의 내용을 삭제하였으나, 미래엔, 지학사, 천재교육 등 다른 검인정 출판사들은 최근 개정판에서도 여전히 옛 기술을 그대로 유지하고 있습니다.[**] 일단 사실 관계를 보자면, 1930년 초의 한국독립군이 중국 길림자위군과 연합했다는 것은 실체가 없는 기술입니다.

연합이라는 것은 본래 대등한 군세를 가진 세력들이 특정한 목적을 수행하기 위해 전술적으로 공동 작전을 행하는 것을 말하는데, 그 당시 한국독립군은 수만에서 수십만에 이르는 중국 길림자위군에 비해 고작 30~60명에 불과하여 병력이 너무 미미했습니다. 무기마저 지급되지 않은 채 거의 '따라다녔다'라고 보는 것이 실체에 근접합니다.

한국독립군이란 그 이름 때문에 이 부대를 한국을 대표하는 독립군으로 오해하기 쉽습니다. 하지만 이는 한국독립당 산하의 군사부가 정식으로 군대로 독립하면서 한국독립군이 된 것이고, 정확하게 말하면 한국독립당의 군대라고 해야겠죠. 이 사람들이 중국 동북군 출신을 따라다니면서 약간의

---

[*] 금성출판사 『한국사』 2009개정판, 331p
[**] 한중 연합군을 결성하여 싸우다. 북, 동만주 일대에서도 지청천이 이끄는 한국독립군이 항일 중국군과 함께 쌍성보 전투, 대전자령 전투 등에서 큰 전과를 올렸다. 2015년 개정판 미래엔 교과서 p. 181쪽 (천재교과서 p. 225와 지학사 p. 214에도 비슷한 서술이 이어지고 있다.)

전투를 한 것은 사실이지만, 그들의 전과는 믿을 수 없을 만큼 과장되었거나 허위에 가까운 것들입니다. 우리는 한국독립군이 연합했다는 중국 길림자위군 또는 중로연합사령부의 실체를 잘 알아야 합니다.

만주사변 직후부터 1933년경까지의 반일 유격 투쟁에서는 동만의 왕더린[王德林], 남만의 탕주우[唐聚五], 북만의 리두[李杜]·딩챠오[丁超]·마잔샨[馬占山] 등 군벌 장쉐량의 지휘를 받던 구 동북군과 중국 전통의 무장 조직인 대도회·홍창회, 일부 마적들이 부락민들에게 우세한 영향력을 행사하게 됩니다. 이 시기에는 만주국이 들어선 지 오래되지 않았고, 기존 군벌 체제 하에 있던 행정 조직을 그대로 흡수한 터라 치안 및 군대가 안정되지 않은 상태였습니다.

그렇기 때문에 국가의 공권력이라는 게 보잘 것 없었습니다. 따라서 지역의 깡패, 양아치들의 영향력이 더 컸던 시국이었죠. 마치 우리나라의 해방 직후, 미군정 시기에 전국 각지에 홍하던 빨치산과 공산주의자들의 폭동을 생각하시면 될 것 같아요. 만주 한인 사회에서는 이러한 정치 사회의 급격한 변동 상황에 대해 잘 대처하지 못했습니다. 길게 내다보고 정세를 판단했어야 하는데, 당장 힘들고 먹고 살아야 하니 너무도 쉽게 반군 측에 부화뇌동해버린 것이죠.

반군은 반만 항일의 기치를 높이 세웠지만 이들은 사실 중국 군벌 장쉐량 밑에서 권세를 누리던 군부 출신 내지는 직업 군인들입니다. 만주국이 들어서면서 군벌 밑에서 그동안 민중을 착취하며 기생하던 사람들은 몰락하게 되는데요, 여기에 반발하여 휘하의 군대들을 데리고 조직적으로 저항하다 일만군에게 토벌당하고 패산(敗散)한 집단이 바로 반군입니다.

그들에게 구국이니 애국이니 하는 건 그저 명분일 뿐이었습니다. 옛 시절에 누리던 자신들의 권력을 되찾는 것이 목적이었지, 그들의 머릿속에 무슨 대의나 충정이 있었겠습니까? 더욱이 이들을 암암리에 배후 조종하던 장쉐량은 사실 알고 보면, 만주 한인들을 탄압하고 독립운동가를 색출하여 발본색원하려던 자 아니었습니까? 이런 자들과 무슨 연합을 했다고 그 시기에 결성된 한중 연대가 자랑스러운 일은 아니겠죠?

그들은 무리의 소속이나 지휘관의 출신에 따라 자위군, 구국군, 호로군, 의용군 등으로 다양하게 불렸지만 이를 구분하는 건 별 의미가 없습니다. 전세에 따라 수시로 이합집산을 거듭했으므로 무리의 지도자를 잃으면 떠돌다가 다른 무장대에 복속했고, 그렇지 못한 잔병들은 산간을 유랑하며 마적과 다를 바 없는 생활을 했기 때문이죠. 이들은 병력을 충원하거나 보급을 유지하기 위해 부락민 약탈과 납치, 살인을 저지르며 민중의 생존을 좌지우지했습니다. 특히 동만과 북만에 살던 다수의 조선민을 소일본인 취급하며 적대시했는데요, 그 민폐의 정도가 너무 가혹했기 때문에 당시 만주의 한인 단체들은 고심 끝에 이들에게 협조하기로 결정한 것입니다.

한국독립군도 만주국이 들어선 이후 태세를 전환할 수밖에 없었습니다. 일본이 실질적으로 점령한 만주에서 살아남는 방법은 구 동북군 잔병들인 반군과 힘을 합칠 수밖에 없는 상황이었죠. 우리 학계는 광복군과 임시정부의 활동상을 선전하기 위해 저술된『광복(光復)』의 내용을 그대로 전용하여, 한국독립군에서 신숙을 보내 1931년 11월 말 리두, 딩챠오, 카오펑린[考鳳林] 등이 이끄는 길림자위군 및 호로군 연합총군부를 만나 합작을 타진했다고 합니다. 그러나 길림자위군 본부는 두 달이나 뒤인 1932년 1월 31일에 결성되었기 때문에 이는 믿을 수 없는 얘기입니다. 우리 독립군이 실질적으로 이들의 예하 부대로 활동하게 된 것은 1932년 4월부터라고 봐야 하죠. 이규채의 신문 조서에서 보듯 그로부터 몇 개월 간은 특별한 전투도 없었고 무기도 없이 그들을 그저 따라다닌 것에 불과합니다.

앞서 언급했다시피 이 반만 항일 구국군들은 우리의 연대에 큰 의미를 두지 않았습니다. 연대 이후에도 재만 조선인들을 적대하며 도시 하나를 쑥대밭 만드는 일을 예사로 하고 다녔죠. 그 예가 1932년 9월 10일에 발생한 반석현 사건입니다. 이때 사망한 사람이 조선인 남자 101명, 여자 96명 합계 197명, 부상자 22명, 행방불명 27명이며, 만주인도 비슷한 정도의 인명 피해를 입었습니다. 성내의 220여 호의 가옥이 불타고 성외(城外)에도 160여 호의 가옥이 피해를 입었다고 합니다. 이 참극을 보도한 매일신보의 기사를 보시죠.

"총독부의 외사과에 도달한 정보에 의하면 지난 9월 10일 오전 다섯 시반 길해선(吉海線) 반석(磐石)을 내습한 대도회(大刀會) 비(匪) 8천여 명은 동지(同地) 공안대, 중국 경관대와 호응하야 동문을 파괴하고 성내로 침입하야 15일 오전까지 엿새 간 학살, 약탈, 방화 등 모든 포학을 자행하였는데, 이 때문에 반석의 시가는 10분지 7이 소실되었고 이곳에 재주하던 조선 동포 3천 명 중 2백 명이 행방불명되었는데, 이 잔학한 앙화(殃禍)를 당한 2백 명 동포는 성외에 있던 사람들로 그 나머지 2천8백 명은 전부 성내로 피난하고 있다.

반석에는 1소대의 일본 기병대와 만주국 군대가 주재하고 있어 방화에 남은 건물이라고는 이 두 곳뿐으로 전기(前記) 3천8백 명의 피난민도 전부 이곳에 수용하여 보호 중이며, 부상자에게는 군의 등이 구호 중인데, 전 시내의 주민 전부가 약탈을 당한 듯하며, 길해선(吉海線), 심해선(瀋海線)이 불통 중인 까닭에 아직도 상세한 상황을 알 수 없는 중이라 한다. 그리고 그들 비적은 습래한지 엿새만인 지난 9월 15일 약탈한 물건과 부녀자를 데리고 물러갔는데, 공안국장 왕모(王某)와 현지사도 도망하였고 전 시가는 전혀 죽음의 도시로 화하고 말았다."[*]

---

[*] "大刀會匪磐石에 襲來 虐殺과 掠奪을 肆行 市街는 燒失, 住民은 避難 조선 동포 삼천 명 중에서 피란 못한 同胞二百生死不明", 매일신보, 1932년 10월 8일자, 2면 기사

이 매일신보의 기사를 보면, 피해 사실을 거론한 내용 외에 눈길을 끄는 내용이 있습니다. "공안대, 중국 경관대와 호응하여"라는 부분인데요, 주민을 보호하고 시설을 경비하라고 나라에서 월급을 주고 고용한 경찰과 군대들이 비적단과 합세하여 도시를 털었다는 것입니다.* 만주국 초기의 치안이 얼마나 허술했는지 알 수 있게 해 주는 내용입니다. 우리나라에서도 해방 직후 공비를 토벌하라고 보낸 군대가 폭동을 일으켜 여순반란을 일으키고 경찰들은 공산주의자들의 보복이 두려워 폭동에 합류했던 시절이 있었습니다. 당시의 그런 상황과 만주는 크게 다를 바가 없습니다.

이런 막대한 민폐를 자행한 비적단 중에는 후일 이청천, 양세봉이 합작했다고 하는 대도회(大刀會), 홍창회, 호로군, 보위대 무리도 있습니다. 우리는 이런 자들과 한중 합작이니 연합이니 하면서 역사적 의미를 미화하고 윤색하기 바쁩니다.

우리 독립군이 혁혁한 전과를 거둔 것으로 선전하고 있는 쌍성보 전투도 위의 반석현 사건과 크게 다르지 않습니다. 쌍성보 전투라고는 했지만, 전투라기보다는 일방적인 민간인 약탈, 방화, 인질 납치에 가깝습니다. 방비가 허술한 지역에 야간에 습격하여 사람을 죽이고 물자를 쓸어간 사건을 승전으로 치부하는 건 부끄러운 일입니다. 채근식의 『무장독립운동비사』에 따르면, 이곳에는 만주군 3개 여단이 주둔하고 있었다면서 동문이 어쩌고, 서문이 어쩌고 치열한 전투 끝에 입성한 것으로 서술되어 있지만 무혈 입성이나 다름없었다고 합니다. 사실 그렇게 큰 전투는 아니었던 것입니다.

1932년 11월 만주군 길림성 경비사령부의 관할 부대 편제표에 따르면, 쌍성에는 경비보병 제6여단이 존재했는데, 이 여단은 쌍성 사건 이후 해산되

<hr />

* 磐石守備騎兵小隊戰鬪詳報(1932년 9월10일~9월16일)에 따르면 1932년 9월 10일 병비의 습격 후 반석현 주둔 중인 만주국군 전부가 반란을 일으켰다. アジア歴史資料センター(Ref.C14030494700) 防衛省防衛研究所

었다는 각주가 달려 있고, 현재는 보병 1영이 남아 있는 상태입니다.[*] 그러니까 『무장독립운동비사』에서 언급한 3개 여단이 아니라 잘해야 수수깡 같은 1개 여단쯤이었을 겁니다. 거기에 철도 수비대와 산림 경비대가 있었겠죠. 당시 인근 하얼빈을 방어하기 위해 주력 부대와 전력이 집중되어 있던 상황으로 상대적으로 쌍성은 경비가 소홀했고 무장도 가벼운 상태였습니다.

매일신보 1932년 9월 18일자에 따르면, "15일 밤 여덟 시 약 1천의 반란군이 동철남부선 쌍성보현성을 습격하여 시내 10개 처에 방화하고 대 약탈을 감행하였다. 비행기의 정찰에 의하면 반란군은 16일 아침 약탈품을 마차에 만재하고 인질을 끌고 철퇴 중으로 일본군은 목하 공격 중이다"라는 기사가 보입니다. 앞에서 언급한 반석현 습격 사건과 거의 비슷한데, 오밤중에 습격해서 밤새 약탈을 하고 인질을 납치한 후 지원군이 오기 전에 사라진 사건인 것입니다.

한 번 재미를 본 중국 자위군은 그 다음 달에 2차로 쌍성보를 털러 가는데요, 이때는 일만군이 단단히 방어를 하고 있어서 항공기와 중화기 부대의 반격을 받고 카오펑린 군장이 일본군에 투항하는 등 길림자위군은 전멸에 가까운 타격을 입습니다. 한국독립군은 여기에 아주 약간 명 참전했지만, 우리가 만주군을 상대로 싸워 남의 재산을 털고 인질을 납치한 것에 부화뇌동한 사건을 그렇게 자랑스럽게 생각해야 할까요? 중국인들은 우리 독립군 부대를 어떻게 생각했을까요? 동지적 연대나, 혈맹으로 여겼을까요?

"1932년 9월 카오펑린[考鳳林] 부대에 있는 한국독립군은 도합 30명이었다. 그러나 그들에게는 무기도 없고 군마(軍馬)도 없었다. 많은 청년은 총이 있다는

[*] 滿洲國警備軍隊現況調查　大同元年１１月３０日調, アジア歷史資料センター(Ref.C13010356600), 教育資料（三）住谷悌史資料(防衛省防衛研究所), p. 35

선전과 강제적 징집에 의해 참군하였던 것이다. 그러므로 대다수 청년은 도망을 계획하고 있었으며, 구국군과도 관계가 좋지 않았다."[*]

　그렇습니다. 솔직히 이 지경이면 좀 부끄러워질 법도 하지요. 그런데 당시 북만에서 이청천 부대를 따라다니며 무장 활동 했네 하는 분들은 일본군의 토벌이 극심해지자, 신변의 위협을 느껴 중국 관내로 도주하신 분들인데, 훗날 회고록을 쓴답시고 있는 얘기 없는 얘기 부풀려 허장성세를 했던 것이죠. 그래야 임정에서 일정 지분과 대접을 받을 수 있었겠죠? 그들의 회고록을 읽어보면, 날짜도 안 맞고 사실 관계도 안 맞고 등장 인물도 엉터리고 심지어 부대 이름도 다 틀려 있습니다. 학자들도 이것을 알아요. 그래서 이 책들을 인용할 때 잊지 않는 것이 "다소간의 과장이 있지만"이라는 전제를 붙이는 것입니다. 전제는 그렇게 해놓고 그 책의 얘기들을 그대로 받아쓰기 바쁩니다. 한심한 일입니다.

　쌍성보 전투보다 더 심한 허구는 대전자령 전투에 있습니다. 대전자령 전투는 우리의 『항일무장독립운동사』에서 봉오동 전투, 청산리 전투에 이어 3대 승전 중 하나로 칩니다. 책마다 서로 다르지만, 일본군 1,600명에서 2,500명 사이를 궤멸시킨 대첩이라고 합니다. 이 정도면 당시 간도 임시파견군이 전멸했다는 거나 마찬가지입니다. 그런데 이렇게 큰 전승 업적이 청산리 전투나 봉오동 전투에 비해 크게 알려지지 않은 이유는 무엇일까요? 네, 그것은 학자들도 이것을 그대로 수용하기엔 어딘가 찜찜한 부분이 있다는 걸 알기 때문이죠.

　무엇보다 이 전과들은 중국이나 일본 자료 그 어디에도 언급된 흔적이 없습니다. 한중의 연합 작전으로 이렇게 큰 대승을 했다면 당시 참전했던 중

*『동북지구혁명역사문건휘집』갑11, 347쪽, 박창욱, 동북 지역 한민족독립운동사 관련 사료 정황, 한국독립운동사연구 18권 2002년, p. 304에서 재인용

국 자위군 지휘자들의 약전이나 회고록에 언급이 있어야 했습니다. 또한 일본군의 입장에서도 그렇게 큰 피해를 입었다면, 전투 상보나 부상자 수송, 전사자 처리를 요청한 공문 기록이 있어야 합니다. 하지만 대전자령 전투로 검색해보면, 국가보훈처나 한국독립운동사, 민족문화백과사전, 군사연구소 이런 데서 발간한 한국의 논저들만 보입니다.

호로군사령부의 딩챠오[丁超]가 일만 토벌군에 투항한 것이 1933년 1월인데, 금성교과서 등 고등학교 한국사에서는 그로부터 6개월 후에 대전자령에서 큰 승리를 거두었다고 씁니다. 사실 '대전자령'이라는 지명이 존재하지도 않습니다. 아마도 나자구(羅子溝)에 있는 고개의 뜻이었거나, 대전자로 들어가는 산맥의 뜻이었을 것입니다. 연변 사학자 박창욱은 대전자령이 아마 나자구에 있는 태평령일 것이라 추정합니다. 태평령은 매우 험준한 곳이라 우마차의 통행이 어렵고 그렇게 많은 부대가 밀집할 수가 없습니다.[*] 무엇보다 그 시기에 태평령에서는 그렇게 큰 전투가 펼쳐진 적이 없습니다. 그렇다면『백강회고록』이나『혁명공보』에서 서술된 이 대전자령 전투의 실체는 무엇일까요?

대전자령 전투가 허구였다는 일부의 지적이 있자, 장세윤이란 학자는 당시의 일본 측 공문과 신문 자료를 제시하며, 이 전투는 실존했다고 주장합니다.[**] 그래서 혹시나 하고 들여다 봤더니, 역시나 실망스러웠습니다. 다소 억지스럽다고 여겨지는 이 자료들에 의하면, 대전자령 전투를 설명하는 자료가 맞는지 의심스러울 뿐더러, 그래서 이것이 우리 독립군과 무슨 관계가 있다는 것인지 해명이 안되는 부실한 증거들이었습니다. 먼저 일본 측 보고

---

[*] 박창욱, 1920~1930년대 재만 민족주의 계열의 반일민족운동, 역사비평 1994년 겨울호(통권 29호) 1994.11, p. 261

[**] 張世胤, 韓國獨立軍의 抗日武裝鬪爭 硏究, 한국독립운동사연구 3권, 1989.11, 31, p. 356~357

서의 내용은 대강 이런 내용입니다.

"비적 서영장(徐營長)이 이끄는 약 300명의 적단은 왕청현 나자구에서 퇴각 중인 우리 파견군을 추수(追隨 : 뒤따라옴)하여, 피난 중인 재만 조선인 1,600여 명을 그 도상에서 습격하여 사상자를 냈음"

이 보고서가 사실이라면, 이 사건의 주역은 이청천 부대가 아닌 토비(土匪) 출신 서영장(徐營長)이며, 설령 그 무리 속에 독립군이 참여했다 하더라도 일본군이 아닌, 피난 중이었던 조선인 1,600명을 습격하고 재물을 강탈한 사건으로 보는 것이 정확한 사료의 해석입니다. 어딜 봐서 이것을 '독립운동'이라 할 수 있다는 것인지 납득하기 어렵습니다.

장세윤이 제시한 또 다른 자료로 '조선군사령부 발표 보도문'이 있습니다. 이것은 조선군사령부에서 언론에 브리핑한 내용을 조선일보 1933년 7월 9일자에 보도한 것입니다. "나자구 피난민 중 1천6백 명 흩어져 도망, 토병(土兵)의 습격으로 30명 사상, 행방불명도 50명"이라는 제하의 기사에는 이런 내용이 실려있습니다.

"회령에서 간 나자구 수비대에서 환송하는 화물을 호송하기 위하야 6월 26일 백초구(百草溝)를 출발한 석정조장(石井曹長) 이하 27명은 29일 나자구에 도착하고 그 이튿날 새벽 세 시에 하차(荷車) 백 대를 가지고 다시 백초구를 향하야 출발하였는데, 그 일행 중에는 나자구에서 피난민 4천여 명과 피난민의 우마차 500여 대가 뒤를 달려 7월 1일에 국자가(局子街)에 도착한 후 6일 오전 6시 30분에 회령에 돌아왔다.
이 호송대는 호송 중 수차 반군(反軍)과 싸웠는데, 그 교전 상태를 보면, 6월

30일 새벽에는 태평구 부근에서 약 4천 명의 반군과 교전하고, 7월 1일에는 장가점(張家店) 부근에서 약 300의 구국군과 교전하고, 2일에는 새벽에 노령(老嶺) 부근에서 4~50명의 반군과 교전하였는데, 이상 수차의 싸움으로 말미암아 반군이 버린 시체가 100, 일본군 2명 부상, 하차 14대 행방불명, 피난민 사상 30명, 피난민 중 행방불명이 된 자 50명, 병으로 죽은 자 40명이며, 그 밖에 우마차 100대가 행방불명이 되었는데, 백초구에 도착하여 조사한 결과 4000명의 피난한 민중에서 1,600명은 사방으로 흩어지고, 또는 반군에게 사로잡혀 행방이 불명된 것으로 판명되어 있다."

　위의 보도에 따르면, 6월 30일 태평구, 7월 1일 장가점, 7월 2일 노령 부근에서 교전이 있었는데, 독립군이 말한 그 엄청난 승전은 이 중 어디를 말하는 것인가요? 우리 측 자료들에 따르면, 대전자령 전투는 분명히 7월 2일에 벌어진 전투입니다. 그렇다면 대략 위의 기사에서 7월 2일 노령 전투가 그나마 시기상 일치하는 것 같습니다. 그러나 장소가 맞지 않습니다. 대전자령은 왕청현 나자구에 있는 곳이고, 노령은 러시아령 연해주 일대를 말하는 것입니다. 장소만을 두고 본다면 6월 30일경 태평구에서 벌어진 전투가 실체에 더 가깝다고 할 수 있겠습니다. 하지만 이 전투는 반군 집단이 일본군을 따라 피난 중이던 조선인들을 습격한 것으로 4,000명 중 1,600명이 끌려가거나 행방불명된 사건입니다. 사건의 전말은 이처럼 명확합니다. 이 전투에서 일본군 두 명이 부상을 당하기는 했지만, 반군은 100여 명의 시체를 버리고 도주했던 것입니다. 즉, 이 신문 기사에서 언급된 전투들은 대전자령 전투와 아무 관계가 없습니다. 이것을 두고 대전자령 전투의 실마리를 찾고자 한다면 그것은 억지에 가까운 주장일 뿐입니다.

　그런데 장세윤은 이 자료를 어떻게든 살려보고 싶었는지, 이들이 공격한

1,600명은 조선인이 아닌 일본군으로 보아야 하며, 조선인으로 기술한 것은 패전을 면피하기 위한 일제의 날조라고 주장합니다. 네, 그렇다고 합니다. 자료의 문언을 있는 그대로 보지 않고 자구를 비트는 망문생의(望文生義)의 끝은 언제나 이렇게 '일제의 날조'로 귀결되는 법입니다.

여기에 이준식이라는 분이 나서서 추가로 거드는데요, 과장이 있을 수는 있지만 다수의 우리 측 자료에 일관되게 등장하고 있는 이 전투를 사기라고 보는 건 문제라는 입장이십니다.[*] 네, 거짓말도 일관되게 진술하면 진실이 된다는 주장 잘 들었습니다. 자료 조사는 공들여 많이 하신 것 같지만 여기에 견강부회하여 엉뚱한 추론을 대입하는 것은 곤란합니다.

예컨대, 부대 지휘관 이케다[池田信吉], 사이토[齋藤春三]가 장성 승진을 못하고 예편된 것을, 혹시 대전자령 전투 패전 때문이 아닌가 의심하는 부분은 실소를 자아내게 합니다.[**] 희망 사항이 지나치신 거 아닌가요? 이케다는 29년 군 생활 후 정년 만료로 제대한 것이고, 사이토는 1936년 제8사단 사령부 소장을 끝으로 예편했습니다. 대전자령 전투가 있었던 시기는 후임 사이토 대좌가 이끌었을 때이니 그 패전의 책임은 그가 졌어야 했는데 소장까지 승진한 것입니다.

이준식은 게다가 "간도 임시 파견대 1,300명이 철수했는데 1,000명밖에 도착하지 않았다, 함흥 파견대가 359명이 간도로 떠났는데 돌아온 건 180명뿐이다"라는 혼자만의 계산 방식으로 여기에서 사라진 인원들은 모두 대전자령에서 전사한 것으로 추정합니다. 하지만 철수 인원은 당지 사정에 의해 수시로 바뀌는 것이며, 복귀 일자가 앞당겨지거나 늦어질 수도 있는 가능성은 고려하지 않은 것 같습니다. 예컨대 朝參 제873호나 朝參報 제960호를 보면, 간도임시파견대 주력 부대가 철수하기 한 달 전인 1933년 5월부터 비

---

[*] 이준식, 항일운동사에서 대전자령 전투의 위상과 의의, 한국독립운동사연구소 편, p. 16~20
[**] 이준식, 앞의 책, p. 21 각주 17번

행중대, 산포병 1, 2소대 등 수백 명씩 조기 귀환이 이뤄지고 있음을 알 수 있습니다. 이준식이 상상했던 철수 병력과 오차가 생기는 건 당연한 것입니다. 게다가 朝作命 제121호 등 일부 자료에는 임시파견대의 주력이 철수함에 따라 비적 잔당들이 내침할 수 있으므로, 파견대의 일부 및 교대 병력 약 2개 중대가 잔류하여 대황구(大荒溝) 방면 및 무산대안(茂山對岸) 방면의 병비, 공비들을 토벌하도록 한 것을 볼 때, 잔류 병력 수를 감안하면 이 오차는 의미있는 데이터가 아닙니다. 朝參報 제960호에 따르면, 주력 부대의 철수 한 달 전인 쇼와8년(1933년) 5월 2일 현재 간도임시파견대의 병력 수는 1,297명이었습니다. 이들 중 약 167명은 현지 사정상 5월 10일 먼저 철수를 시작했고, 6월부터 본대가 철수한 뒤에, 그 중 약 140여 명이 잔류하여 비적 잔당 토벌 임무를 수행했다고 하면, 조선군사령부의 보고대로 최종 귀환 병력 약 1천여 명은 아무 문제가 없는 셈입니다.

간도 출동부대 선발 귀환 전후 인마(人馬) 조사표 (1931년 5월 1일 조사)

병력 정리 전후구분		부대별			
		간도임시 파견대	제19사단 월경부대	제20사단 월경부대	합계
정리 전	人	1,455	222	477	2,154
	馬	192	10	7	209
귀환 수	人	158	128	258	544
	馬	66			66
정리 후	人	1,297	94	219	1,610
	馬	126	10	7	143

朝參報第960號, 出動部隊兵力整理ニ關スル書類送付ノ件
(間島臨時派遣隊, 第19師團, 第20師團越境出動部隊)

그리고 이준식이 인용한 조선헌병대 사령부 보고서의 귀환 병력 수는 1천 명이 아니고, 파견 대장 이하 '약' 1천 명입니다.[*] 이 보고서를 끝까지 보면, 1933년 6월 29일부터 7월 7일간 함북, 경원, 삼봉, 남양, 무산 다섯 방향(5面)에 걸쳐 입선(入鮮 : 조선에 들어옴)하였는데, 철로를 이용하여 나남, 회령, 함흥 등 각 위무지로 무사 귀환하여 원대 복귀하였다고 보고하고 있습니다. 이 보고서는 나자구에서 임시 파견대 1,600명이 전멸한 것으로 부풀린 대전자령 전투가 거짓임을 입증할 자료인데, 1천 명에 눈이 박혀 그건 못 보신 것 같습니다. 상식적으로 생각해 보았을 때, 철수를 결정한 간도 임시 파견대가 각 주둔지에서 여러 갈래로 철수하는 도중에 산골짜기인 나자구(羅子溝)에 전체 병력이 집결할 이유가 없지 않겠습니까?

이규채(李圭彩)의 신문 조서를 읽어보면, 대전자령 전투가 허구라는 것은 너무 쉽게 알 수 있습니다. 이규채는 한국독립당과 이청천 부대에서 활동했던 사람입니다. 그는 토벌대에 쫓기던 이청천을 중국 관내로 도피시켜 김구의 낙양군관학교에 입교시키는 데 주도적 역할을 한 바 있습니다. 1932년 11월 쌍성보 2차 습격 사건 이후 카오펑린 부대가 일제에 투항하면서 이청천 부대는 살 길을 찾아 왕더린 부대가 있는 액목현으로 갔지만, 왕더린마저 소련으로 망명하면서 사실상 그때부터는 잠행과 도피 행각을 했을 뿐 큰 전투를 치를 여유도 인원도 없었습니다. 이청천은 궁여지책으로 독립군의 해산을 명한 뒤 모두 뿔뿔이 흩어져, 이청천과 함께 잔류한 인원이 열세 명 정도 밖에 안되었습니다.[**]

이 시기에 이청천 부대가 2,500명의 대군을 일으켜 대전자령 전투를 했다

[*] 陸滿普受第3239호 朝警第38호 間島臨時派遣隊歸還狀況 ノ件 1933년7월29일 朝鮮軍司令官 川島義之 보고
[**] 이규채(李圭彩) 신문조서(제3회), 한민족독립운동사자료집 43권 中國地域獨立運動 裁判記錄 1, 국사편찬위원회 한국사데이터베이스

는 것은 있을 수 없는 무협극입니다. 이규채는 1933년 4월 난징으로 건너가 임시정부의 박남파와 접촉합니다. 그는 이청천 부대를 관내로 이동시킨 후 이들이 임시정부의 보호를 받으면서 생계를 이어갈 수 있도록 군관학교에 취직시키는 방법을 협의합니다. 어느 정도 협상이 되자 박남파에게 600달러의 자금을 얻어 1933년 5월 초에 길림성으로 돌아갑니다. 이청천 부대가 도피 중이었기 때문에 사방을 수소문하여 어렵사리 접선하고, 마침내 1933년 9월 22일에 이청천 일행을 북평(北平)에서 다시 만나 중국 관내로 피신한 것이죠.[*]

그 사이에 이청천 부대가 한 일은 왕더린 잔당과 함께 몇몇 조선인 부락을 습격하여 자위단과 교전하거나 물자를 약탈한 소규모 전투를 벌인 것이 전부입니다. 『백강회고록』에는 이청천 부대가 1933년 9월 초에 동녕현(東寧縣) 전투를 전개했다는데, 이 전투는 사충항, 이연록 등 길림구국군이 훈춘 반일 유격대(=공산비)와 함께 전개했다가 실패한 전투이고, 그 시기의 이청천 부대는 흔적도 없이 사라진 상태로, 우리와 아무 관련이 없습니다.

박창욱의 지적처럼 1930년 초기의 한국독립당의 한중 연합 작전과 전과들은 사실상 실체가 없거나 중국 구국군의 전과를 사칭한 것으로, 학계가 가담한 사기극에 가깝습니다. 부락민이 30여 호에 불과한 곳에서 수백 명의 독립군을 모집했다거나, 있지도 않은 일본군 지휘관, 부대, 병력 수까지 모두 엉터리인 개인의 회고록은 사료 간의 엄밀한 교차 분석을 통해 확인된 것만 받아들여야 합니다. 그럼에도 우리 학계는 그런 노력을 소홀히 하면서 '약간' 과장이 되었다는 정도에서 타협하고 있습니다. 부끄러운 줄 알아야 합니다.

---

[*] 이규채(李圭彩) 청취서(제3회), 한민족독립운동사자료집 43권 中國地域獨立運動 裁判記錄 1, 국사편찬위원회 한국사데이터베이스

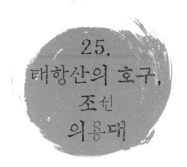

25.
태항산의 호구,
조선
의용대

　　김원봉은 1923년까지 의열단 사업에 계속 실패하고 조직마저 분열되면서 극심한 자금난에 시달리게 됩니다. 분열상을 뒤늦게 수습해보려 하지만 잘되지 않았죠. 돈줄이 마르면서 혹독하게 고생을 하는 와중에 의열단 부하들은 민간인을 대상으로 강도 약탈을 하고 있었으니 그 꼴이 비참하여 말이 아니었죠. 이 부분은 앞 절에서 이미 설명하였기 때문에 재론하지 않겠습니다.

　김원봉은 1924년 4월경 광둥으로 건너가 경제적 원조를 얻어보려 중국 국민당 정부의 재정부장으로 있던 랴오중카이[廖仲愷]와 중앙조직부장 탄평산[譚平山]을 면담하려 하였지만 만나주지 않아 아무런 성과도 얻지 못하고 돌아와야 했습니다.[*] 하지만 지성이면 감천이라던가요? 김원봉은 여기저기 끊임없이 줄을 댄 결과 마침내 천리푸[陳立夫]의 소개로 장제스 인맥들과

---

[*] 亞三機密合第409號, 金元鳳ノ行動ニ關スル件, 1924년 04월 17일, 不逞團關係雜件朝鮮人ノ部-別冊, 外務省外交史料館

선이 닿아 그를 비롯하여 의열단원들이 황포군관학교에 입교하게 된 것이죠. 그런데 김원봉은 야심이 큰 사람이었기 때문에, 급한 불은 껐지만 기대에 못 미치는 국민당 정부의 지원에 만족하지 못합니다. 당시 중국 내 군벌 중 투 톱이었던 우패이부[吳佩孚]를 만나기 위해 한커우[漢口]까지 가서 자금 구걸을 했다는 얘기가 있는 것으로 보아 확실히 독립운동보다는 돈에 미쳐 있었던 것으로 보입니다.*

김원봉이 황포군관학교에 입교하게 된 과정이나 배경은 잘 알려져 있지 않습니다. 그런데 우리 학계의 주장처럼, 거기서 무장 투쟁의 역량을 키우거나 간부를 육성하기 위해서보다는 당시 의열단원들의 당면한 극심한 생활고를 해결하기 위한 도피처가 일차적으로 필요했고, 황포군관학교에 공을 들이고 있는 중국 국민당 요인들과 접촉하여 인맥을 만들기 위해서 들어간 거죠. 학계에서는 의열단원들의 황포군관학교에 입교하는 과정에서 이 모든 걸 김원봉이 주도했다고 합니다. 하지만 1926년 국민당 제2차 전국대표대회에 참석차 중국 광저우를 방문한 여운형이 장제스와의 면담에서 한인들의 입교와 관련 여러 가지 편의를 봐주도록 승락받은 상태였기 때문에 1926년부터 황포군관학교에 한인들이 입교가 허용된 것이라고 보아야 합니다.**

황포군관학교는 신해혁명 이후 대륙에서 할거하고 있던 군벌들을 쓸어버리고, 중국 대륙을 통일하려는 국민당 프로젝트의 일환으로 만들어진 학교였습니다. 그 때문에 애초에 의열단의 설립 취지나 활동 목표와는 정체성이 맞지 않는 곳입니다. 황포군관학교에 입교했던 한인들은 6개월 간의 교육을 수료한 뒤, 국민당 정부의 북벌 작전에 학생군으로 참여하게 되는데요, 김원봉은 교관이라는 이유로 전선에 나가지 않고 학교에 잔류합니다.

그 후 1927년 4월 장제스의 상하이 쿠데타로 인하여 국공합작이 결렬되면

---

* 亞三機密第36號, 義烈團ノ近狀ニ關スル件, 1925년 12월 21일, 不逞團關係雜件朝鮮人ノ部-別冊, 外務省外交史料
** 김영범, 한국근대민족운동과 의열단(창작신서 156), 1997, 창작과 비평사, p. 162

서, 학교 내의 공산당 좌파 세력이 모두 축출됩니다. 이들이 난창[南昌]봉기를 일으켰을 때, 불행히도 의열단 출신들을 비롯 많은 한인이 여기에 가담합니다. 이 시기에 김원봉도 신변의 위협을 느껴 상하이로 피신했다가 난창봉기에 참여했던 것으로 보이며, 난창봉기가 실패하자 그들은 광저우봉기로 옮겨갔는데, 난창봉기 당시 의열단 옛 동료들 때문에 마지못해 참여했던 김원봉은 광저우로 가는 길에 슬그머니 빠져서 사라집니다.*

애초에 승산이 없는 싸움이라는 걸 잘 알고 있었던 김원봉은 김성숙, 장지락, 오성륜, 박건웅 등 동료들이 사지에서 싸우고 있을 때 혼자 손 털고 나온 것이죠. 광저우봉기에 멋모르고 들어간 한인들은 210명의 희생자를 내고 고작 열다섯 명만 생존하여 피신합니다. 생존한 의열단원들도 각자도생하던 중에 일본경찰에 검거되는 경우가 많아, 어려운 환경 속에서도 버텨왔던 의열단은 이 시기에 전멸하다시피 했죠. 김원봉은 부하들의 희생을 충분히 막을 수 있는 지위와 책임이 있었으면서도 그렇게 하지 않았습니다.

공들여 구축했던 황포군관학교 내 의열단 조직이 궤멸되는 타격을 입은 김원봉은 이후 몇 년 동안 잠행합니다. 1932년에 국민당 정부는 삼민주의 역행사, 소위 남의사로 알려진 비밀특무기관을 만듭니다. 말이 삼민주의를 실천하기 위한 기관이지, 사실은 장제스의 집권에 방해되는 인물이나 세력들을 제거하기 위한 테러 단체에 불과합니다. 그런데 김원봉은 이 조직의 상무간사이자 서기를 맡고 있는 덩지에[滕傑]에게 접근하여 얼마 되지도 않는 의열단원들을 내세우면서 한중 항일 연대에 활용해달라고 요청합니다. 덩지에는 황포군관학교 4기 출신으로 김원봉과 동기생이라는 인연이 있습니다.**

몇 해 전까지 공산당 폭동에 가담했다가 도주했으면서 뻔뻔하게 옛 인연을

---

* 김영범, 앞의 책, p. 180~181
** 양지선, 한국독립운동세력과 CC파·역행사의 공동 첩보 활동, 동양학 2016. 62호, 단국대학교 동양학연구원, p. 127~128

내세워 이번에는 테러와 암살 전문 극우 조직에 의탁한 것이죠. 그의 처세와 변신은 놀랍기만 합니다. 권력을 좇아 사람들 위에 오르기 위해서는 신념도 사상도 지조도 없이 비빌 데만 있으면 가리지 않고 영혼을 팔았던 것으로 보입니다. 어쨌든 김원봉은 국민당 군사위원회의 실권자이자 남의사의 책임자였던 덩지에를 거쳐 장제스를 만난 뒤 한중 합작 항일 운동을 하자고 제안합니다. 이때 김원봉은 자기의 이름 대신 너무도 중국스러운 진국빈(陳國斌)이라는 가명을 사용하죠. 혹시라도 장제스가 공산당 사건에 연루된 자신의 이름을 알게 될까 두려워서였을까요?

덩지에라는 막강한 후원자를 내세운 덕에 김원봉의 도박은 성공하여, 1932년 4월 남의사의 하부 조직으로 민족운동위원회라는 것이 만들어집니다. 명분상으로는 한국, 타이완, 월남 등 피압박 약소 민족들의 독립과 자유를 쟁취하는 운동을 적극 고무하고 지지하는 것을 목표로 하고 있습니다. 하지만 사실은 국민당의 정적이나 그들에게 위협이 되는 외국 요인들을 제거하려는 데 이민족들을 활용할 의도였지요. 민족운동위원회의 주임위원은 황포군관학교 5기생 출신인 간궈신[干國勳]이라는 중국인인데, 김원봉과 말이 잘 통했으며 강력한 후원자가 됩니다.

김원봉은 간궈신의 지지를 받아 조선혁명군사정치간부학교를 설립하는데, 이는 몰락 일로에 있던 김원봉이 기사회생하는 계기가 되죠. 이 간부훈련반을 만들면서 국민당 군사위원회로부터 학교 운영과 관련된 경비를 전액 지원받아 냅니다.[*] 또한 졸업생들의 생활비는 물론 공작원으로서 파견되는 경우 필요한 각종 여비와 공작비를 별도로 지급받았습니다.

중국인들이 이 모든 것을 공짜로 해줬을까요? 그렇지 않습니다. 우리 학계나 교과서에서는 이 조선혁명간부학교가 무장 독립군의 간부 장교를 양

---

[*] 김영범, 앞의 책, p. 300

성한 것으로 기술하고 있으나, 실은 남의사 직속의 테러 전문 요원을 양성시키기 위한 훈련소입니다. 거기서 용병처럼 훈련받아 각종 암살이나, 요인 납치 등에 필요한 킬러들로 배출되는 것이죠.

이와 비슷한 시기에 남의사와 경쟁 관계에 있던 중앙당의 CC파라는, 역시 정보기관이 있었습니다. 이 조직에서는 김구를 지원했죠. 김구 역시 김원봉의 조선혁명간부학교와 비슷한 낙양군관학교를 설립해서 운영하고 있었기 때문에 김원봉과 경쟁이 심했습니다. 만주 토벌군의 소탕 작전에서 패주하여 난징으로 건너온 이청천을 두고 두 사람이 치열한 각축을 벌이기도 했죠.

그러니까 이들은 조국의 독립이나 민족의 안위 같은 것에는 아무런 관심도 없었습니다. 다만 중국 국민당에 서로 충성 경쟁을 하였던 것이며, 우리 젊은 인재들을 그들의 소모품으로 활용했던 것입니다. 국민당 내부에서는 약소 민족을 지원한다는 명목으로 민족운동위원회에 김구파와 김원봉파를 모두 가입시켜 놓고, 그들의 자금줄을 달리하여 경쟁 심리를 교묘히 부추겼습니다. 김구는 천리푸 등 중앙당 CC파의 지원을, 김원봉은 군사위원회와 황포동학회의 지원을 받게 한 것이죠.

이들에게 친일 밀정이나 배신자로 낙인이 찍히면 그냥 죽은 목숨이라고 봐야 했습니다. 김구는 숱한 인사를 백주 대낮에 암살했지요. 일제의 자료에 따르면, 김구와 대립했거나 협조를 거부한 인사들뿐만 아니라 중국 내 정치 거물들을 제거하는 데에도 동원되었습니다. 예컨대 김구의 경우, 남의사의 다이리[戴笠]가 주도하는 왕징웨이[汪精衛] 암살단 조직에도 가담한 것으로 나타납니다. 즉, 김구는 1939년 3월 말 하노이로 피신한 왕징웨이를 암살하려다 미수에 그친 사건과 왕징웨이의 측근이자 언론인 린바이성[林柏生]을 습격하여 중상을 입힌 사건에 연루되기도 했습니다. 이런 사례들을 통해 보면 남의사의 영향 하에 있고 자금을 지원받고 있던 당시의 김원봉,

통해 보면 남의사의 영향 하에 있고 자금을 지원받고 있던 당시의 김원봉, 김구 등 중국 관내의 독립운동가들이 하라는 독립운동은 아니하고 얼마나 일탈을 저지르고 다녔는지 추측하기 어렵지 않습니다.*

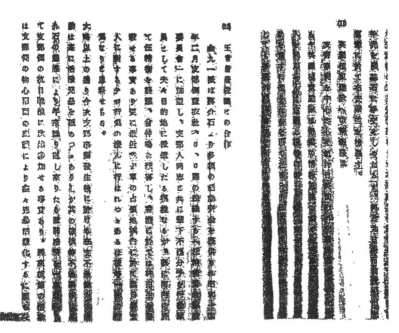

김구 일파가 남의사와 합작하여 왕징웨이[汪精衛]를 암살하려다 오인하여
그의 비서 쩡중밍[曾仲鳴]을 살해한 사건에 연루되었음을 보고한 특고월보(特高月報) 자료

1937년 중일전쟁이 발발하자, 7월 10일 국민당 정부는 김구, 김원봉, 유홍식(=유자명) 등 한인 단체의 리더들을 초빙하여 중국인과 항일 연합 전선을 결성하고 같이 싸울 것을 제의합니다. 그러면서 그 중요 사명을 수행하라는 명목으로 거액의 돈다발을 지급합니다. 돈을 받고 한껏 고무된 리더들은 즉

---

* 特高警察關係資料集成 제12권, 不二出版, 1991, p. 280, "最近に於ける在支不逞朝鮮人の策動狀況", 務省警保局保安課(1941)

시 그 자리에서 흔쾌히 응락하였는데 이들은 장제스로부터 더 많은 후원을 얻어내려고 자파의 청년당원들을 내보내, 경쟁적으로 조선인 청년들을 모집하게 합니다. 그 결과 각지 각파의 청년 83명이 난징에 모이게 됩니다.[*]

그리하여 이들은 1937년 12월 1일 중국중앙군관학교 성자분교 특별훈련반 제4중대에 편입하게 되죠. 약칭하여 성자분교라 불리는 이 학교의 출신들은 1년 뒤 조선의용대를 구성하는 핵심 멤버들이 됩니다. 중국 국민당 정부의 정책에 호응을 잘한 덕분에 이 시기에 김구와 김원봉은 비교적 여유로운 생활을 한 것으로 알려져 있습니다.

일제의 보고서에 따르면, 김원봉은 국민당 정부로부터 막대한 지원을 받고 있으면서 한편으로는 동북부 군벌 장쉐량 일파로부터 몰래 따로 더 많은 자금을 지원받고 있었다고 합니다. 『사상휘보』에서 묘사한 원문 그대로 보자면, 김구와 김원봉은 자가용을 몰고 돌아다니며 호화로운 생활을 누리고 있었는데(自家用自動車を乗り廻し豪奢なる生活)[**] 우리 조선 청년들을 테러 양성 기관의 요원으로 팔아 넘기고 본인들은 그 댓가로 풍족한 생활을 한 것이죠.

우리는 흔히 김원봉이 조선의용대를 창설하여 주도적으로 이끈 것으로 알고 있습니다. 위키류의 백과사전은 물론 고등학교 검인정 교과서, 국사편찬위원회, 국가보훈처 등 국가 기관 웹사이트, 언론사 기사에도 그렇게 설명되어 있습니다. 하지만 이것은 사실이 아닙니다. 조선의용대는 아오야마 가즈오[靑山和夫]라는 일본인이 제안하여 중국 국민당의 지시로 탄생한 것입

---

[*] 在支朝鮮義勇隊の情勢, 思想彙報제22호(1940년 3월, 高等外事月報第5號에 의함), 朝鮮總督府高等法院思想部, p. 158

[**] 在支不逞鮮人の暗躍に關する情報, 思想彙報제14호(1938년, 3월), 朝鮮總督府高等法院思想部, p. 218~219, 이 자료에서 김원봉이 장쉐량에게 지원을 받고 있다는 정보는 장쉐량 일파에게 지원을 받고 있다는 의미로 보인다. 장쉐량은 1936년에 체포되었기 때문이다.

니다.[*] 김원봉은 이 과정에서 단지 국민당 군사위원회 정치부에 의해 총대장으로 임명이 되었을 뿐입니다.[**]

즉, 조선의용대는 일본인에 의해 제안되고 중국 국민당에 의해 창설된 부대이며, 국민당 군사위원회 정치부에 예속되어 비무장 선전 부대로 활동한 조직이라는 게 본질이고 핵심입니다. 김원봉은 명목상으로만 한인 부대를 대표하는 사람일 뿐이죠. 조선의용대는 자체적인 지휘권으로 인사, 편제, 예산 등 전반적인 운영과 관련해서는 물론, 중국 정부의 승인이 없으면 어떤 작전도 추진할 수 없었습니다. 그런데 우리 역사가들은 김원봉과 민족혁명당이 이 모든 것을 주도하고 마치 한중 간 대등한 위치에서 항일 무장 투쟁사에 큰 족적을 남긴 것처럼 덧칠을 해댔습니다.

1938년 7월초 아오야마 가즈오[靑山和夫]가 제출한 국제의용군 창설계획안을 보면, 제1안(案) 〈국제의용군 제1대 조직 계획 방안〉이 있는데, 실제이 계획안대로 조선의용대가 거의 그대로 조직됩니다. 명칭만 의용군이 아닌 의용대가 되었을 뿐입니다. 염인호는 이 계획안이 아오야마와 김원봉의 공동 작품이라고 굳이 주장합니다만,[***] 김원봉이 이 계획안의 작성에 참여했다거나 의사가 반영되었다는 아무런 증거가 없습니다. 더욱이 아오야마의 제3안인 〈조선인 문제 해결 방법〉을 보면, 우리 민족을 어떻게 생각하고 있는지 단면을 알 수 있습니다.[****]

---

[*] 최춘봉, 조선의용대의 창설과 활동 補遺, 한국독립운동사연구 제25집 2005.12, p. 230

[**] "대장을 조선인들이 자체적으로 추대하는 것과 중국 당국이 지명하는 것 사이에는 차이가 있다. 지명하는 일은 민족전선연맹 측이 주장했던 '평등 합작'의 정신에 위배되는 것이었다. 대장이 지명됨으로써 조선인들의 독립성·자주성은 훼손될 수밖에 없었다." 염인호, 조선의용대의 창설과 한·중 연대, 한국근현대사연구 11권(1999.11), p. 161

[***] 염인호, 조선의용대의 창설과 한·중 연대, 한국근현대사연구 11권, 1999.11, 한국근현대사학회, p. 151~158

[****] 靑山和夫은 ① 국제의용군 제1대 조직 계획 방안 ② 의용군 조직 설명, ③ 조선인 문제 해결 방법 등 세 건의 문서를 작성하여 중국인 왕판성을 통하여 蔣介石에게 제출하였다.

중일전쟁 시점이 조선인 문제를 해결할 수 있는 절호의 시기이니 재중 한국인 가운데 양호한 우수분자는 70명 정도 선별하여 위기에 빠진 부한(武漢)의 사수 작전에 참전시키고, 그렇지 못한 불량자와 중간분자는 여비를 줘서 후방으로 내쫓아버리거나 강제 노동에 종사하도록 해야 한다는 게 그의 제안입니다.[*]

그러니까 팔팔한 놈들을 골라 일본과의 전쟁에 써먹고, 쓸모 없는 조선인들은 버려야 한다는 취지입니다. 만약 김원봉이 아오야마의 계획안에 뭔가 역할을 했다면, 이런 사악한 제안이 장제스에게 올라가는 데, 방임했거나 협조했다는 뜻이 되고 맙니다. 따라서 김원봉이 아오야마와 접촉하여 국제의용군 창설에 대강의 구상을 논의했을 수는 있지만, 김원봉이 이 계획안에 큰 역할을 했다고 보기는 어렵습니다.

아오야마의 제2안인 〈의용군 조직 설명〉에도 역시 같은 문제가 드러납니다. 이 계획에 따르면, 한인 부대는 하나의 독립 단위로 단독 활동할 수 없고, 1개 소대나 1개 반의 형태로 자잘하게 찢어진 뒤 각 중국군 예하 부대로 분산 배치되어, 부대 사령관의 지휘를 받도록 하였습니다. 이름뿐인 대본부 대장 김원봉이 아무것도 할 수 없게끔 해 놓은 것입니다. 사실상 김원봉은 조선의용대를 실질적으로 통제하고 지휘할 수 없는 존재라는 것을 알 수 있습니다.

조선의용대의 지도위원회라는 것을 보면, 내용상으로는 중국인과 한국인이 5:5의 비율로 구성되어 있어 공동으로 운영되는 것처럼 보입니다. 하지만 사실상 지도위원회에서 할 수 있는 건 아무것도 없습니다. 그냥 의견 개진 정도나 가능했을지는 모르겠으나, 유명무실한 조직이었습니다. 일단 지도위원회을 이끄는 정치주임이 중국인 허중한(賀衷寒)입니다. 지도위원회

---

[*] 장세윤, "의열단과 조선의용대, 조선의용군", 조선의용대 창설 80주년기념 학술회의 자료집 p. 22, 국가보훈처

는 정치부의 휘하에 있고, 다시 정치부는 군사위원회의 휘하에 있습니다. 즉, 상급 조직의 장(長)이 모두 중국인으로 채워진 것입니다. 이런 구조하에서 지도위원 여덟 명 중 네 명이 한국인으로 임명된 것이 무슨 힘이 되겠습니까?[*]

실제로 1938년 1월 2일 지도위원회 제1회 회의에서 조선의용대를 조선의용군으로, 대장을 사령으로 명칭을 바꿨지만 그냥 묵살되고 조선의용대란 이름으로 출범하게 됩니다.[**] 이게 현실이죠. 거기서 우리가 뭘 주도하고 무슨 성과를 냈다는 건 자위성 합리화에 가깝습니다. 애초에 아오야마는 우리 민족의 독립이나 국권 회복에 아무런 관심이 없던 사람이죠. 오로지 그의 정치적 멘토인 왕봉생(王芃生)을 내세운 뒤 별도의 독자적인 국제적 무장부대를 만든 후 반파시스트 동맹으로 써먹으려는 생각밖에는 없었던 사람입니다. 그런 그에게 조선인 부대는 그냥 불쏘시개에 불과했습니다.

어쨌든 아오야마의 제안에 기초하여 1938년 8월 12일자로 장제스는 무한에 있는 한인들이 얼마나 되고 그 성분이 어찌 되는지를 먼저 조사할 것을 군사위원회 정치부에 지시합니다. 그리하여 정치부장 정청[陣誠]이 장제스에 보고를 했는데, 아오야마의 제안은 대체로 실천이 가능하다는 취지로 의견을 상주했던 것입니다.[***]

이후 조선의용대 창설은 급격히 진전을 보게 되어, 1938년 10월 10일 무한에서 창립기념식을 거행하며 성립되었습니다. 내막을 알고 보니 조선의용대는 순전히 타의에 의해서 만들어졌고, 함락의 위기에 처한 무한 사수전에서 총알받이로 쓰려고 조선인 부대를 만든 것에 불과합니다. 그것도 항일이라면 항일이라 할 수 있겠지만 독립운동의 일면으로 보기에는 너무 창피한

---

[*] 염인호, 앞의 논문, p. 159~160

[**] 염인호, 앞의 논문, p. 163~164

[***] 염인호, 中國 關內地方에서의 朝鮮人 民族解放運動과 靑山和夫, 한국독립운동사연구 제17집 2001. 12, 독립기념관 한국독립운동사연구소, p. 328

것 아닌가요?

조선의용대가 창설되던 시기에 무한은 일본군 공세가 매우 거세져서 위태로웠습니다. 조선의용대는 창설과 동시에 곧바로 무한을 사수하는 보위전에 투입되었습니다. 당초 부대 창설 목적과는 달리 거기서 총을 들고 싸운 게 아니라, 국민당 군대와 무한 시민들에게 나가자, 싸우자, 이기자고 선전하거나 벽보 붙이는 일 따위를 했습니다. 그러다가 1938년 10월 26일 무한이 일본군에게 함락되면서 조선의용대 본부는 광시성 구이린[桂林]으로 후퇴합니다. 어쨌거나 이것도 항일이라고 칩시다. 일부 논저에서는 궈모뤄[郭沫若]가 감동할 정도로 열성적인 활동했다고 하는데,[*] 중국군을 위해 포스터를 붙이고 벽에 그래피티를 쓰는 역할이 우리 민족의 독립에 조금이라도 기여한 바가 있었을까요?

조선의용대 본부가 구이린으로 이동한 뒤 여러 가지로 안팎의 사정이 바뀌게 됩니다. 일단 내부적으로 조선의용대의 활동에 불만을 품은 사람들이 생깁니다. 엄밀히 말하자면, 원래부터 김원봉의 독단적 리더십이나 민족주의자들과의 타협적 노선을 싫어하던 불평분자들이었는데, 그 리더는 최창익이라는 사람입니다.

이 사람들은 이리저리 한인들을 이용하고 쓸모 없는 일만 시키는 중국 국민당과 관계를 끊고 조선인이 많이 거주하고 있는 동북(東北) 지방으로 가서 우리끼리 독자적인 활동을 해보자 하는 노선을 추구했습니다. 반면 김원봉은, 거기 가 봤자 별 볼 일 없고 후원 없이 갔다가 고생만 하니 여기서 중국 국민당의 지원을 받으면서 힘을 키우다가 동북 지방으로 진출하자고 주

---

[*] "내가 자동차로 거리를 돌아볼 때, 그들은 표어를 쓰느라 여념이 없었다. 삼삼오오 조를 이루어 페인트 통, 콜타르 통을 들고 또 사다리를 메고 촌분을 아끼며 일에 몰두하고 있었다. 그것은 나를 감동시킨 일이기도 했다. 그들은 모두 조선의용대의 벗들이었다." 김삼웅, "약산 김원봉 평전", 시대의창, 2019, p. 500에서는 궈모뤄의 회고록으로 알려진 "홍파곡(洪波曲)"의 일부를 소개하고 있다.

장했습니다. 하지만 민족혁명당 제3차 전당대회 당시 의외로 최창익파가 강력한 지지를 받아서 동북진출론이 당론으로 채택이 되고 말았습니다.

김원봉은 난감했지만 당의 결정보다 본인의 고집대로 밀고 나갑니다. 이때 최창익 일파가 집단 탈퇴하여 자기들끼리 전시복무단이라는 단체를 만듭니다. 나중에 전위동맹으로 이름을 바꾸기는 하는데, 어쨌든, 돈이 떨어져서 아무 것도 못 해보고 다시 원대 복귀합니다. 조선의용대 창설 과정에서도 이들은 찬밥 신세가 되며, 최창익은 평대원으로 이름이 올라가죠.[*]

조선의용대 본부가 구이린으로 이동한 뒤, 중국 국민당은 관내 한인 독립운동 단체들의 분파주의를 해소하고 지원 창구를 단일화하기 위해 통합당을 만들도록 채근하기 시작합니다. 김구와 김원봉은 이에 민족주의와 사회주의의 통합당을 천명하고, 김원봉은 이를 전당대회에서 밀어붙이려고 하죠. 이때 최창익 일파가 다시 반기를 듭니다. 그냥 연대나 하면 되지 색깔도 다른 사람들과 왜 통합하느냐며 격렬하게 반발합니다. 그러면서 최창익은 부인 허정숙을 포함 전위동맹 동지 18명과 함께 당을 떠나, 옌안[延安]으로 가버립니다.

그 당시 옌안은 팔로군 포병사령관이었던 무정(武亭)의 손아귀에 있었습니다. 최창익은 순진하게도, 무정에게 환대를 받고 여기를 네 마음대로 한번 해보라는 식의 헛바람을 들이킨 후 중공당에게 적극 협력합니다. 그는 우선 국민당 관내에 잔류하고 있던 불평분자들에게 계속 편지를 보내거나 사람을 보내 옌안으로 옮길 것을 권유합니다.

때마침 국민당의 태도, 의용대 본부와의 갈등에 만정이 떨어진 의용대 주력들이 하나둘 옌안으로 탈출하기 시작하여 1940년에 1지대가 통째로 넘어

---

[*] 金光載, 朝鮮青年前衛同盟의 결성과 변천, 한국민족운동사연구 21권(1999), 한국민족운동사학회, p. 232~233

가고, 1941년 12월에는 1지대 나머지와 3지대 대부분이 낙양을 거쳐 화북(華北)으로 넘어가버립니다. 그 결과 구이린의 대본부와 판사처는 군속과 부상병, 노약자 외에는 아무도 없는 껍데기가 되었습니다.[*]

　사실 이 지경이 된 것은 김원봉의 기회주의적 처신이 자초한 결과입니다. 조선의용대 주력이 화북으로 넘어갈 수 있었던 것은 김원봉의 협조가 없었으면 불가능했습니다. 김원봉의 비서였던 시마로[司馬璐]는 중국 공산당 저우언라이[周恩來]의 지시를 받고 김원봉을 설득하여, 조선의용대를 중국 공산당의 화북 지역으로 이동시키도록 했다고 합니다.[**] 화북 지역은 일본의 사민정책으로 한국인이 급증하고 있는 상태였는데, 이를 의용대의 확장과 발전의 기회로 삼으려면, 화북 전선의 후방으로 의용대를 파견하여야 한다는 취지로 김원봉을 설득한 것이죠. 김원봉은 전위동맹계의 이탈과 조직 내 반목으로 지도력을 상실해가고 있는 와중에, 의용대를 확대할 수 있다면 반전의 기회로 삼을 수 있지 않을까 하는 생각으로 국민당 군사위원회를 설득하여 조선의용대의 주력을 화북으로 옮기는 데 협조합니다.

　하지만 김원봉의 배신은 곧 국민당 지도부에 의해 탄로나고, 그를 지원했던 군사위원회마저 등을 돌리게 되는 계기가 되죠. 설상가상으로 그를 이용했던 중공당마저 "소시민적 기회주의자고, 개인적 영웅주의자"라고 낙인을 찍어 배척합니다. 양쪽에서 버림을 받은 그는 조선의용대 대장으로서 명분상으로 가지고 있던 대표성마저 잃고, 조선의용대 잔병들과 함께 광복군에 편입되며, 부사령관으로 격하되는 수모를 겪게 됩니다. 하지만 그에게는 선

---

[*] 최춘봉, 앞의 논문, p.243 및 한국광복군총사령부, 朝鮮義勇隊가 黃河를 건너 중공 측에 가담하게 된 경과(1941), 대한민국임시정부자료집 9권 군무부편, 국사편찬위원회 한국사데이터베이스

[**] 이정식, 박주운譯, 韓人共産主義者와 延安, 사총 8권(1963년 11월), 고려대학교 역사연구소(구 역사학연구회), p.611~612, 그러나 시마로가 김원봉을 설득하여 중공당에 협조케 한 증언에 부정적인 의견도 있다. 김영범, 조선의용대 항일 전투(참가) 실적과 화북진출문제 再論, 한국독립운동사연구 67호, 독립기념관 한국독립운동사연구소, p. 211~212

택의 여지가 없었습니다.

화북으로 건너간 조선의용대는 더 이상 김원봉과의 연결 고리를 갖지 못합니다. 이동 초기에는 명분상 충칭 대본부의 직할 하에 두긴 했지만, 화북지대는 사실상 중공당의 지휘 하에 있었고, 국민당의 지원이나 김원봉의 지도를 받을 필요가 없었습니다. 그래서 화북지대는 엄밀히 말해 이전의 조선의용대와는 완전히 단절된 새로운 조직이라고 할 수 있습니다.[*]

조선의용대의 화북 이동은 여러 가지 사유가 복합되어 있는 것이지만, 가장 중요한 것은 중공당의 인원 빼 가기가 주효했다고 보아야 합니다. 그리고 그 배경에는 조선의용대 내부의 분열이 가장 크게 작용한 것이죠. 이것은 자신의 입지와 권세만을 생각하고 조직을 규합하지 못한 김원봉의 리더십과 자질의 문제였습니다. 또한 김원봉과 주도권 경쟁을 했던 최창익은 국민당의 우경화에 따라 설 자리를 잃게 되는데 그가 프로파간다로 내세운 동북론은 국민당 중심으로부터 되도록 멀리 떨어지고자 했던 나름의 정치적 셈법이 작용된 것입니다.[**]

그 당시 중공당은 화북 지역에 산재하고 있던 조선인들을 활용하여 중국 관내의 사상적 침투 기반으로 활용하고자 했습니다. 그러므로 조선인 출신이면서 중공당의 입지전적인 인물이었던 포병 사령관 무정이 화북 지역에서 조선인 외곽 단체를 조직하려 했습니다. 최창익은 무정의 의도에 아주 적합한 인물이었으며, 조선공산당 ML파 출신으로 사상적으로도 그들과 연

---

[*] 1941년 7월 조선청년연합회 결성 당시 조선의용대 화북지대가 "충칭에 있는 조선의용대 본부의 지도하에 있다는 것을 선포"했기 때문에, 여전히 충칭 대본부의 지시를 받고 있는 것으로 보는 학자들이 있다. 그러나 이는 화북지대의 정체성이 미흡했던 시기의 일로 어디까지나 명목상일 뿐이었다. 실제로 김원봉은 화북지대에 아무런 영향력을 행사하지 못한다. 김광재, "조선의용군과 한국광복군의 비교 연구" 史學硏究 제84호(2006년), p. 217 및 염인호, "朝鮮義勇隊 華北支隊의 八路軍과의 連帶鬪爭." 한국독립운동사연구 10권 (1996), p. 159, 167~168
[**] 염인호, 앞의 논문, p.166

결 고리가 있었습니다.[*] 최창익은 국민당 하의 조선의용대에 복귀한 이후에도 옌안 시역의 중공당 인사들과 지속석으로 보의해서, 자신이 화북으로 진출했을 경우 역할이나 지위에 대해 사전 포석을 깔아두고 치밀하게 움직인 것입니다. 하지만 그것은 최창익의 착각이었습니다.

1940년 1월 10일 최창익은 무정과 함께 태항산에서 화북조선청년연합회를 결성하고, 화북 지역의 조선인 청년들을 규합했습니다. 그와 동시에, 관내에서 조선의용대에 잔류하고 있던 한빈 계열과 김학무 계열의 부대들에 대해 지속적으로 러브 콜을 보냅니다. 화북조선청년연합회는 그 해 5월에 팔로군 부사령 펑더화이[彭德懷]에게 사후 승인을 구하여 동의를 얻음으로써,[**] 사실상 공산당의 영향력 하에 들어가게 되죠. 이 조직의 회장은 무정이며 조직부장에 이유민, 선전부장에 장진광이 취임하는데, 이러한 인선을 보면 무정을 비롯하여 중국 공산당과의 관계가 깊은 공산주의자들이 연합회의 주도권을 장악했음을 알 수 있습니다.[***] 명분은 조선인 자치 조직인데 실상은 자치가 없는 단체였죠.

조선의용대는 이렇게 결성된 공산당 외곽 단체 산하의 무장 조직으로 편성되는데, 최창익을 따라 옌안으로 이동한 의용대원 상당수는 공산주의자와 거리가 멀었기 때문에 이들을 사상적, 군사적 훈련시키기 위하여 화북조선혁명청년학교를 만듭니다. 그런데 이 학교의 교장은 또 무정입니다. 화북조선청년연합회의 회장도 무정이 겸임하죠. 그러니까 화북 지대장은 조선의용대 3지대장이었던 박효삼을 임명해 놓고 사실상 상급 기관의 장은 모두 무정이 담당함으로써, 실질적인 지휘권은 팔로군 포병 사령관 무정이 행사

---

[*] 鐸木昌之, "잊혀진 공산주의자들: 화북조선독립동맹을 중심으로," 이정식·한홍구 엮음, 조신독립동맹 자료 I: 항전별곡, 거름, 1986, p.62의 각주14번 참조

[**] 鐸木昌之, 앞의 책, p.71~72

[***] 鐸木昌之, 앞의 책, p.73

한 것입니다.[*]

애초에 이들이 추구했던 동북(東北) 이동론은 팔로군과의 연대를 통해야 가능했기 때문에 처음부터 한계를 드러낸 것이었습니다.[**] 앞에서도 언급했지만 그들은 지원도 안 해주면서 삼민주의를 강요하는 등 일방 통행 스타일인 국민당이 미덥지 않았고 김원봉의 타협적 노선에 불만을 가져 이탈한 것이지 공산주의를 추종하는 세력은 그리 많지 않았습니다. 하지만 화북조선혁명청년학교를 통해 이들은 너나 할 것 없이 사상적으로 공산주의자가 되지 않으면 안되었습니다. 중공당이 애초에 조선의용대를 북상시키기 위해 공작을 벌이면서 즉시 팔로군 휘하에 편입시키지 않은 것도 이들을 사상적으로 세탁시키는 과정이 필요했기 때문이고, 본대에서 이탈한 조선의용대 지휘관들은 자의와 관계없이 여기에 말려든 것입니다.

중국 공산당은 국민당처럼 무리하게 의용대원들을 압박하며 지휘권을 행사하지 않았습니다. 자치 단체도 조직하고 무장대도 가지고 마음대로 해보라면서 풀어놓고, 자유를 주는 것처럼 보였습니다. 하지만 사실은 잘 훈련된 감시자들이 지키고 있었던 거죠. 조직의 곳곳에 소조를 심어 놓고 그들을 통해 조직의 의사를 좌지우지했기 때문에 화북 진출을 주도했던 소수의 리더급 인사들은 점차 영향력을 잃어갔습니다.[***]

1942년 8월 15일 그동안 시범 케이스로 조직되었던 화북조선청년연합회는 의용대 주력이 합류하였고 이들의 사상 세탁이 어느 정도 마무리되었기에 더 이상 필요 없어졌습니다. 그리하여 이 조직은 발전적으로 해체되고, 대신에 조선독립동맹이 새로 탄생합니다. 연합에서 동맹으로 조금 더 긴밀하게 관계 형성을 하겠다는 것인데, 이것은 그동안 중공당이 형식적인 자치

---

[*] 김선호, 1940년 전후 동북항일연군·조선의용군의 변화와 중국·소련 관계, 정신문화연구 2017년 여름호 제40권 제2호(통권 147호), 한국학(구 정신문화연구), p.92

[**] 염인호, 앞의 논문, p.162

[***] 김광재, 앞의 논문, p.229

권을 준 것을 회수하고 당의 영도 아래에 두겠다는 것을 노골화한 것으로 보아야 합니다.[*]

독립동맹의 주석과 지도부가 한인들로 채워진 것을 이유로, 학자들은 김구의 임시정부에 필적하는 거대 단체로 의의를 두고 있을지는 모르지만, 좀 더 규모가 커진 중공의 하수인 조직에 불과합니다. 조선의용대를 화북지대로 명명하였을 때는 김원봉의 대본부를 형식적이나마 인정하려는 취지가 있었습니다. 하지만 조선의용군으로 이름을 바꿈으로써 김원봉과 국민당의 지휘권에서 완전히 단절되고 중공당의 영향력에 놓여있음을 선포한 것이죠.[**]

이 소식을 들은 김원봉은 '조선독립동맹' 조직을 취소하고 '조선민족혁명당' 조직을 복원했습니다. 또 '조선의용군'으로 이름 바꾼 것을 취소하고 '한국광복군 제1지대'로 개조할 것을 명령합니다. 김원봉은 그런 자신의 명령이 받아들여질 것이라고 생각했을까요? 그 후에도 독립동맹 김두봉에게 서신을 보내 현재의 독립동맹을 조선민족혁명당 화북지부로 고쳐줄 것을 재차 요청하였으나 거절당합니다.

독립동맹을 실질적으로 장악하고 있던 무정은 김원봉에게 답장을 보내 "만약 혁명을 영도하고 싶으면, 네가 옌안으로 와라. 그렇지 않으면 너한테 영도 받을 사람은 여기에 없다"라고 잘라서 말합니다. 이는 조선의용대가 더 이상 임정이나 김원봉의 지시에 종속되지 않고 중공의 관할 하에 놓인 상태라는 것을 말해줍니다.[***]

장제스의 국민당 아래에 있을 때는 비록 형식적이었지만 김원봉이 총대장이었고, 우리 쪽 인사들도 지도위원회의 절반을 차지하여 산술적인 균형이

---

[*] 김선호, 앞의 논문, p.88~89
[**] 최춘봉, 앞의 논문, p.249
[***] 김광재, 앞의 논문, p.226, 최춘봉, 앞의 논문, p.250

라도 이루고 있었습니다. 반면에 화북으로 이동한 조선의용대는 그렇지 못했습니다. 중국 관내에서 활동 중이던 한인들을 끌어들일 목적으로 명목상화청이나 독립동맹에 직속된 독립 부대인 양 포장되었어도, 본질은 중공당에서 파견한 무정이 모든 것을 좌지우지하는 1인 지도 체제 하에 있었기 때문에 아무 것도 할 수 없었습니다. 게다가 1942년 7월 조선의용군으로 개칭된 이후 군중 단체가 무장 부대를 영도할 수 없다는, 말 같지 않은 구실을 들어 화북조선독립동맹의 지휘권을 박탈해버렸으며, 조선의용군 화북지대 간부 김창만(金昌萬)과 부지대장 이익성을 현직에서 해임해 버렸습니다.[*]

화청과 독립동맹 결성 당시 허용되었던 초기의 다양한 발언권이나 민족혁명론에 입각한 강령들은 이 시기부터 정풍운동의 바람 앞에 '기회주의'나 '종파주의'로 몰려 청산해야 할 구폐(舊弊)로 간주되었습니다. 중공당은 굳이 허수아비 같던 한인 조직을 거치지 않아도 지시를 내리거나 인사를 좌우할 수 있는 수직적 관계를 구축한 것이죠.

최창익이나 김두봉은 리더가 되기에는 너무도 자질이 부족한 사람들이었습니다. 이들은 자신들이 꿈꿨던 혁명을 통해 해방 조국을 세우고자 옌안으로 넘어왔지만, 그저 한 줌의 소박한 망상에 불과했던 것입니다. 그것을 깨달았을 때는 너무 늦어버렸죠. 조선의용대는 이미 민족간 연대가 아니라, 사상 개조와 반복 학습의 결과, 마오이즘에 철저히 복속당한 안드로이드로 전락하고 말았습니다.

어차피 조선의용대는 국민당 쪽에 있을 때나 팔로군 쪽에 있을 때나 극히 소수였기 때문에 중국인들 입장에서 전투적 역량 면에 있어서 큰 실익이 있는 부대는 아닙니다. 더욱이 이민족이 전면 무장을 한다는 것은 중국인들 입장에서는 잠재적 위협이 될 수도 있었습니다. 그래서 애초에 출범할 당시

---

[*] 김선호, 앞의 논문, p.89~90

부터 전투 부대로 구성하지 않고 선전전이나 후방 교란 같은 공작 임무 위주에 국한시켰습니다. 이는 국민당뿐만 아니라 중공당도 같은 입장이었기 때문에 중국인들은 조선의용대가 대일전의 전면에 나서는 것을 극력 만류한 것입니다.[*] 후자쫭[胡家庄] 및 태항산 지구에서 일본군의 습격을 받고 윤세주 등 일부 대원들이 희생되는 등 피해가 컸던 이유도 조선의용대가 제대로 무장을 갖추지 못했기 때문입니다.

조선의용군은 1943년 말부터 태항산 지구를 떠나 좀 더 서쪽인 옌안으로 이동하여 군정 교육과 조직 확장에 매진하다 해방을 맞이하였기 때문에 사실상 항일이라고 볼만한 실적은 매우 보잘 것 없었습니다. 팔로군을 이끌었던 마오쩌둥도 항일보다 당세의 유지와 확장에 더 골몰한 결과 일본과 직접 전면전을 벌이는 것을 매우 피했습니다. 심지어 백단대전에서 무모한 공세를 펼치다가 대규모 병력 손실을 초래한 펑더화이는 두고두고 마오쩌둥에게 비판을 받아야 했습니다.

마오쩌둥은 제2차 국공합작 기간 중이던 1937년 9월경 산시성[陝西省] 전선에서 "중일전쟁은 본당의 발전에 좋은 기회이고, 우리가 결정한 정책은 70%를 자기 발전에, 20%를 타협에, 10%를 대일 작전에 두는 것이다"라는 유명한 말을 했습니다.[**] 중일전쟁을 수행하는 기간 장제스의 국민당 군은 소장급 이상 장성 206명이 사망하고, 전상자는 321만 명에 달했는데, 그 기간 일본군은 중국 전선에서 241만 명의 사상자를 냈습니다. 국민당과 일본군이 사생 결단 전투를 치르는 동안 팔로군은 고위급 전사자는 고작 두 명이고 연대장급은 다섯 명에 불과하여 대조를 이루고 있습니다. 반면에 종전

---

[*] 김영범, 앞의 논문, p.230
[**] 政大國際關係研究中心編, 國共關係簡史, 臺北 : 1983년, p.238 마오쩌둥의 이 발언은 1940년 4월 6일 국민당 군사위원회 조사 통계국이 톈진에서 보낸 비밀 전보에서 발췌한 것으로, 국민당군에 귀순한 팔로군 제115 사단 기병연대 서기인 李法卿이 마오쩌둥과 팔로군 사령관 주더[朱德]의 대화를 회상한 기록이다.

후 팔로군 병력 수는 120만 명으로 늘어났습니다.* 이것으로 소위 팔로군의
항일이 무엇인지 그 실체를 짐작할 수 있습니다. 이런 군대를 따라다니며 항
일을 했다는 것은 결국 중공당의 발전에 이용당하고 부역한 것에 지나지 않
으며, 우리 민족사의 입장에서는 결과적으로 아무런 가치가 없는 일입니다.

종전이 임박한 1945년 8월 9일 이리저리 좌고우면하던 소련이 참전합니
다. 일본 본토에 원자폭탄이 두 차례 떨어져 일본의 패망이 기정사실화한
시기에 만주와 한반도를 집어삼키기 위해 소련이 순식간에 밀고 내려온 것
입니다. 이에 놀란 중공당 중앙위는 8월 11일 급히 작전명령서 6호를 하달
하면서, "조선의용군은 팔로군과 원(原) 동북군(東北軍) 각 부대를 따라 동
북으로 진병(進兵) 후 소련의 홍군과 합세하여 조선 인민을 해방하고 적위
(敵僞)를 소멸하라"라는 취지의 명령을 내립니다. 명령서의 내용을 읽어보
면, '조선 인민의 해방'이라는 문구가 정확하게 들어가 있습니다.

여기서 주목을 끄는 것은 느닷없이 조선의용군 사령관에 '무정'을 딱 임명
하고, 한인 박효삼과 박일우를 부사령으로 허수아비 같이 붙여 두었다는 것
입니다. 그때까지 무정은 단 한 번도 공식적으로 조선의용군을 지휘하는 직
책을 가져본 적이 없습니다. 일단 외부적으로 조선의용군은 한인 부대였고,
팔로군이 아니라 민족 혁명을 위한 독자적인 부대이며 '한인이, 한인에 의
한, 한인을 위한' 부대임을 대외적으로 천명해야 했습니다. 그래야 민족 감
정이 유달리 강했던 중국 관내의 한인들을 끌어모으기 쉬웠기 때문이죠.

그래서 만주 지역 장악도 팔로군이 직접 처리하는 것이 아니라 조선의용
군을 내세웠고, 명령서에 나와 있다시피 조선 인민을 해방하되, 먼저 "동북

---

* 권성욱, 중일 전쟁 : 용, 사무라이를 꺾다 1928~1945, 미지북스, 2015년, p. 489~490. 권성욱 저서
의 수치 통계는 허잉친[何應欽]의 회고록인『八年抗戰』에서 인용한 것이나, 자료마다 조금씩 다르다.
국민당 국방부 통계(1947년 10월)에서는 중일전쟁 기간 중 사망한 고급 장성의 수를 상장(대장) 9
명, 중장 49명, 소장 69명 총 127명으로 보고 있다. 何桂宏, 鄭德良 共著, 八年抗戰中的國民黨軍隊 :
1937~1945 紀實, 台海出版社, 2011년, p. 345

(東北)의 조선 인민을 조직"하라고 되어 있습니다. 조선의용군의 만주 출병의 목적은 바로 그것입니다. 중국 동북 지역, 즉, 일만군이 패퇴하고 무주공산이 된 만주 지역을 조선의용군이 가서 선점하고 자신들의 구역으로 만들라는 뜻이죠. 만주 지역에는 한인들이 상당히 살고 있었기 때문에, 조선의용대를 앞세우면 군세와 조직을 확장하기 쉬워집니다.

그런데 이런 중공당의 계책은 엄밀히 말해 전혀 국제적인 합의를 무시한 독단적인 행위였습니다. 만주 지역은 중·소 조약에 의해 국민당이 물려받기로 합의된 상태였기 때문에, 이 지역에 중공당이 들어와 설치는 것은 국민당의 심기를 무척 거스르는 일이었습니다.[*]

이에 따라, 독립동맹과 중국 각지에 세웠던 그 분맹(分盟)에서 조선의용군을 모아 1945년 10월말~11월초까지 랴오닝성 선양에 집결하는 가운데, 11월말 '조선의용군 선견종대'라는 이름의 선발대가 먼저 신의주로 입북을 시도합니다. 그런데 소련군이 먼저 점령한 조선에서는 소련군 외에 무장을 허용하지 않았기 때문에 이들은 빈 손으로 다시 선양으로 돌아오게 된 것이죠. 입북이 좌절된 조선의용군은 전체 회의를 열고 소수는 입북하여 김일성과 함께 인민공화국 수립에 주력하고, 대다수는 만주에 남아 광범위한 조직 활동에 전념하기로 합니다. 그런데 이런 결정은 사실상 중공당 동북국(東北局)의 지시대로 이루어진 것입니다.[**]

귀국하지 못하고 만주에 머물렀던 대다수의 조선의용군은 3지대로 나뉘어 국공 내전에 참전해야 했습니다. 이미 해방된 조국으로 오지도 못하고 중공당의 전쟁에 참전했던 이들은 이미 민족적 정체성과 자주성을 망실한 것으로 보아야 합니다. 조선의용대의 성격이나 인적 구성이 시기별로 크게 변화

---

[*] 염인호, [특별연구] 조선의용군, 역사비평 통권 28호(1994년 가을호), 역사비평사, p.193
[**] 이상숙, 국공 내전 시기 북한과 중국 공산당의 경제사회적 관계에 대한 연구, 북한연구학회보 20(1)(2016년 6월), p. 213

했기 때문에 여기서 잠깐 이것을 정리해보는 것이 좋겠습니다. 조선의용대는 총 3기의 변화를 거쳤습니다.

제1기는 국민당의 주도로 무한에서 조선의용대가 창설되어, 무한 함락 전까지 활동했던 시기였습니다.

제2기는 구이린으로 총대본이 이동한 뒤, 사상적 분화를 겪으면서 1지대와 3지대가 화북으로 진출한 시기입니다. 이후 중국공산당과 팔로군의 영향권에 편입되는 과정을 거쳐 조선의용군으로 개명됩니다.

제3기는 해방 직후 만주 지역으로 이동한 뒤 완전히 팔로군 소속 하의 부대가 되어, 국공 내전에 참전한 후 북한 인민군 예하 부대로 편입되기까지 기간입니다.

한 가지 아셔야 할 것은 이 3기에 해당하는 자 중 일본군과 전투 경험을 가진 자는 0.2%에 불과하며, 나머지 대부분은 모두 해방 이후에 모집되어 참여한 사람입니다. 특히 3지대와 5지대는 조선의용군이라는 명칭은 붙어 있지만, 사실상 해방 후 만주지역에서 새롭게 모집된 인원들이기 때문에 항일과 아무런 관련이 없습니다.[*]

그럼에도 우리 학계나 언론에서는 무한 시기에 발족한 김원봉의 조선의용대가 발전하여 이어져 오다가 마치 북한 인민군의 주축을 이룬 것처럼 오도하곤 합니다. 이는 대한민국 창군의 주역들이 일본 육사 출신 아니면 만군 장교 출신들이라는 사실과 대비되는 점을 부각시키기 위해 날조한 것으로, 국군의 정통성을 폄훼하고, 북한에 추종하려는 악의적인 의도의 역사 해석일 뿐입니다.

중국 관내의 모든 한인 독립운동가나 무장 조직들이 사실상 돈과 권력에

---

* 이상숙, 앞의 논문, p. 216

서 자유롭지 못했기 때문에, 그 결과 광복군은 국민당 정부의 9개 준승에, 조선의용군은 반파쇼대동맹에, 동북항일연군은 만주성위에 각각 지휘권을 빼앗긴 채 중국인들 밑에서 부화뇌동했습니다. 이것 말고는 조국의 해방을 위해 실질적으로 무엇을 했는지 내놓을 수 있는 결과물이 하나도 없다고 보아야 합니다. 특히 중국 내부의 정세에 따라 한인 단체들이 사분오열되어 대오가 흩어지는 바람에 역량을 결집할 수가 없었고, 독립운동이 시작된 이래 단 한 번도 통합된 적 없이 반목과 갈등과 분열의 모습으로 일관하다 해방을 맞이한 사람들이 바로 그 사람들입니다. 우리는 이를 상기해야 합니다.

엔안에서 조선의용군을 키워왔던 한인 공산주의자들은 해방 후 귀국하지도 못하고 마오쩌둥의 영도 아래 국공 내전 기간 내내 팔로군에 끌려 다녔으며, 심지어 6·25전쟁이 발발하기 바로 직전 1950년 5월 남지나해의 하이난도[海南島]에서의 마지막 전투에까지 참여했습니다. 6·25전쟁 중에는 북한군의 3개 사단으로 사실상 인민군의 주력이 되어 같은 민족을 짓밟는 최전선에 동원되었고, 전쟁 이후에는 죽을 고생을 하며 살아온 보람도 없이 김일성에 의해 모두 숙청당하는 비운을 맞이하게 된 것은 실로 유감이 아닐수 없습니다.

에필로그

　　폴란드의 동부 외곽 지역에 예드바브네라는 작은 마을이 있다. 3,000여 명이 사는 이곳에서 1941년 7월 10일 마을 인구의 절반에 해당하는 1,600명의 유대인이 학살당하는 비극이 벌어졌다. 당시 이곳은 독일이 점령한 곳이었기 때문에 사람들은 이 학살의 가해자를 당연히 나치로 생각해 왔다. 그런데 얀 그로스라는 폴란드 출신의 작가가 자신의 책에서 이 학살 사건의 가해자가 나치가 아닌 폴란드인들이라는 사실을 폭로했다. 그 반향은 상당히 큰 것이었다. 폴란드인들은 얀 그로스의 폭로를 받아들이지 못하고 그를 비난했다. 하지만 폴란드의 공식 조사 끝에 이 사건의 전말은 폴란드인의 소행으로 밝혀지고 말았다.

　역사적 사실은 피해자 입장에 매몰될 때 이처럼 이분법에 빠지기 쉽다. 피해자는 선하고 정의로우며 가해자들을 처벌할 역사적 당위가 있다고 믿는다. 저항적 민족주의나 또는 피해자 민족주의라 명명된 잘못된 인식과 사고의 다음 단계에는 언제나 역사 왜곡의 위험이 도사리고 있다. 그걸 우리만 모른다. 이것을 경계하자는 주장이 일제의 통치 시기를 두둔하거나 합리화하는 것과 등치될 일인가? 혹자는, 그래도 민족의 독립을 위해 이역만리에서 헌신한 분들인데 일부 과오만을 확대 강조하는 것은 너무 과한 비판이 아니냐고 지적할 수 있다.

틀린 말은 아니다. 인간인 이상 결점과 과오가 없을 수 없다. 그런데 그것이 그 사람의 업적을 부풀리고 왜곡하는 구실은 될 수 없다. 지나친 영웅화와 미화는 비판적 사고를 틀어막고 정치적 목적에 활용되기 십상이다. 매스미디어가 발달한 현대 사회에서 우리가 가장 경계해야 할 바는 특정 세력에 의한 지식의 권력화와 독점이며, 학문이라는 이름을 빌어 자행되는 우민화(愚民化)와 의식화(意識化)의 굿판이다.

모름지기 사학자들은 국가 기관이나 유관 단체의 연구 지원을 받아 논문을 쏟아내는 일을 지양해야 마땅하다. 그것은 학문적 성과가 아니라 관변 논리의 일체화와 목적론적 당위성에 부역하는 사악한 퍼포먼스에 불과하다. 사학계가 이렇게 오류의 루틴에서 재귀적 알고리즘을 반복하는 것은, 자기들끼리 밀고 당겨 주는 인맥의 탑, 정부 사업의 돈줄에 줄서기 위해 목마른 자의 단비를 고대하는 이른바 영혼 없는 학자가 즐비한 탓이다.

나라가 망했을 때 우리는 일제에 적응하며 질기게 버티고 살아왔다. 우리는 자의든 타의든 태평양전쟁의 특별 지원병으로 수만 명이 참전했고, 태평양전쟁 시기 포로수용소에는 3,000여 명이 조선인이 감시원으로 모집되어 활동하고 있었다. 이 중 148명이 전범으로 분류되었고, 23명이 처형되었다. 유죄로 분류된 전범 중 군인은 고작 세 명뿐이라는 사실은 우리에게 많은 점을 시사한다. 『극동국제군사재판속기록』에 따르면, 포로들의 증언에 등장하는 조선인은 일본인보다 더 악랄하고 가혹한 존재들이었다.[*]

---

[*] 우쓰미 아이코[内海愛子] 지음 · 이호경 옮김, 조선인 BC급 전범, 해방되지 못한 영혼, 동아시아, 2007, p.8~13

우리가 피해자임과 동시에 가해자로서 양면성을 지닌다는 것은, 단지 일본의 강요에 의해 징용되었다는 불가피성으로만 설명되지는 않는다. "전쟁 범죄에 관한 한 조선인은 일본인 취급한다"라는 연합국의 결정은 우리를 일제의 식민지가 아니라 가해 전범국과 동일한 선상에서 판단했다는 것을 의미한다. 일본에 의해 동원된 노무자나 위안부, 그리고 군속을 피해자로 보지 않고 포로로 간주했다가 석방한 것도 크게 다르지 않다. 이러한 평가들은 연합국이라는 제3자의 인식이 그렇다는 것이다.

이 책을 쓴 이유도 여기에 있다. 독립운동가로 명망이 있는 분들은 오늘날 유공자로 훈장이 추서되고 존경받고 있다. 하지만 그들의 숭고한 뜻과 정신에도 불구하고 누군가는 그 밝음의 이면에 희생된 피해자로서 존재했다는 사실을 부정하면 안된다. 머나먼 이역에서 동포들을 등쳐먹고 살던 사람들의 무장 투쟁이 '독립운동'으로 포장되는 일이나, 자기들끼리 죽이고 죽고 관헌에 밀고하여 경쟁자들을 제거하고자 했던 사람들은 비록, 그 기상이나 목적이 훌륭했을지는 몰라도 그런 과정의 흠결을 치유할 순 없을 것이다.

그런 식이라면 차라리 독립운동을 하지 말든지, 일개 범부(凡夫)로 살면서 사회의 초석이 되는 편이 더 마땅하지 않았겠는가? 대의를 위한 희생이 불가피했다는 점을 들어, 목숨 걸고 독립운동하는데, 이름 없는 민초들 돈 좀 뺏을 수 있지, 인질 삼아 끌고 다니거나 협박 좀 할 수 있지, 그렇게 관대하게 생각할 일인가 싶다. 독립운동에 협조하지 않았다고, 생각이 다르다고, 돈과 식량을 내놓지 않았다고 독립운동가들 손에 죽은 사람들의 영혼은 누구에게 위로를 받나? 추구하는 목적이 의롭다고, 과정에 불의가 난무하면 그 목적은 애당초 존재의 의미가 없어지는 것이나 마찬가지다.

20여 년 동안 중국 각지를 떠돌면서 중국인들이 던져 주는 쌈짓돈에 이용만 당하다가, 외세에 의해 해방된 이후 우리에게 내놓은 결과물이 아무 것도 없다면 어떤 평가가 내려져야 합당한 것인가? 역사의 왜곡을 곁들여가며 공로를 과장하고,『박씨 부인 행장록』같은 소설로 교과서를 윤색하는 일에 골몰할 것이 아니라, 이들의 행각에 대한 냉엄한 평가와 비판이 우선되어야 마땅치 아니한가? 과격한 테러리즘이나 무장 활동은 결국 부메랑이 되어 더욱더 강력한 일제의 토벌을 초래했고, 그 결과 어떤 파국을 초래했으며 애꿎은 민초들은 또 얼마나 희생당했는지, 이에 대한 결과의 책임은 누가 져야 하는지 아무도 대답이 없다. 정신 승리 일색인 자화자찬 역사관은 이제 그 시대적 소명을 다했다. 다만, "이제는 사실대로만 보자"라고 이 책을 통해 말하고 싶은 것이다.

확실히 우리의 저항은 1919년 전후로 절정에 달했으나 각 세력이 분열하는 바람에 구심점을 잃고 추동력을 발휘하지 못했다. 망명 독립운동가들은 자원을 소진한 후에 각자도생에 여념이 없었기에 1930년대 중반부터는 거의 힘을 쓰지 못했다.

독립운동을 빙자하여 무수한 조직이 생겨났고 이합집산하였지만, 이들의 단체명을 연대기별로 외우고 주도한 인물들을 안다는 것이 무슨 의미가 있나? 저마다 사심(私心)을 채우느라 이리저리 분립해 놓고 1~2년도 가지 못하고 단명(短命)한 단체는 또 얼마나 많았던가? 그 사람들이 내세운 명분이나 주의 강령이 어찌되었든 간에, 그 실천적 과정에서 빚어냈던 자기 모순과 과오의 본질을 아는 것이 껍데기뿐인 독립운동의 역사를 아는 것보다 더 중요하다.

사실 책을 마무리하면서 아쉬운 점이 한 둘이 아니다. 분량과 시간상의 문제로 다루고 싶은 주제를 많이 놓친 것이다. 3·1운동, 만민공동회, 국채보상운동, 독립협회, 광복군, 2·8독립선언, 베델과 헐버트에 대한 평가 왜곡 등 세간에 잘못 알려진 내용을 한꺼번에 다 거론하기에는 너무도 버거웠다. 이에 대해서는 추후에 다시 말할 기회가 올 것이다. 처음부터 출판을 목적으로 써왔던 글이 아니어서, 10년도 더 지난 옛 글들의 출처를 다시 복기해야 하는 번거로운 일에 매달리느라 정작 글의 내용을 충실하게 다듬을 시간이 없었던 것도 뼈아프다.

그럼에도 많은 분의 도움으로 졸저(拙著)를 일단 마무리하게 되었으니, 안도를 느낌과 동시에 감사의 말씀을 드리고 싶다. 특히 일본 외무성 사료 번역에 조언과 도움을 주신 최석영 선생님, 이장우 대표님, 한희창 님, Hokuto Imamura[今村北斗] 님, 중국 당안자료와 『동북지구문헌휘고』의 번역을 도와주신 정희도 님, 논문 자료를 찾는 데 많은 도움을 주신 이가람 님, 바쁜 일정에도 불구하고 초고 검토와 의견을 개진해주신 주익종 박사님, 류석춘 교수님, 마지막으로 집필에 관심과 격려, 출판 지원을 아끼지 않으신 고준희 선생님, 이운영 선생님, 조윤희 선생님께 감사의 말씀을 드린다.

누구보다 양문출판 김현중 대표님께 필설로 다하지 못할 깊은 감사를 드린다. 내용상 논란의 소지가 다분한 부담감에도 불구하고, 기꺼이 출판을 허락해 주셨다. 아울러 거칠고 치기 어린 초안을 누비며 교정과 편집에 정성을 다하여 주신 황인희 선생님, 두 달 가까이 각주와 도표가 가득한 원고에 매달려 수정과 수정의 난관을 거듭한 끝에 멋진 책으로 재탄생 시켜주신 메이씨그라프 임영경 선생님께도 깊은 감사의 말씀을 드린다. 이분들이 아니었으면 결코 이 책을 마무리 짓지 못했을 것이다. 잠을 줄여 주경야독해야 하는 입장이기에, 전문 연구자들과 달리 많은 부분에서 부족한 점이 있을 수 있다. 그러한 지적은 충분히 감내하면서, 차기(次期) 발전의 밑거름으로 삼고자 한다.